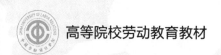

高等院校劳动教育教材

新时代大学生
劳动教育

主编 / 赵鑫全　张　勇
参编 / 赵明霏　王珊娜　高雪原
主审 / 李　珂

LABOR EDUCATION FOR

COLLEGE STUDENTS

IN THE NEW ERA

机械工业出版社
CHINA MACHINE PRESS

本书是根据《中共中央 国务院关于全面加强新时代大中小学劳动教育的意见》和教育部印发的《大中小学劳动教育指导纲要（试行）》文件要求，为高等院校贯彻落实劳动教育新部署、新要求而专门开发的劳动教育通识课教材。该书遵循高校人才培养规律，针对当代大学生特点，从劳动品德涵养、劳动情怀培育、专业技能习得、创新创业激励、职业素养提升、劳动权益保护、劳动文化塑造、团队意识培养、未来劳动认知等多个维度，全面提升大学生劳动素养。

该书紧密贴合高等教育改革发展实际，紧紧围绕高校劳动教育教学的课程特点和现实需求，集科学性、专业性、针对性、原创性于一体，由多位从事劳动教育研究和教学的一线专家精心策划、联袂打造，实用性较强。

本书可作为本科、高职高专院校劳动教育类相关课程配套教材，也可作为劳动教育爱好者的参考用书。为方便教学，本书配备电子课件、习题解答、教学大纲等教学资源。凡选用本书作为教材的教师均可登录机械工业出版社教育服务网 www.cmpedu.com 免费获取。

图书在版编目（CIP）数据

新时代大学生劳动教育／赵鑫全，张勇主编. —北京：机械工业出版社，2020.10（2021.2 重印）
高等院校劳动教育教材
ISBN 978-7-111-66820-6

Ⅰ.①新… Ⅱ.①赵… ②张… Ⅲ.①劳动教育-高等学校-教材 Ⅳ.①G40-015

中国版本图书馆 CIP 数据核字（2020）第 204021 号

机械工业出版社（北京市百万庄大街 22 号 邮政编码 100037）
策划编辑：孟玉琴　　　　责任编辑：孟玉琴　徐春涛
责任校对：裴春明　　　　责任印制：孙　炜
保定市中画美凯印刷有限公司印刷

2021 年 2 月第 1 版·第 3 次印刷
170mm×242mm·18.25 印张·208 千字
标准书号：ISBN 978-7-111-66820-6
定价：48.00 元

电话服务　　　　　　　　网络服务
客服电话：010-88361066　　机　工　官　网：www.cmpbook.com
　　　　　010-88379833　　机　工　官　博：weibo.com/cmp1952
　　　　　010-68326294　　金　书　网：www.golden-book.com
封底无防伪标均为盗版　　　机工教育服务网：www.cmpedu.com

序

2020年，是中国共产党领导全国各族人民团结一心、众志成城决战脱贫攻坚、全面建成小康社会的辛勤奋斗之年。对于党的教育事业而言，以《中共中央 国务院关于全面加强新时代大中小学劳动教育的意见》（后文简称《意见》）和《大中小学劳动教育指导纲要（试行）》（后文简称《指导纲要》）发布为标志，2020年也是全面贯彻党的教育方针——"培养德智体美劳全面发展的社会主义建设者和接班人"的关键之年。

在"两个一百年"交汇之际，在这样一个"收官十三五 开启十四五"继往开来的标志性年份，我们欣喜地看到，一批批关于劳动教育的课程教材、研究成果、实践基地等纷纷面世，让我们在时不我待的紧迫感和责任感的情怀体验中备受鼓舞、倍感振奋，更对全面提升我国新时代青少年劳动素养充满期待。在这些凝结着辛勤劳动、诚实劳动、创造性劳动的劳动教育作品中，由中国劳动关系学院劳动教育中心策划、赵鑫全和张勇两位青年学者担纲主编的《新时代大学生劳动教育》教材，是一部体现我校"劳动+"学科建设、"劳动情怀深厚"人才培养目标、"弘扬劳模精神、劳动精神、工匠精神"校园文化的匠心之作，为我校叫响做实"劳动关系学科品牌、劳模教育特色品牌、劳动教育育人品牌"再添薪火。

我一直主张，加强新时代高校劳动教育，应该汇聚起广大专业教师的磅礴力量。因而，当两位主编邀请我为之作序时，我欣然允诺。结合多年来从事高等教育管理工作和劳动教育教学研究的体会，我在仔细研读了整本教材以后，感觉这本教材有以下几个鲜明特色，在此与学界同仁分享推介。

其一，紧扣《意见》和《指导纲要》精神，体现出政治的高站位。习近平总书记在2018年全国教育大会上做了题为《坚持中国特色社会主义教育发展道路 培养德智体美劳全面发展的社会主义建设者和接班人》的重要报告，发出了在学生中弘扬劳动精神的号召，赋予了新时代加强劳动教育更高的政治意蕴。劳动教育事关治国理政、事关强国富民、事关立德树人，而《意见》和《指导纲要》的相继出台，正是贯彻落实习近平总书记关于劳动教育重要论述的务实之举。这部教材基于对《意见》和《指导纲要》的全面解读和深刻领会，以"探索具有中国特色的劳动教育模式、培养学生正确劳动价值观和良好劳动品质"为己任，通过马克思主义劳动观、劳动家国情怀、劳动奋斗文化等内容的编排设计，很好地实现了"德智体美劳"五育的有机融合。

其二，充分彰显新时代特色，展现出立德树人的新视野。中国特色社会主义进入新时代，经济社会发展正在孕育着一场深刻而又重大的变革。伴随着产业结构的快步升级转型和现代经济体系的逐步建立，尤其是经过"抗疫大考"之后，新时代对高等人才培养的内在要求将更为全面。这部教材充分考虑了科技发展和产业变革的趋势，培养劳动精神、深化产教融合、改进劳动教育方式、提高创造性劳动能力等不少内容都是针对劳动新形态展开论述，尤其是大学生与劳动情怀、大学生与劳动权益、大学生与未来劳动等章节的体例安排，充分展现出新时代教育工作的新视野。

其三，充分遵循学科逻辑，呈现了劳动教育研究的多学科化。现行的《中华人民共和国高等教育法》明确规定，高等教育必须"与生产劳动和社会实践相结合""培养具有社会责任感、创新精神和实践能力的高级专门人才"。就学科属性而言，劳动教育是一门涉及哲学、劳动科学、教育学、政治学、社会学、经济学、法学、安全学等领域的交叉学科。这本教材在编写中积极吸收了马克思主义政治经济学的劳动理论、心理学中的知情意行理论、社会学中的分工与团队理念、法学中的权益保护知识等专业理论，充分展示了劳动教育交叉学科的特征。同时，本教材还紧紧围绕高校劳动教育教学现实需求，从高校人才培养与就业市场对接的角度出发，将教学管理、科学研究、人才培养、校园文化等纳入教学范畴，做到了理论与实践的有机融合。

其四，立足大学生成长成才特点，实现了"教"与"学"的再统一。现在的大学生多为"00后"群体，他们是"网络原住民"，互联网陪伴他们的成长。一方面，他们朝气蓬勃、充满活力、积极自信、可爱可信；另一方面，客观上他们的知识体系建构尚未完成，世界观、人生观、价值观尚未完全成形，社会阅历尚不丰富，情感心理尚不成熟。一些青少年还存在着"不珍惜劳动成果、不爱劳动、不会劳动"等突出问题，这就更需要加强劳动教育，以培养堪当大任的时代新人。在我看来，这部教材的谋篇布局有个构思巧妙之处，即先提炼出《意见》《指导纲要》中关于劳动的概念，再顺应我国高等教育改革的大方向，将这些概念与新时代大学生成长成才有机呼应。这一安排，很好地突出了学生的主体地位，坚持了以学生为中心的理念，以爱劳动、会劳动、懂劳动为引领，针对当代大学生劳动品德涵养、劳动情怀培育、专业技能习得、创新创业激励、职业素养提升、劳动权益保护、劳动文化塑造、团队意识培养、未来劳动认知等多个维度进行了系统化的教材体例设计，其科学的结构安排、顺畅的逻辑组织、生动的文字风格等，无不是对全面提升大学生综合劳动素养做出的积极探索。

以上是学习《新时代大学生劳动教育》这部教材的基本体会，当然，这里体会分享是浓缩提炼式的，而非充分全面的。"一千个观众，就有一千个哈姆雷特。"不同的读者、不同的老师、不同的同学，也会有不同的阅读体验。我也相信，大家在阅读学习、用心体会之后，一定能够获得更多的、别样的阅读乐趣、学习收获。无论怎样的感受，我想，当读者在合起本书的时候，应该能体会到编者在本部教材中所贯穿始终的理念，那就是"劳动创造美好生活，教育开启智慧人生"。

是为序。

刘向兵

2020年10月18日

目 录

序

绪 论
高校劳动教育的特点与实施

Chapter One
第一章
大学生与劳动品德

导　读	... 034
第 一 节　劳动品德内涵	... 036
第 二 节　大学生群体的常见问题	... 042
第 三 节　大学生劳动品德的涵养	... 050
典型案例	... 055
思考题	... 056
延伸阅读	... 057

Chapter Two
第二章
大学生与劳动情怀

导　读	... 060
第 一 节　劳动情怀内涵	... 062
第 二 节　大学生劳动情怀的维度	... 071
第 三 节　大学生劳动情怀的培育	... 077
典型案例	... 081
思考题	... 082
延伸阅读	... 083

Chapter Three
第三章
大学生与专业技能

导　读	... 086
第 一 节　专业技能内涵	... 088
第 二 节　专业技能价值	... 093
第 三 节　大学生专业技能的习得	... 099
典型案例	... 104
思 考 题	... 107
延伸阅读	... 107

Chapter Four
第四章
大学生与创造性劳动

导　读	... 110
第 一 节　创造性劳动内涵	... 112
第 二 节　创造性劳动能力与方法	... 121
第 三 节　大学生创造性劳动能力的培育	... 133
典型案例	... 140
思 考 题	... 141
延伸阅读	... 142

Chapter Five
第五章
大学生与职业选择

导　读	... 144
第 一 节　职业选择内涵	... 146
第 二 节　大学生职业选择的形势与问题	... 153
第 三 节　正确择业观的培育	... 161
典型案例	... 166
思 考 题	... 170
延伸阅读	... 170

Chapter Six
第六章
大学生与劳动权益

导　读	… 172
第 一 节　劳动权益内涵	… 174
第 二 节　大学生劳动权益内容	… 180
第 三 节　合法劳动意识培养	… 186
典型案例	… 189
思 考 题	… 192
延伸阅读	… 192

Chapter Seven
第七章
大学生与劳动文化

导　读	… 194
第 一 节　劳动文化内涵	… 198
第 二 节　劳动文化形式	… 203
第 三 节　劳动文化涵养	… 212
典型案例	… 216
思 考 题	… 220
延伸阅读	… 220

Chapter Eight
第八章
大学生与集体劳动

导　读	… 222
第 一 节　集体劳动内涵	… 225
第 二 节　集体劳动与团队精神	… 231
第 三 节　团队精神培育	… 235
典型案例	… 243
思 考 题	… 245
延伸阅读	… 245

Chapter Nine
第九章
大学生与未来劳动

导　　读		… 248
第 一 节	人工智能的前世今生	… 250
第 二 节	人工智能与未来劳动	… 257
第 三 节	人工智能与未来劳动者	… 265
典型案例		… 277
思 考 题		… 280
延伸阅读		… 280

后记

绪 论

高校劳动教育的特点与实施

劳动最光荣、劳动最崇高、劳动最伟大、劳动最美丽。

——习近平

导　读

有这样一所大学，你知道吗？

在美国加利福尼亚州与内华达州交界处死亡谷（Death Valley）沙漠深处的一片小绿洲中，坐落着一所学院，名为深泉学院（又名幽泉学院，Deep Spring College）。学院创办于1917年，校训为"劳动，学术，自治"。基于这一办学理念，该学院学生一边放牧，一边进行超强度的学术训练，学校一切运营管理（包括教授聘请、校长任免）也由学生表决自治。学院每年仅招收十几名男生，学制两年，学费和生活费全免。百年来，学院毕业的学生仅有1000多人。根据深泉学院此前的统计数据表明，大部分毕业生转入哈佛、耶鲁、康奈尔等常青藤名校继续大三学业，约有2/3拿到学士学位，更有1/2获得博士学位。㊀

深泉学院创办者卢西恩·卢修斯·纳恩原本是一位企业家。他在科罗拉多开金矿的时候，由于开矿急需大量的电力，于是他改行开了电站。随着电站不断扩展，需要大量的人手24小时待命，随时准备去维修传输线路。那

㊀ 传说中比哈佛耶鲁更难进的深泉学院，真的适合你吗？搜狐网. 2016 - 09 - 10. https://www.sohu.com/a/114100153_113093.

时候电力还是一个新事物，没有太多的人懂行。于是，纳恩决定自己培养人。他招了一批头脑灵活、身体强壮、手脚勤快的年轻人。这些人平常在电厂劳动、学习，一旦线路出现故障，就出去维修。纳恩除了支付他们工资以外，还免除了他们的生活费和培训费，这便是"深泉学院"的原型。[○] 1917年，纳恩将注意力转移到办学上来。后来他在加州终于找到了这块占地 50 平方英里的沙漠，开办了深泉学院。纳恩认为，真正的伟人要能倾听"荒漠的声音"，并为深泉学院定下了影响至今的校训：劳动、学术、自治。

深泉学院校训蕴含着其办学理念，主要包括课程学习、体力劳动和自我管理三个方面特色。在课程学习方面，与普通大学的一学年两学期或三学期学制不同，深泉学院学制两年，一学年共有 6 个学期，每学期约 7～8 周，中间各有 1～2 周假期间隔，每学期需要完成 3 门左右的课程，课程强度与上课时间远超过正常的大学。在体力劳动方面，学生们必须和校工一起在牧场放牛、耕种，每个星期有 30 个小时的劳动时间。学校有约 200 头牛和一定数量的马、羊、猪、鸡等动物，并在一小片绿洲上种植蔬菜。除了正常课堂之外，每名学生都必须负责一项职务，比如每天凌晨 4 点钟起床去牛棚挤奶、为牲畜喂食、驾驶拖拉机播种、搬运木材、挖掘水渠、放牧牛羊、宰杀牲畜、在食堂做饭等。在自我管理方面，学校奉行"学生自治"的传统，由在校学生组成委员会，负责筛选、面试、录取下一届新生，表决学校的运营事宜，分配学校的资金用途等。[○]

学院"劳动、学术、自治"校训背后蕴含的规则是：因为你要吃饭，所以你要煮饭；因为篱笆需要加固，所以你要加固篱笆。常年在沙漠里紧张的课程学习，长时间的体力劳动，培养出了学生的自律意识与自我管理能力、坚韧的性格与合作精神。

○ 世界最小的这所大学位于大漠深处毕业生大部分被常青藤高校录取. 搜狐网. 2018 - 02 - 22. https://m.sohu.com/a/220460194_100031266.

○ 深泉学院. 百度百科. https://baike.baidu.com/item/深泉学院/6398730?fr=aladdin.

深泉学院的创始人曾说过这样一段话，"在荒野深处存在着振聋发聩的声音，那是在熙熙攘攘、物欲横流的社会中所缺乏的，只有最卓然不群的、真正的领袖人物才会试着去亲近孤独，寻找并倾听到这个声音。绅士们，你们来到最狂野的西部沙漠深处，不仅仅为了传统的书本知识学习，不仅仅为了体验牛仔生活、成为一个男子汉，不仅仅为了个人未来的物质享受与职业追求，更重要的，是学会为一个更好的社会而贡献、效力。你们要明白，在这里，你们将获得的不仅是最顶尖的能力，也承载了最宏伟的志向——无私地运用你的能力让这个社会变得更美好。"㊀

2018年9月10日，习近平总书记在全国教育大会上发出号召："要在学生中弘扬劳动精神，教育引导学生崇尚劳动、尊重劳动，懂得劳动最光荣、劳动最崇高、劳动最伟大、劳动最美丽的道理，长大后能够辛勤劳动、诚实劳动、创造性劳动。"2020年3月20日，中共中央、国务院印发了《关于全面加强新时代大中小学劳动教育的意见》（后文简称《意见》），7月11日，教育部印发《大中小学劳动教育指导纲要（试行）》（后文简称《指导纲要》），系统阐述了新时代加强劳动教育的重大意义、指导思想和基本原则，明确了劳动教育的总体要求、体系构建、支撑保障、组织实施等内容，为大中小学劳动教育的全面推进提供了顶层设计和行动指南。

一、劳动教育的独特价值

马克思曾深刻指出，"生产劳动同智育和体育相结合，它不仅是提高社会生产的一种方法，而且是造就全面发展的人的唯一方

㊀ 荒野深泉——沙漠里的精英学校. 个人图书馆. 2014-08-22. http://www.360doc.com/content/14/0822/10/15477063_403766178.shtml.

法。"○就立德树人而言，德智体美劳是人的自由全面发展的五个维度，劳动教育是学生成长的必要途径，具有树德、增智、强体、育美的综合育人价值。

近年来，随着经济社会发展和科技创新日新月异，现实生活中出现了一些青少年"不爱劳动、不会劳动、不珍惜劳动成果、看不起普通劳动者"等消极现象，劳动教育也在一定程度上被弱化、软化、淡化、虚化。《意见》指出，要通过劳动教育"使学生能够理解和形成马克思主义劳动观，牢固树立劳动最光荣、劳动最崇高、劳动最伟大、劳动最美丽的观念；体会劳动创造美好生活，体认劳动不分贵贱，热爱劳动，尊重普通劳动者，培养勤俭、奋斗、创新、奉献的劳动精神；具备满足生存发展需要的基本劳动能力，形成良好劳动习惯""实现知行合一，促进学生形成正确的世界观、人生观、价值观"。

成功的人生必然经历了辛勤劳动、诚实劳动、创造性劳动。优秀的教师须坚守三尺讲台，专业的技师须反复锤炼技能，卓越的软件工程师须缜密精确研究代码……从一个家庭到一个国家，人类劳动的踪迹无处不在，它是人类社会发展最日常的活动。劳动教育在德、智、体、美、劳五育体系中处于基础性、全局性、渗透性地位，与其他四育是相融合的，但也有其独特的价值。

1. 生存生活教育

马克思在《德意志意识形态》一书中指出："我们首先应当确定一切人类生存的第一个前提，也就是一切历史的第一个前提，这个前提是：人们为了能够'创造历史'，必须能够生活。但是为了生活，

○ 中共中央马克思恩格斯列宁斯大林著作编译局. 马克思恩格斯全集：第23卷[M]. 北京：人民出版社，1972：530.

首先需要吃喝住穿以及其他一切东西。因此第一个历史活动就是生产满足这些需要的资料，即生产物质生活本身。而且这样的历史活动是一切历史的基本条件，人们单是为了能够生活就必须每日每时去完成它，现在和几千年前都是这样。"㊀在马克思看来，劳动是"一切历史的基本条件"，有了人类的劳动，有了满足人类生存必需的前提，才产生了生活和历史。劳动也是人类满足生活需要的第一条件，只有劳动，才能获得人类生存下去所需的吃、穿、用、住等生活资料。相较于其他"四育"，劳动教育的独特价值就蕴含在最基本的生活需要中，小到日常生活自理、感知劳动的乐趣，大到学习劳动知识技能、为职业生涯奠定基础。人的一生，是劳动的一生。从这个意义上讲，开展劳动教育，首先是要让人们习得满足生存生活需要的各种必备技能。

我国近现代著名教育家、政治家和社会活动家黄炎培先生也就当时教育界的手脑分离、轻视理工与实验科学等问题，提出了"要使读书的动手，动手的读书，要把读书和做工两下联系起来。或手脑二者联络训练，一方增进世界之文明，一方发展个人天赋之能力"。㊁中华职校是黄炎培最重要的教育理念实践基地，学生入学时一律要写誓约书，其首条就是"尊重劳动（学生除半日工作外，凡校内一切洒扫、清洁、招待等事，均由全体学生轮值担任）"。㊂

㊀ 中共中央马克思恩格斯列宁斯大林著作编译局. 马克思恩格斯选集：第1卷 [M]. 北京：人民出版社，1995.

㊁ 黄炎培. 职业教育该怎么样办——中华职业学校十五周年纪念 [M]. // 周汉民. 敬业乐群·黄炎培职业教育思想读本：教师篇. 上海：上海科学技术文献出版社，2014：72.

㊂ 黄炎培.〈学生自治号〉发行的旨趣 [M]. // 田正平，李笑闲. 黄炎培教育论著选. 北京：人民教育出版社，2018：240.

我国著名教育家、思想家陶行知先生认为，生活即教育，社会即学校，教学做合一。他说，"马路、弄堂、乡村、工厂、店铺、监牢、战场，凡是生活的场所，都是我们教育自己的场所……"，这些都说明劳动教育蕴含在生活的点滴之中。

家庭教育、学校教育、社会教育构成了人生教育，而劳动就是人生教育的具体承载形式和表现形式。⊖一些看似平常、细小的日常行为都是劳动的具体体现，如洗漱、吃饭、穿衣、整理内务、为家人倒水、打扫卫生、做饭、洗碗等。这些劳动构成了我们的日常生活，也是人生教育的起点，发生在每个家庭中，对人的成长发展有着最为直接且深远的影响。

当前，由于一些"手脑分离，重学轻做"的育人倾向，导致一些青少年缺乏基本的独立生活能力和劳动习惯，在劳动态度、劳动品德、劳动情怀等方面存在偏差，进而难以树立正确的劳动价值观，导致对劳动人民感情不深。新时代加强劳动教育，就是要从小培养青少年的劳动习惯，形成基本的生活自理能力，形成积极的劳动态度。

2. 实践能力教育

在马克思看来，未来教育对所有已满一定年龄的儿童来说，就是生产劳动同智育和体育相结合，它不仅是提高社会生产的一种方法，而且是造就全面发展的人的唯一方法。⊜陶行知也曾指出："劳动教育的目的，在谋手脑相长，以增进自立之能力，获得事物之真知及了解劳动者之甘苦。"⊜劳动教育就是要强调"教劳结合"，以科学发展和技术

⊖ 刘向兵. 劳动通论 [M]. 北京：高等教育出版社，2020：20.
⊜ 中共中央马克思恩格斯列宁斯大林著作编译局. 马克思恩格斯全集：第 23 卷 [M]. 北京：人民出版社，1972：530.
⊜ 陶行知. 生活教育文选 [M]. 成都：四川教育出版社，1988.

进步为基础，注重培养学生的动手能力和解决实际问题的能力。

黄炎培先生在推动"学做结合"方面是先驱者，他积极推动中国教育的近代化转型，创建并发展了中国最早的职业教育思想体系，并建立了中华职业教育社和中华职校，对劳动教育思想进行了积极的实践和探索。他力主"打破平面教育，而为立体的教育"[1]，推动职业教育和劳动教育，其背后的思想理论基础就是实用主义。他认为，"办职业教育，万不可专靠想，专靠说，专靠写，必须切切实实'做'"。[2] 他将该思想充分运用于实践中，中华职业教育社和中华职业学校都是实践该思想的载体，都高度注重培养和训练学生的动手能力。

改革开放以后，随着社会分工的精细化以及对安全方面的考虑，学生们参与劳动实践的机会日益减少，导致青少年在"以学为主"的培养过程中，缺乏实践锻炼，解决实际问题的能力不够，甚至一些高校毕业生经常出现"纸上谈兵、光说不练"的问题。劳动教育就是要推动学生将课堂知识运用于社会实践，增强知识的实践性，培养学生的动手能力，这样既有利于促进学生大脑发育、手脑并用，提高学习成绩，提升教育效果，也有助于学生增强实践经验和实践能力，同时，也有助于学生培养专注力和钻研精神。

3. 职业启蒙教育

劳动教育能够促进人形成良好的道德素养。劳动可以促进儿童形成勤奋、关心他人、愿为别人做贡献的品质，也能为未来职业做准

---

[1] 黄炎培. 学校教育采用实用主义之商榷 [M]. //田正平，李笑闲. 黄炎培教育论著选. 北京：人民教育出版社，2018：21.

[2] 黄炎培. 怎样办职业教育 [M]. //周汉民. 敬业乐群·黄炎培职业教育思想读本：教师篇. 上海：上海科学技术文献出版社，2014：63.

备,是家庭及学校教育中十分重要的内容。劳动教育是人类开启职业启蒙的具体承载形式,在人的职业生涯中发挥着积极作用。

黄炎培先生认为,劳动与劳动者是职业教育的基础,高素质劳动者是职业教育的目标所在。㊀多元化的劳动内容和劳动实践是学生确立就业目标的重要途径。劳动能够让学生在实践当中学习和积累社会知识,从而获得劳动技能、职业体验、社会经验,是学生实现自我认知的最佳途径。开展劳动教育,就是要让学生在劳动中丰富自己对劳动的认知,能够使学生积极地参加各种形式的劳动,在具体的劳动实践中,提升自身的学习能力、适应能力以及各种劳动技能,完善劳动素养,有效提升就业和职业能力。同时,在劳动实践中,有利于学生逐步形成正确的世界观、人生观、价值观,从而对其就业、择业产生积极影响,进而对其职业发展方向作出预判,形成初步的职业认知,做出符合其实际的职业生涯规划。

良好的职业道德是我们每一位从业人员的基本品质。通过劳动教育,能够让学生树立正确的劳动意识,在工作中始终约束和教育自己,通过劳动来创造美好生活。通过劳动教育使学生在思想上具备科学的劳动观和优秀的道德品格,传承中华民族吃苦耐劳、团结协作和勇于奉献等传统美德。

4. 集体主义教育

《意见》中明确指出,"大中小学每学年设立劳动周,可在学年内或寒暑假自主安排,以集体劳动为主。高等学校也可安排劳动月,集中落实各学年劳动周要求。"劳动与集体有一种天然的默契。克鲁

㊀ 张琛,李珂. 论黄炎培劳动教育思想的丰富内涵与当代启示 [J]. 教育与职业, 2019 (1).

普斯卡雅曾说,"个人主义者把'我'置于一切之上,他们与群众对立起来;而集体主义却将自己置于群众之中,视自己为集体的一部分。"[一]劳动在人类社会发展过程中以集体的形式保证了人的生存与社会的发展。在现代社会的分工体系中,每一位劳动者进入职场以后,必将处于一定的职业分工当中,与其他劳动者一起劳动,在分工协作中完成工作任务。

就德育、智育、体育、美育、劳育各自的特点来看,前四者以受教育者自我发展、持续提升为主,而劳动教育则在强调受教育者在养成劳动习惯、涵养劳动品德、端正劳动态度、掌握劳动技能的个人主义基础上,还需要学会与他人合作、与他人共享的集体主义精神,而这一点与团队精神具有内在一致性和旨趣相通性。

学生的成长成才离不开集体,劳动教育也是以集体的形式开展的,这就要求在实施劳动教育过程中要注重引导学生树立集体主义的观念。苏霍姆林斯基指出,"这种对别人的需要感产生于集体劳动之中,也是整个集体劳动生活中最重要的东西。"[二]"由于吸引了全体同学参加活动,在整整一个学年中学生集体由一致的利益团结起来了,大家力争实现共同的目标。"[三]学生能够感受到自身力量与集体力量的融合,体验到自己对于集体的价值以及集体对于自己的意义,享受需要感与被需要感。集体主义教育是劳动教育中不可缺少的组成部分,对于促进同伴合作、加强团队凝聚力、促进集体的发展具有重

[一] 克鲁普斯卡雅. 克鲁普斯卡雅教育文选 [M]. 卫嘉,译. 北京:人民教育出版社,1957:307.
[二] 苏霍姆林斯基. 培养集体的方法 [M]. 安徽大学苏联问题研究所,译. 合肥:安徽教育出版社,1979:100.
[三] 苏霍姆林斯基. 学生集体主义情操的培养 [M]. 杨楠,译. 长沙:湖南教育出版社,1984:150,.

要意义，对于促进学生发展、实现共同目标具有积极意义。

集体劳动是学生集体主义思想形成的重要途径。以集体的形式开展劳动能够发展学生个体的社会性，特别是能培养学生之间的团结、友爱和互助精神。从这个意义上讲，集体中的劳动教育不仅仅是技术的教育、技能的教育，更是培育人集体协作的团队精神的重要一环。比如，传统的集体打扫校园、集体植树等劳动实践能够让学生在互助中增强集体归属感和责任感。然而现实中，由于青少年个体的、松散的劳动远远多于集体性的劳动，一定程度上降低了集体劳动的意义和效果。纯粹个体式的"劳动"，纯技能、竞赛、形式主义的劳动，会使劳动与人的发展、劳动与社会发展之间的天然纽带变得松散，这就偏离了社会主义的劳动教育价值观。

二、高校劳动教育特点

高校肩负着人才培养、科学研究、社会服务、文化传承与创新、国际交流合作的重要使命，在完成立德树人这一根本任务，培养德才兼备、全面发展的中国特色社会主义合格建设者和可靠接班人的过程中，必须把强化大学生劳动情怀培育作为一项重要任务。同时，强调高级专门人才的培养是高等教育最显著的特征。具体而言，高校的人才培养既有学科归属，也有专业方向。这就意味着，高校开展劳动教育不同于中小学劳动教育，既要实现高等教育与基础教育的一体化人才培养，更要在青少年"爱劳动""会劳动"的基础上，突出"懂劳动"的培育；既要让大学生在接受高等教育的过程中积累扎实的专业功底、练就娴熟的专业技能，还要学劳动科学、悟劳动之理、明劳动之义，涵养深厚的劳动情怀、家国情怀，成为全面发展、可堪大任的时代新人。

1. 以正确劳动观的形成为目标

大学阶段是青年大学生人生观、价值观、世界观形成的关键阶段，直接关系到人生的"第一粒扣子"能否扣好。青年大学生人生观、价值观、世界观的选择将影响其一生。劳动观是劳动者对劳动的根本看法和态度，直接决定着劳动者的价值判断和价值选择。大学生的劳动价值观不仅直接影响其大学阶段学习生活的方方面面，更关系到走向工作岗位以后的价值取向、就业倾向、社会责任等方面的精神特质。因此，树立大学生正确的劳动观具有非常重要的积极意义。

马克思曾指出，"历史破天荒地第一次被安置在它的真正基础上。一个很明显而以前完全被人忽略的事实，即人们首先必须吃、喝、住、穿，就是说首先必须劳动，然后才能争取统治，从事政治、宗教和哲学等等——这一很明显的事实在历史上应有的权威此时终于被承认了。"㊀

马克思认为劳动是社会发展的根源，是人生存的本性，只有通过劳动才能把人和物质资料相连接，人们才能改造世界，自身的发展才能够得到满足。他从劳动与人类、劳动与社会发展、劳动与人的发展等方面对劳动的重要性作出经典论述。他在《1844年经济学哲学手稿》中指出，"正是在改造对象世界中，人才真正地证明自己是类存在物。这种生产是人的能动的类生活。通过这种生产，自然界才表现为他的作品和他的现实。因此，劳动的对象是人的类生活的对象化，人不仅像在意识中那样理智地复现自己，而且能动地、现实地复现自

㊀ 中共中央马克思恩格斯列宁斯大林著作编译局. 马克思恩格斯全集：第19卷[M]. 北京：人民出版社，1963：123.

己，从而在他所创造的世界中直观自身。"①这一阐述深刻说明劳动将人与猿彻底地区别开来，在劳动的直接推动下，人类经历了从早期猿人到晚期智人的发展过程；劳动促使人类的脑量不断增大优化，使人类体态特征愈来愈区别于猿而近似于现代人，而且使劳动工具日益改进和多样化，智力得到进化，物质生活逐渐丰富起来。

在马克思看来，劳动是一切历史的基本条件，有了人类的劳动，有了满足人类生存必需的前提，才产生了生活和历史。他进一步强调了一个简单的事实："任何一个民族，如果停止劳动，不用说一年，就是几个星期，也要灭亡，这是每一个小孩都知道的。"②马克思从唯物主义立场出发，充分肯定了劳动对于整个人类和人类历史的重要意义。他还以异化劳动理论为基础，揭示了资本主义社会的异化扭曲人的本质。他认为，劳动异化折射出的恰恰是因私有制而导致的无产阶级和资产阶级的对立。在未来的共产主义社会里消灭了旧式的社会分工，消灭了异化劳动，将人的本质重新还给人，从而实现人的自由全面发展。马克思从一般劳动的角度阐释了劳动对于人在世界中存在的意义、劳动对于人类社会进步的价值意蕴。

党的十八大以来，习近平总书记就劳动、劳动者、劳模精神等内容进行了深刻阐述。2013年4月28日，习近平在同全国劳动模范代表座谈时强调，"劳动是财富的源泉，也是幸福的源泉。人世间的美好梦想，只有通过诚实劳动才能实现；发展中的各种难题，只有通过诚实劳动才能破解；生命里的一切辉煌，只有通过诚实劳动才能铸

---

① 中共中央马克思恩格斯列宁斯大林著作编译局. 马克思恩格斯全集：第42卷[M]. 北京：人民出版社，1979：97.
② 中共中央马克思恩格斯列宁斯大林著作编译局. 马克思恩格斯选集：第4卷[M]. 北京：人民出版社，1995：580.

就""必须牢固树立劳动最光荣、劳动最崇高、劳动最伟大、劳动最美丽的观念,让全体人民进一步焕发劳动热情、释放创造潜能,通过劳动创造更加美好的生活"。2018年4月30日,习近平总书记回信勉励中国劳动关系学院劳模本科班学员:"社会主义是干出来的,新时代也是干出来的。希望你们珍惜荣誉、努力学习,在各自岗位上继续拼搏、再创佳绩,用你们的干劲、闯劲、钻劲鼓舞更多的人,激励广大劳动群众争做新时代的奋斗者。""我一直强调,劳动最光荣、劳动最崇高、劳动最伟大、劳动最美丽。全社会都应该尊敬劳动模范、弘扬劳模精神,让诚实劳动、勤勉工作蔚然成风。"

"劳动最光荣、劳动最崇高、劳动最伟大、劳动最美丽",是习近平总书记对新时代劳动价值观的明确定位。这一定位是对马克思劳动创造世界、劳动创造历史、劳动创造人本身的劳动价值观的继承与发扬,也是对当前社会中存在的拜金主义、享乐主义、投机主义等错误思想的有力矫正。新时代大学生要理解、体验劳动的永恒价值与时代新意,逐步树立"四最"劳动价值观,这也是新时代全面加强劳动教育的第一要义。

每个人都有自己的梦想和追求,大学生正处于人生最为美好、最有激情、最富活力的青年阶段,也是敢于有梦、勇于追梦、勤于圆梦的关键时期。梦想有了,怎么实现? "天上不会掉馅饼",只能靠勤奋不辍、持之以恒的劳动。大学生既要努力学习科学文化知识、练就过硬本领,还要坚定理想信念、锤炼高尚品格。强化大学生劳动情怀的培育有利于大学生端正学习态度,激发学习热情和创新精神,继承艰苦奋斗、勤俭节约的优良传统,从而为其将来走向工作岗位、实现个人全面发展奠定坚实的思想基础。

大学生树立正确劳动价值观,直接影响着大学生在课堂学习、自我学习、实验实践等教育环节上付出大量的、认真的劳动，将自己打造成为高等教育的优质产品，也有利于大学生正确认知梦想和劳动的辩证关系，进而释放出实现人生目标的不竭动力。

2. 以学科专业为基础

高等教育的本质是"建立在普通教育基础之上的专业教育"[1]，是"在中等教育基础上实施的专业教育，是培养高级专门人才的社会活动"[2]。在人的初级社会化进程中，大学阶段是学生汲取专业知识、学习职业本领、走向职场的重要阶段。高级专门人才的培养方向和即将走向职场的职业准备，决定了高等教育人才培养的特殊性和重要性。有鉴于此，高校开展劳动教育所承载的功能与价值也有别于基础教育，需要在巩固好家庭劳动教育、基础教育阶段劳动教育成果的基础上，要积极引导大学生形成正确的劳动认知，深入理解劳动的本质规定、劳动的创造价值、劳动的普遍意义等，并在掌握专业知识技能的同时，还要勤于、敢于、善于进行创造性劳动。所以，大学劳动教育要以大学教育本质为基础，注重体现学科专业所包含的知识，使生产劳动中蕴含更多智力成果，做到更高更深层面的"学以致用""知行合一"。

高校开展劳动教育要实现劳动知识供给与专业培养需求的深度结合。高校人才培养，首先要让大学生了解自己所学专业的基本特点、就业方向等，这是高校专业人才培养的初心所在。在这一过程中，还要引导大学生深刻认识自己所学专业中蕴含的劳动之于社会发展的重

---

[1] 潘懋元. 必须开展高等教育的理论研究——建立高等教育学刍议[J]. 厦门大学学报，1978（4）.
[2] 建设有中国特色社会主义高等教育理论研究课题组. 建设有中国特色社会主义高等教育理论要点[M]. 高等教育出版社，1997：122.

要意义,强化专业教育中对劳动的认知。同时,作为未来劳动力市场上的高素质劳动者,大学生还应该掌握劳动关系、劳动法律、劳动与安全、劳动与社会保障等通识类劳动科学知识,有意识地引导大学生主动关注民生与国家经济政策,积极参与相关社会调查,提升学生运用专业知识服务人民和国家战略发展需要的专业劳动素养。

高校开展劳动教育要实现劳动价值取向与专业特点深度结合。各专业不同特点决定了劳动情怀涵养的侧重点不同。不仅要培养学生树立"无论从事什么职业,都要勤于学习,善于实践,踏实劳动、勤勉劳动,在工作上兢兢业业、精益求精"㊀的普适性劳动职业观,还要在专业学习中涵养专业劳动情怀,让大学生在专业学习中,掌握专业化的知识技能、习得一技之长,了解本专业未来的就业方向和职业发展趋势,在专业实习中增强解决实际问题的实践能力,结合本专业培育自己的核心竞争力;还要树立正确的择业观,自觉培育具有到艰苦地区和行业工作的奋斗精神和服务社会、报效国家的奉献精神。

高校开展劳动教育要实现实习实训与专业发展的深度结合。实习实训是大学生参与专业生产劳动的重要路径,进行创造性劳动是大学劳动教育的重要目标。大学生在实习实训中运用并检验所学专业知识,夯实专业基础,深化专业前沿研究,推动专业理论与实践的创新发展。尤其是伴随着人工智能的快速发展,高校的劳动教育要适应科技发展和产业变革,针对劳动新形态,注重新兴技术支撑和社会服务新变化,要深化产教融合,强化诚实合法劳动意识,培养科学精神,提高创造性劳动能力。

㊀ 为共同理想和目标团结奋斗——习近平总书记在知识分子劳动模范青年代表座谈会上的重要讲话引发强烈反响. 新华网. 2016 – 04 – 30. http://www.xinhuanet.com//politics/2016 – 04/30/c_1118779218.htm.

3. 以社会实践为载体

习近平总书记指出,"重视实践育人,坚持教育同生产劳动和社会实践相结合,广泛开展各类社会实践,让学生在亲身参与中认识国情、了解社会,受教育、长才干。"⊖《意见》中明确指出,要注重围绕丰富职业体验,开展服务性劳动和生产劳动,使学生熟练掌握一定劳动技能,理解劳动创造价值,具有劳动自立意识和主动服务他人、服务社会的情怀。在高校的人才培养过程中,以多元化的社会实践为载体可以最大限度地发掘学生潜能,持续提升青少年学以致用、创新创业的能力。高等教育培养的专业人才是未来的高素质劳动者,承担着服务社会、报效国家的重要使命,所以高校的劳动教育应以大学生社会服务效用最大化为人才培养目的和归宿,教育引导青年大学生发挥主体性作用,把所学理论转化为实际行动。

劳动教育最突出的特点就是实践性,它渗透到教育的方方面面,在德、智、体、美、劳五育中处于基础性地位。社会实践是大学生接受劳动教育的有效载体,大学生参与社会实践,就是大学生以社会主体的身份主动参与学习、接受教育的过程,有利于大学生实现从被动接收或接受的第三人向自我学习、主动学习第一人的转变。从现状来看,当代大学生存在动手能力较弱、劳动能力欠缺、不善协作、创新能力略显不足的情况,这些现象都与部分高校、家庭等对学生的劳动教育重视不够,学生对劳动精神内涵的理解还比较浅显有一定关系。通过将劳动教育与社会实践结合,可以引导大学生从空间地域的限制中走出来,在出力流汗、动手实践中去校验知识、思考论证、提升技

⊖ 中共教育部党组. 深入学习贯彻习近平总书记关于青年学生成长成才重要思想 大力培养中国特色社会主义建设者和接班人 [N]. 光明日报, 2017-09-08.

能,感受劳动精神的真谛,体会劳动教育的成果。

从广义上讲,勤工助学、创新创业、社会调查、志愿服务、公益劳动、三支一扶等都属于大学生参与社会实践的有效形式。这些实践与劳动教育的精神实质是一致的,都可以帮助大学生在实践过程中认识国情、了解社会,在亲身参与中接受锻炼,在增长才干和磨炼意志中感受劳动所带来的收获和乐趣,逐步形成尊重劳动、热爱劳动的真挚情感。

4. 以就业创业为导向

劳动既是人类存在的基础,也是人类发展的动力源泉。"毕业、择业、就业"是高校人才培养的最终实现形式。在毕业之后通过岗位劳动获得相应报酬作为生活来源,是绝大部分高校毕业生的生计常态。从这个意义上讲,高校的劳动教育成效直接与毕业生的职业生涯相连,甚至关乎大学生的终身职业发展。在一些发达国家的高校,普遍把创新创业融入人才培养目标,将其作为衡量人才培养质量的基本标准。联合国教科文组织1989年就提出要加强学生创业能力的培养,要求把创业教育提升到与专业教育和职业教育同等的地位。○

近年来,国家重视高校创新创业教育改革,教育部在2019年3月部署创新创业教育示范高校建设工作中首次提出了推进创新创业教育与劳动教育结合的思路,创新创业教育应贯穿"五育"培养过程,在更高层次、更深程度、更关键环节上深入推进创新创业教育改革○。

○ 李珂. 嬗变与审视——劳动教育的历史逻辑与现实重构 [M]. 北京:社会科学文献出版社,2019:95.

○ 教育部办公厅. 关于做好深化创新创业教育改革示范高校2019年度建设工作的通知 [EB/OL]. [2019-03-28]. http://www.moe.gov.cn/srcsite/A08/s5672/201904/t20190408_377040.html.

《意见》中对高等学校劳动教育内容提出明确要求，"要注重围绕创新创业""创造性地解决实际问题，使学生增强诚实劳动意识，积累职业经验，提升就业创业能力"。由此可见，高校开展劳动教育要以就业创业为最终导向，通过大学生就业创业水平直接反映高校人才培养成效，这也是大学生实现人生价值、服务社会需要的有效途径。

大学生的世界观、人生观、价值观对他们的就业、择业有着重要影响。当前，大学毕业生的综合就业素质与用人单位的实际需求存在着一定的差距，毕业生的综合就业素质成为影响其能否顺利就业的重要因素。高校的劳动教育应该立足大学生的就业创业的实际需求，引导大学生树立正确的劳动观念，通过多元化的劳动实践获得就业创业所需要的劳动技能、职业体验、社会经验，并在实践过程中找到衡量自身价值的标尺，明确实现自身人生理想与目标的途径，找准职业倾向，涵养职业道德，提升就业能力，正确进行自我评估，对自己的职业发展作出符合实际的预判，从而形成有效的就业认知，做好自己的职业生涯规划。

三、高校劳动教育实施

《意见》强调，"劳动教育是中国特色社会主义教育制度的重要内容，直接决定社会主义建设者和接班人的劳动精神面貌、劳动价值取向和劳动技能水平"。这就要求我们在推进新时代劳动教育时，必须站在"围绕培养担当民族复兴大任的时代新人"、完善"中国特色社会主义教育制度"的高度，充分理解和把握劳动教育目标的全面性、针对性，通过目标体系、内涵体系、课程体系、评价体系全面构建体现时代特征的高校劳动教育实施体系。

1. 统筹推进，实现五育融合

劳动作为人类本质力量的体现，是人类社会赖以存在和发展的最基本社会实践形式，也是培养人、塑造人的重要手段，是实现人的解放和自由全面发展的根本途径。然而，人的全面发展不能只局限在劳动教育，人的全面发展需要德、智、体、美、劳协调发展，"五育"彼此联系又相互融合，各自发挥着不同的育人功能，构成了人的教育培养体系。

《意见》强调，要"把劳动教育纳入人才培养全过程，贯通大中小学各学段，贯穿家庭、学校、社会各方面，与德育、智育、体育、美育相融合"。因此，首先，在教育形式方面，要充分发挥劳动教育综合育人功能，将劳动教育当作德、智、体、美教育的重要载体和有力支撑。通过将教育与生产劳动相结合来培养学生树立正确的劳动观点和劳动态度，学习基本的生产知识和劳动技能，练就强健体魄和顽强毅力，感受劳动过程与价值创造的幸福体验，从而达到树德、增智、强体、育美的多重目的。其次，在教育内容方面，要充分发挥劳动教育的实践性特点，侧重用系统的理论与实践教育教学活动来全面提升学生的劳动素养，包括树立正确的劳动价值观、培育积极的劳动精神、掌握必要的劳动技能、养成良好的劳动习惯等，这是完成立德树人根本任务的重要环节。最后，在教育目的方面，要促进高校人才培养供给侧与经济社会发展需求侧全方位融合，实现教育服务社会的功能。通过开展劳动教育不断强化学生的劳动责任感、使命感和荣誉感，培养和造就辛勤劳动、诚实劳动、创造性劳动的品格，形成积极向上的就业创业观，提高完成相关专业工作的劳动能力以及在实践过程中分析问题、解决问题的能力，积累职业经验，为大学生将来走向工作岗位奠定坚实基础。

2. 立足专业，构建劳育体系

加强劳动教育，要实现高等教育人才培养体系中已经具有劳动教育属性的育人环节与新增劳动教育课程和实践活动的衔接与融合。《意见》指出："实施劳动教育重点是在系统的文化知识学习之外，有目的、有计划地组织学生参加日常生活劳动、生产劳动和服务性劳动，让学生动手实践、出力流汗，接受锻炼、磨炼意志，培养学生正确劳动价值观和良好劳动品质。"

目前，很多高校开展了实习实训、勤工俭学、社会实践、志愿服务、产教融合、创新创业等活动，这些教育环节可以在一定程度上提升学生劳动技能，培养劳动品德，具有明显的劳动教育属性，在实践育人方面取得了显著成效。但是，这种形式的劳动教育只是在"点"的层面开展，并没有把劳动教育贯穿到高校人才培养的全过程中，尚未形成全面加强劳动教育的"面"。全面构建高校劳动教育体系，一方面要按照《意见》的要求，做好高校劳动教育的增量，把劳动教育纳入高校人才培养体系，贯通于高校思想政治工作体系、学科体系、教学体系、教材体系、管理体系中，通过设置劳动教育必修课程，开展劳动教育实践活动，在实践中印证、加深对所学理论的理解和运用。通过加强劳动教育师资建设，培养能够有效开展劳动教育的专业教师，增强教师对劳动教育在人才培养过程中的价值认同。另一方面，要做好增量与存量的融合，通过加强劳动教育与思想政治教育、专业教育、创新创业教育、产教融合、实习实训、社会实践、志愿服务、校园文化建设的有机结合，把劳动教育融入高校思想政治教育、文化知识教育、社会实践教育各环节中，强化大学生劳动观念、劳动技能和劳动品质的系统培育，实现劳动思想教育、劳动技能培育和劳动实践锻炼的有机衔接。

3. 注重实践，践行知行合一

《意见》指出，"要积极探索具有中国特色的劳动教育模式，创新体制机制，注重教育实效，实现知行合一，促进学生形成正确的世界观、人生观、价值观。"教育的本质和目的，不是简单地传授知识，而是通过传授知识，拓展人的生存技能，提升人的生命品质。正如习近平总书记所说："理论必须同实践相统一。理论一旦脱离了实践，就会成为僵化的教条，失去活力和生命力。实践如果没有正确的理论指导，也容易'盲人骑瞎马，夜半临深池'。"

高校在开展劳动教育的过程中，要克服有教育无劳动、有劳动无教育的实践误区，深刻把握"知"与"行"、"学"与"做"的辩证关系。

知是行之始，高校开展劳动教育，要坚持以知促行。要通过劳动思想教育使学生深化对劳动内涵的理解与认识，懂得马克思主义劳动观的立场、观点和方法，深刻领会贯穿其中的辩证唯物主义和历史唯物主义世界观与方法论。劳动这一范畴在马克思主义政治经济学中与西方经济学中有着较大区别。马克思认为劳动不仅是人类体力、脑力支出和消耗的行为，还是社会生产中一切经济关系的逻辑起点。马克思主义政治经济学正是以辩证唯物主义和历史唯物主义为方法论，通过将劳动划分为生产使用价值的具体劳动和生产价值的抽象劳动，发现了商品经济的本质以及资本主义剩余价值生产的秘密，揭示了资本主义经济运行的一般规律。可见不能把高校劳动教育简单理解为劳动实践或劳动体验，还要从"知"的层面培养大学生树立正确的劳动价值观。

行是知之成，高校开展劳动教育，更要以行促知。劳动教育如果过分强调知识传授和技能培养，导致理论与实践相脱离，就变成了无源之水、无本之木。贯彻落实《意见》要求，就是要围绕创新创业，结合学科和专业积极开展实习实训、专业服务、社会实践、勤工助学、劳动周等，在劳动实践中让学生进一步加深对所学知识的理解，在实践中提高学生的动手能力、学习能力和创新能力，体会劳动创造美好生活，懂得空谈误国、实干兴邦的深刻道理，真正做到知行合一、理论与实践相统一。

4. 课堂联动，融通培养环节

《意见》指出："要整体优化学校课程设置……形成具有综合性、实践性、开放性、针对性的劳动教育课程体系。"一般而言，高校第一课堂主要是指校内目标明确、实施体系清晰的课堂内教学活动；第二课堂主要指在第一课堂教学计划所规定的教学活动之外，组织和引导学生开展的社会实践、社会活动、学生社团活动等各类校内外活动。

从高校劳动教育的实施过程来看，第一课堂和第二课堂都是劳动教育体系的有机组成部分。构建第一课堂和第二课堂协同育人机制，一方面，要用好劳动教育课堂教学这个主渠道，通过开设不少于32学时的劳动教育课程，引导学生认识人类劳动实践的创造本质，树立正确的劳动意识，形成科学的劳动观。推动劳动教育与高校思想政治教育相融合，开设劳动经典研读活动，深入学习习近平总书记关于劳动的重要论述。把劳动教育渗透到专业课程中，使各类专业课程与劳动教育课程同向同行，形成协同效应。加快构建中国特色高校劳动教育教材体系，推出更多高水平教材。另一方面，还要充分发挥高校第二课堂在劳动教育实施中的重要载体平台作用。第二课堂作为第一课堂的补充和延伸，是高校完成人才培养目标、引导学生将知识向能力转化的重要环节。习近平总书记在全国高校思想政治工作会议上指出，要重视和加强第二课堂建设，重视实践育人，要创新方式，拓展途径，为学生参与社会实践创造更多的机会和舞台。高校劳动教育更加侧重学生创造性劳动能力的培养，因此要依托校内、校外资源，充分发挥高校第二课堂内容丰富、形式灵活的优势，通过建设教学与科研紧密结合的实践教学基地以及开展学校与企业密切合作的产教融合等活动，组织学生深入生产劳动第一线，注重大数据、云计算、人工智能、区块链、物联网等新知识、新技术、新工艺、新方法的应用，在实践中培养和提高学生创造性地解决实际问题的能力。在全面加强劳动教育的过程中，通过深入挖掘第一课堂劳动育人价值，系统提升第二课堂育人实效，逐步形成第一课堂和第二课堂深度融合、彼此支撑的劳动教育课程体系。

5. 引导激励，加强自我管理

"自己的事自己做，他人的事帮着做，公益的事争着做"，是习近平总书记对青少年劳动习惯培养的基本要求。强化劳动教育就是要通过一系列的课程设计和要求引导学生，激励学生，提升学生的自我管理能力，从小事做起，从点滴做起，将学生培养成"爱劳动、会劳动、懂劳动"的劳动者。首先，要培养学生的劳动意识。鼓励学生参与到家务劳动、校园管理以及社会实践活动中，引导大学生加强自我管理意识，体悟劳动之艰辛，自觉珍惜劳动成果，树立劳动意识，培养勤俭、奋斗、创新、奉献的劳动精神。其次，要重视大学生专业技能的培养和提升。三百六十行，行行出状元。劳动技能、劳动素质是劳动者能否进行创造性劳动的能力要求，学校要通过改进劳动教育方式，加强产学研结合，在专业学习实践中逐步培养和提升大学生的专业技能，为将来走入职场、走向社会做好充分的职业准备。再次，要建立健全校园信用管理，建立完善劳动素养评价机制。将日常学习、家务劳动、生活习惯、校园劳动、公益服务、社会实践等方面的诚信状况列为大学生综合素质评价、评奖评优、毕业进修的重要依据。

6. 实施评估，完善制度导向

《意见》指出："学校要发挥在劳动教育中的主导作用，切实承担劳动教育主体责任。"高校加快推动劳动教育落实落地，首先应建立一套制度规范、分工明确、协同配合、保障有力的劳动教育实施体系，加快修订完善人才培养方案，将劳动教育与高校的育人战略进行主动、全面对接，把各部门、各方面的力量整合起来，促进跨学科、跨院系、跨机构协同合作，形成纵向贯通、横向联动的劳动教育统筹协调推进机制，为开展劳动教育提供人员、经费和场地保障。其次要通过构建劳动教育考核评价体系，有效提升教师开展劳动教育的积极性和学生接受劳动教育的获得感。高校在开展劳动教育理论课程与实践活动的教学过程中，与思想政治教育、专业教育一样，也要充分发挥好教师的主导作用和学生的主体作用。学生是教学过程的对象和意义所在，劳动教育的最终目的是全面提升学生的劳动素养。要通过建立劳动素养评价制度，将劳动教育实践活动纳入第二课堂成绩系统，与学生综合素质测评成绩相结合，把劳动素养评价结果作为评优评先的重要参考和毕业依据，引导和激励学生主动参与到劳动教育中。教师在劳动教育的教学中发挥着重要引导作用。应通过对承担劳动教育课程的专职教师进行专项培训，提高劳动教育专业化水平。建立劳动教育教师工作考核体系，鼓励教师以多样化的方式来实施教育教学，根据学生的认知规律和接受特点，探索适合不同学科背景的劳动教育，提高劳动教育实效性。通过建立高校师生开展劳动教育可记录、可评价、可测量、可呈现的一整套工作体系和工作制度，真正激发教师与学生在劳动教育中教与学的内生动力。

典型案例

中国劳动关系学院推进"五个一"工程，将劳动教育纳入人才培养全过程

中国劳动关系学院是中华全国总工会直属、由中华全国总工会与教育部共建的普通本科院校。近年来，学院大力发挥学科特色优势和独特育人资源优势，着力推进"五个一"工程，将劳动教育纳入人才培养全过程。

确立一项劳动特色育人目标。2016 年，学院制定"十三五"发展规划时，明确将"劳动情怀深厚"确立为学校人才培养的四维目标之一，提出了适时修订培养方案、持续优化专业实习实训、扎实推进马克思主义劳动学说进课堂、大力营造学校劳动文化氛围、探索建立"劳动与社会实践"小学期和"劳动教育活动月"、持续编写好《劳动与发展》学生科研论文集等一系列育人举措。各二级学院也围绕"劳动情怀深厚"的人才培养目标，推出一系列"专业+劳动"特色育人活动。经济管理学院"50 元能买什么"和"50 元怎么挣"的假期社会实践，法学院"劳动法律宣传与服务进社区进企业活动"，社会工作学院"致青春·关注民生志愿公益行动团"等，均已建设成为持续时间久、参与面广、社会影响力高的劳动教育特色品牌。

开设一组劳动教育特色课程。开设"劳动通论"通识必修课，按 32 学时 2 学分的标准，面向全体大一学生开设，系统进行马克思主义劳动观

和社会主义劳动关系教育，普及大学生未来职业发展必备的通用劳动科学知识，如劳动与法律、劳动与伦理、劳动与社会保障、劳动与管理、劳动与安全等，培养懂劳动、"明劳动之理"的新时代大学生。开设"大国工匠面对面"思政类公选课，结合国家经济社会发展形势以及党和国家大政方针，精心挑选若干主题作为案例背景。每个案例都邀请该行业领域的1位劳动模范走进课堂，讲述从业经历，演示精湛技艺，阐释工匠精神；特邀1位校内外专家与劳动模范共上一堂课，围绕劳模所在行业领域进行理论分析，深入阐释习近平新时代中国特色社会主义思想，展现国家经济社会发展的形势与政策。这种两位教师围绕一个主题共同上好一堂课的"211"授课模式，通过入脑入心的生动故事、深刻全面的专家讲评，让学生在深刻理解新时代劳动发展趋势的同时，由衷受到新时代劳动精神的震撼与鼓舞。

打造一种劳动模范协同育人机制。一是开办"劳模大讲堂"，先后邀请许振超、郭明义等20余名全国著名劳模走上讲台，分享成长历程，宣讲劳模事迹，弘扬劳模精神，让青年大学生近距离感受"爱岗敬业、争创一流，艰苦奋斗、勇于创新，淡泊名利、甘于奉献"的劳模精神，自觉践行社会主义核心价值观。"劳模大讲堂"活动至今已举办10期，并成功走出校园，走进中小学、社区、企事业单位，让更多人受益。二是将劳模精神融入党建工作，组织劳模班党支部和本科生党支部结对子共建。共建活动中，劳模党员分享先进事迹，本科生党员畅谈学习心得，在同学习中共进步，取得了很好的效果。三是选聘劳模兼职辅导员，印发《劳模兼职辅导员聘任管理办法》，先后聘请9位劳模兼职辅导员。他们积极参加班级活动，与大学生一起进行社会实践，一起组织主题班会，充分发挥劳动模范的榜样力量。在深入交流过程中，潜移默化地用劳模品质引领青年大学生，用劳模精神感染青年大学生。四是推广劳模特色志愿服务，开展"大国工匠面对面"志愿服务，通过众创众筹众评的方式确定服务项目，以"1名劳模志愿者+10名青年志愿者服务团队"的模式开展系列志愿服务活动。活动中，学生志愿者与劳模学员结伴走进军队、社区、医院、企业，通过劳模事迹宣讲、劳模技艺展示、劳模精神座谈等形式，弘扬劳模精神、劳动精神和工匠精神。习近平总书记回信两年多来，此项志愿服务开展活动17次，共有包括社区居民、部队官兵、企事业机关单位职工、在校大学生等在内的两万余人受益。该项目荣获第四届中国青年志愿服务项目大赛银奖。

拓展一片劳动文化宣传阵地。以线上线下相结合、党团学组织相协同的形式，大力营造校园劳动文化氛围。一是确立"立德守正、崇劳创新"的办学使命，以研究劳动科学、弘扬劳动精神、推进劳动育人为重要使命，推动"劳动最光荣、劳动最崇高、劳动最伟大、劳动最美丽"的观念在校园和社会蔚然成风。二是加强对新时代劳模精神的宣传力度，在教学楼、图书馆等公共场所，以多种形式展示各行各业劳动模范和大国工匠的成长故事；在官方微信公众号开设"身边劳模"专栏，在官方网站报道劳模故事，在学校报纸讲述劳模事迹，实现劳模精神宣传的常态化、传播的广域化。三是以"劳动的名义"为主题组织70周年校庆系列活动，设计了"爱劳动立信正青春，迎校庆奋斗新时代"劳动文化节，举行了"迎70校庆，颂劳动情怀"劳动主题诗词朗诵会；开展了"迎校庆，学劳动，筑精神"校友系列讲座……一系列特色鲜明的劳动文化宣传活动，唱响了"劳动光荣、创造伟大"的主旋律。

搭建一系列劳动教育研究平台。学校充分发挥劳动领域学科高度集聚、相关的优势，以劳动科学研究来丰富、深化新时代劳动教育研究。组建了全国高校首家劳动关系与工会领域新型智库，以"资政、启民、崇劳、厚生"为使命，紧扣新时代劳动关系治理与劳动教育问题开展政策性研究；成立了大国工匠与劳动模范研究所等研究机构，组织召开了新时代劳模精神与工匠精神、新时代高校劳动教育等多场学术研讨会，编写出版了《新时代高校劳动教育论纲》《劳动的名义》《中国劳模口述史》等18部著作，深入研究劳动教育、传播劳动科学、阐释劳模精神。2019年，学校成立劳动教育中心，作为统筹规划学校劳动教育课程教学与研究的专门机构；创办了全国首家劳动教育研究专门刊物——《劳动教育评论》，为大中小学劳动教育的持续加强与改进汇聚智慧。

多年来，学院坚持以劳模精神为引领、以劳动科学为支撑，围绕"劳动情怀深厚"的人才培养目标，着力加强劳动教育课程建设，扎实推进劳动教育与思想政治教育相结合、与科学研究相结合、与社会实践和志愿服务相结合、与校园文化相结合，初步构建起德、智、体、美、劳全面发展的人才培养体系。为深入贯彻落实《意见》精神，学院还在研究制定《中国劳动关系学院劳动教育实施方案》。

中国劳动关系学院深入推进由思政劳育、专业劳育、实践劳育、课程劳育、学术劳育构成的新时代高校劳动教育实施体系，积极探索新时代高校将劳动教育融入立德树人全过程的一般性规律，又紧密结合学校实际，创新劳动教育实践形式。总体来看，呈现以下特点。

一是突显办学特色。学院建校70年来，紧密结合我国劳动关系和工会工作发展的新形势、新需要，开展人才培养与科学研究，在弘扬劳动精神、培育劳动英才、研究劳动科学方面形成了鲜明的办学特色。推动"五个一"工程，在贯彻落实《意见》精神中突显其办学特色。

二是结合学科专业。人才培养包括本科教育、研究生教育、高职教育、继续教育、劳模本科、工会干部培训等不同方面，在专业设置上开设有劳动关系、工会工作、劳动与社会保障等专业。学院将专业劳育作为劳动教育的主阵地，扎实推进劳动教育与学科专业紧密结合，既有理论内涵的延展，又有实践案例的启发，有利于启发学生加深对劳动教育的理解，增强动手实践能力。

三是利用行业优势。学院1992年以来，一直坚持开展劳模本科教育，已经培养600余名劳模学员，在为劳动模范和大国工匠提供研修深造机会的同时，也形成了"劳动模范在校园，大国工匠在身边"的独有优势。学校以思政劳育为劳动教育铸魂领航，引导大学生系统全面学习马克思主义劳动关系，并利用自身办学资源，大力开展劳模精神、劳动精神、工匠精神进教材、进课堂，形成了既符合高校思想政治教育一般规律又特色鲜明的行业高校思政教育模式。

四是搭建实践载体。学校把实践劳育作为高校劳动教育的有效载体。无论是特色课程的设置、科研平台的搭建，还是文化阵地的建设，这些都是劳动教育的实践载体，依托这些实践载体使得劳动教育的内容丰满了，能够有效地与教学目标、人才培养目标结合起来，而科研平台的搭建使得这种载体能够在研究中不断优化，形成良性循环，更好地指导劳动教育的开展。

五是开设劳动教育通识课程。以普及劳动科学知识、提高劳动科学素养为着眼点，将劳动科学发展和劳动实践需求两个维度相结合，系统介绍了劳动学科领域相关学科的基本知识，旨在引导新时代大学生坚定树立马克思主义劳动观，正确认识劳动的现象与本质，正确理解劳动与社会的关系，正确认识与处理中国特色劳动关系问题，真正懂得劳动创造价值、劳动关乎幸福人生的道理。

思考题

1. 谈谈你对劳动教育独特育人价值的理解。

2. 在你看来，高等院校的劳动教育对大学生成长成才有哪些作用？

3. 作为一名新时代大学生，你愿意参加哪些形式的劳动教育？

延伸阅读

1. 刘向兵，《劳动通论》，高等教育出版社，2020 年

2. 曾天山，顾建军等，《劳动教育通论》，教育科学出版社，2020 年

3. 李珂，《嬗变与审视：劳动教育的历史逻辑与现实重构》，社会科学文献出版社，2019 年

4. 刘向兵等，《新时代劳动教育论纲》，社会科学文献出版社，2018 年

第一章

大学生
与劳动品德

只有劳动才可能使人在生活中强大。不论什么人,最终还是要崇尚那些能用双手创造生活的劳动者。

——路遥

导 读

朱镕基:"不做假账!"

如果我们的办公区没有监控,你会在上班的时候偷懒或者干私活吗?如果我们的付出抵不上单位发的薪水,你会在领到工资的那一刻感到些许惭愧或不安吗?如果我们提供给客户的产品名不副实,你会手持订单翻阅自己的良知簿吗?

"不做假账!"——前国务院总理朱镕基铿锵有力的四字警言,无疑是对每一位即将步入职场的年轻人劳动品德的要求!第十六届世界会计师大会于 2002 年 11 月在香港特别行政区隆重举行,时任国务院总理的朱镕基出席开幕式并发表重要演讲。在演讲中,严字当头的朱总理说自己很少题字,但他却对我国新成立的三个国家会计学院"网开一面",亲笔题写了校训——"不做假账"。

2001 年,安然公司作假事件轰动了全球市场。这家曾经连续 6 年被《财富》杂志评为"美国最具有创新精神"的公司,在 2001 年第二季度财务状况公布以后不断被媒体和投资人披露纷繁复杂的内部交易问题,并于 2001 年年底迅速走向破产,曾经的辉煌荡然无存。与此同时,长期担任安然公司审计和咨询业务的安达信，作为当时世界五大会计师事务所之一同样受到广泛质疑，审计的独立性问题被推到了风口浪尖。企业失信的背后是人的失信，面对这些国家频繁爆出的"财务危机"，朱镕基总理的简短四字警言即深刻地揭示了其"诚信危机"的本质，值得每一位即将迈入职场的大学生永远牢记！

"人世间的美好梦想，只有通过诚实劳动才能实现；发展中的各种难题，只有通过诚实劳动才能破解；生命里的一切辉煌，只有通过诚实劳动才能铸就。"党的十八大以来，习近平总书记在不同场合，多次围绕焕发劳动热情、释放创造潜能进行深刻阐述，为形成尊崇劳动、热爱劳动的良好氛围提供了根本遵循。诚信是市场经济的基石，也是对一个普通劳动者最起码的职业道德要求。而要成为一个品德优秀的劳动者，还得具备不屈从、不迎合任何不合理要求的胆识，不以职务之便谋取一己私利的自律。

劳动品德是劳动教育的基础，传道授业要以德为先。在未来的知识型社会中，劳动者的技能和知识势必会有很大的提升，劳动的态度和品质将会更加显著地影响一个人的职业发展。"诚信为本、操守为重、遵循准则、不做假账"是会计从业人员基本的职业道德和行为准则，也对大学生的劳动品德提出了具体的要求，"让诚实劳动、勤勉工作蔚然成风"，每一位大学生都应从我做起！

人类社会绵延千年根起劳动，青年才子名留青史多因品行。劳动创造了美好生活，出力劳心塑造着人的德才能；劳动推动了社会进步，开花结果展示着人的真善美。大学，大道之学，高等育人机构；大学生，厚德高才之士，用其才华富足社会，以其品德净化心灵。

第一节 / 劳动品德内涵

> 形成正确的劳动观念，培养学生对劳动的尊重和热爱，关键要在劳动实践中进行。
>
> ——朱永新

品德是个体言行中表现出来的某些稳固的特征，就其实质来说，是道德价值和社会规范在个体身上内化的产物，是个体社会行为的内部调节机制。品德本意是个中性词，在使用意境具体化后才有褒贬之分，除因文化或社会发展程度不同而导致的道德评判与社会行为规则差异外，大多数特定社会环境下，品德存在基本的认同规范，守规者被认为是品德高尚者，违规者则被认为是品德低劣者。依此推知，劳动品德就是个体对于劳动所表现出来的相对稳定的言行特征，遵从社会劳动规范会被认为具有良好劳动品德，否则便被认为劳动品德不佳。但在现实生活中，劳动过程中出现精力损耗通常被看作人类基本生存和发展的内在需要，劳动精神也总是被作为一种美德加以弘扬。因而当"品德"与"劳动"相连构成"劳动品德"一词时，便已经被赋予了一种积极向上的寓意。作为高校劳动教育的重要内容之一，"劳动品德培养"便是在这一基础上组织实施的。

一、辛勤劳动

良好的劳动品德不仅要求在思想上保持马克思主义劳动价值观，深刻理解新时代劳动教育的丰富内涵，而且要努力将先进的价值观念日常化、具体化、形象化和生活化。《意见》明确提出，要把劳动教育纳入人才培养全过程,紧密结合经济社会发展变化和学生生活实际,创新体制机制,注重教育实效,实现知行合一。正如习近平总书记所说,"幸福不会从天而降,梦想不会自动成真。"每一位大学生都应当深入领悟"空谈误国,实干兴邦"的实践指导意义,设法使其内化为积极的精神追求和自觉行动。在工作中勇于担责,吃苦耐劳,爱岗敬业,争做新时代的合格劳动者,争创属于自己的美好生活。

1. 认真尽职,自觉履责

劳动既是打开个人幸福之门的钥匙,也是人类摆脱部分自然约束、不断进化、推动社会持续进步的根本动力,因而也是每个人应尽的社会职责。卢梭曾经说过:"劳动是社会中每个人不可避免的义务。"我国宪法也明确规定,中华人民共和国公民有劳动的权利和义务,劳动是一切有劳动能力的公民的光荣职责。每一个辛勤劳动的人首先应当是在自己的岗位上尽心尽力工作的人,兢兢业业完成职责之内基本任务的人。在2020年"五一"国际劳动节,习近平总书记给郑州圆方集团全体职工回信,勉励广大劳动群众弘扬劳动精神,克服艰难险阻,在平凡岗位上续写不平凡的故事。可见,岗位无贵贱,尽职履责就是劳动价值的实现,也是劳动精神的体现。

2. 甘愿吃苦,主动付出

除了认真完成好本职工作,劳动品德之"辛"还在于能够吃苦和愿意吃苦,劳动品德之"勤"也在于自觉行动和主动付出。劳动是人体力和脑力的消耗,劳动的过程无疑是辛苦的,有时或许还是痛苦的,但没有当下这个吃苦的过程,生活就会一直苦下去,而且会越来越苦。正如歌里所唱:"不经历风雨,怎么见彩虹?"劳动是为追求美好生活所进行的付出,苦中带着甜;劳动是为实现人生价值所做出的努力，越主动越可贵。大灾大难面前奋不顾身的官兵战士，疫情肆虐之时主动请缨的白衣天使，重大任务降临时日夜奋战的科研尖兵，还有那些为帮助公司走出困境默默加班的普通职工，他们无怨无悔地吃苦受累，用辛勤付出让劳动精神更加光辉灿烂。

3. 爱岗敬业，积极奋斗

辛勤劳动是社会主义荣辱观的重要内容，是社会主义核心价值观的重要体现，是用"爱岗"和"敬业"支撑的充满激情的奋斗过程，是用深厚劳动情怀引领的充满爱意的付出行为。涓滴细流汇成河，每一个平凡岗位都是民族复兴大业不可或缺的组成部分。一个人若要立志成为爱国爱民、敬祖敬贤的伟人，首先应当做一名爱岗敬业、辛劳勤勉的普通劳动者，而一个真正日日吃苦而不觉苦的劳动者，内心里也一定装满了家国情怀。鲁迅先生说过，自古以来，那些埋头苦干的人、拼命硬干的人、为民请命的人、舍身求法的人，他们都是民族的脊梁。正是这种品高德重的"脊梁"，放大了劳动精神的感召力、凝聚力和引领力，是劳动精神的升华，是劳模精神和工匠精神的孕育，绽放着新时代的"劳动美"。

二、诚实劳动

劳动创造财富，劳动者就是最大的财富，而这笔财富能否持续增值，关键在于每一位劳动者是否珍惜它的宝贵信誉。加强劳动品德培育既要能够"坐而论道"，也要积极"起而践行"，更要做到"行而有信"。所谓诚实劳动就是要学会对"透支劳动信誉"的行为勇敢地说"不"，在日常的劳动实践中不欺瞒不作假，将"诚实守信、合法守规、科学守道"作为优秀劳动品德的行为准则和评价依据。

1. 诚实守信

孟子将"诚"与"信"相结合提出了道德修养论，千百年来，已经成为中华民族众多仁人志士的立身之本，同时在当代社会人际关系、社会秩序和治国理政中仍旧发挥着不可替代的重要作用。进入新时代，诚信已经成为社会主义核心价值观在个体层面对公民行为准则的价值评价之一，是公民职业行为"敬业"准则的延展和落地。从普遍意义上讲，忠于职守首先要诚实劳动，要求人们在劳动创造过程中尊重客观事实，不作假、不欺骗、不投机、不耍滑；克己奉公的重点是信守承诺，要求人们遵守诺言、信守契约精神，以个体行为约束共同维护集体信誉形象；服务人民的前提是诚恳待人，为人处世实实在在、坦坦荡荡，不欺人亦不自欺。

2. 合法守规

信用关系是人与人合作发展的基本关系，信用关系的建立需要法律和道德的共同作用。法律是成文的道德，道德是内心的法律，两者具有一定功能上的互补性和替代性，能起到降低交易费用的作用，是社会活动的润滑剂。㊀对于产品和服务的经营者来说，合法守规经营更是一道安全网，机会主义和短期行为或许可以蒙蔽一时，但不会带来基业长青。比如，遵守工作场所中职业健康相关法规，保护职工安全，消除安全隐患，避免发生工作危害事件。对于劳动者而言，令人尊敬的劳动品德也来自于自我克制和自我控制，遵从内心追求真善美的呼唤。遵守国法行规同样是劳动品德的要求，比如不违背职业伦理，不把法律上对劳动者的一些特殊保护作为自身短期行为的"避风

㊀ 伍山林. 道德与法律的制度经济学分析 [J]. 经济问题，2002 (7): 2-4.

港",不违反竞业限制与保密义务的经济法规则。

3. 科学守道

一切劳动行为都要尊重科学,遵守行规,偏离科学或行规的劳动往往是低效或无效劳动,违背科学的劳动创新甚至内含巨大的破坏力,而符合科学规律的劳动则能够更加有效地提升劳动的价值。马克思阐明,人的全面而自由的发展是未来新社会的根本标志。社会发展基本规律的具体形式是劳动方式与科学技术相互作用的规律。劳动效率和价值的提高也有其内在规律,卫生设施和服务的改善可提高劳动者的身体素质;接受学校教育、"干中学"和培训活动等可增加劳动者的理论素质和技能素质,使劳动者更好地运用现有的技术,更容易运用或开发新的方法;甚至合理分配时间,避免过度劳动,也可以提高劳动效率。另外,现代生产方式下,人们的心理压力有所增加,焦虑、抑郁现象时有发生,这提醒我们关注劳动者的心理健康,建立有效缓解劳动者心理疾病的机制。

三、珍惜劳动成果

"谁知盘中餐,粒粒皆辛苦"的诗句颂唱千年而不衰,"克勤于邦,克俭于家"的警言流传数代而不忘,背后无不映射出"俭以养德"这一简单而深刻的劳动哲学。珍惜劳动成果就是尊重劳动的具体表现形式,尊重劳动人民的真挚情感流露,既有助于国家资源的节约和社会财富的积累,也有助于个人进取精神和高尚品德的培养。

1. 珍惜劳动成果是传统美德

珍惜劳动成果近似于勤俭的同义语,勤是俭的前提,俭是勤的延续，勤俭节约的背后也就是艰苦奋斗精神的展现。中国地域广阔，但资源并不算富足，勤俭的美德在中华文明漫长的演变史中从未陨落过。时至今日，生活条件好了，但我国资源紧张的程度比之前更加严重了，我国还处于并将长期处于社会主义初级阶段，还有很多人的生活并不富裕。主张珍惜劳动成果就是倡导艰苦奋斗，即便将来物质极大丰富了，作为一种精神层面的存在，勤俭节约永远不会落伍。

2. 珍惜劳动成果是尊重劳动的具体体现

一粥一饭，当思来之不易；半丝半缕，恒念物力维艰。任何生活用品都是劳动人民辛勤劳动的结晶，都来之不易，都值得尊重，尊重他人的劳动反过来也才会赢得尊重。"光盘行动"成为2013年十大新闻热词，就是反映了一种"珍惜粮食，杜绝餐桌剩宴，吃光盘中食物"的社会呼声，倡导厉行节约反对浪费从最基本的粮食开始。⊖ "光盘行动"就是让我们牢记"锄禾日当午，汗滴禾下土"的劳动场景，尊重农业劳动者的辛苦。这种珍惜和尊重不应是一时冲动，而应该像广州市于2020年6月推广的"公筷公勺深化光盘行动"那样，鼓励大众将珍惜劳动成果的良好习惯固化下来，把文明行为变成制度规范。⊖

3. 珍惜劳动成果是培养高尚品德的有效方式

对于广大青少年来说，勤俭节约有助于激发奋发进取的精神，培养高尚的道德品质。通过劳动，不但能学会艰苦奋斗、吃苦耐劳、坚

⊖ 杜绝餐桌"剩宴" "光盘"行动受到社会广泛响应. 央视网. 2013 – 03 – 13. http://igongyi.cntv.cn/20130313/102846.shtml.

⊖ 广州启动"十大行动"推广公筷公勺深化光盘行动. 人民网. 2020 – 06 – 12. http://m.people.cn/n4/2020/0612/c3522 – 14027605.html.

强不屈，而且能够体会劳动成果的来之不易，学会艰苦朴素、勤俭节约，不断提升自己的职业素养和做人品行。勤劳致富，勤俭持家，是艰苦奋斗的本色。在消费主义悄然兴起的背景下，有部分青年人已经主动开启了一种极简生活模式，他们意识到"节流"对其生活的积极改变，极度自律，这些年轻人在"豆瓣抠门联合会"等主要阵地倡导的"反对铺张浪费和过度消费"的举动，无疑成为消费时代的一股清流。㊀

第二节 / 大学生群体的常见问题

> 近年来一些青少年中出现了不珍惜劳动成果、不想劳动、不会劳动的现象，劳动的独特育人价值在一定程度上被忽视，劳动教育正被淡化、弱化。
> ——《中共中央 国务院关于全面加强新时代大中小学劳动教育的意见》

自 2016 年以来，互联网风暴迅速刮进校园信贷市场，纷至沓来的"校园贷"在锻炼大学生理财能力、缓解家庭经济压力、通过适当超前消费更好完成学业的同时，也引发了种种"乱象"和"骗局"，媒体和学者不断发文呼吁加强整治。在众多评论中，关于贷款平台违规放贷和相关部门监管漏洞的分析比较深入，但对于大学生群体的建议却大多停留在"提高安全意识"层面。事实上，赌博、攀比、炫富、自杀等一直与校园贷新闻事件相伴相随，从大学生校园贷上当受骗的

㊀ 这一届"后浪"，已经开始"抠门"了. 商业评论杂志. 2020-06-09. https://www.sohu.com/a/400619152_479780.

额度、频次、人数、地区等指标综合来看，不难发现还有不劳而获、骄奢浪费等不良劳动品行从中作怪。①宿舍脏乱视若无睹，挥霍消费理直气壮，就业前景无所畏惧！被歪曲的"佛系潮"，被热捧的"享乐风"，被遗忘的"奋斗史"，大学校园内劳动品德的下滑的确值得我们关注和深思。

一、消极应付，被动做事

受网络媒体上一些不正确、不科学、不健康言论的影响，初涉世事的年轻人极易被误导，陷入一种忽视劳动、误解劳动甚至鄙视劳动的错误观念之中，随之出现工作不尽责、做事不上心的行为，日常生活中则表现为怕吃苦，拒付出，妄图坐享其成。

在大学生群体中，劳动品德下滑已经不再是个例，社会对大学生劳动态度和行为的质疑时有发生，中央出台关于加强劳动教育的意见正体现出国家对这些现象的重视和纠错的决心。身处大学校园的天之骄子应当及时自省，尽早改掉那些逃避劳动责任和工作敷衍了事的不良习惯。

1. 逃避基本的劳动义务

劳动是每一位有劳动能力的人的光荣职责。随着年龄慢慢步入成年人的行列，大学生在家庭、校园、社会中都或多或少应当承担起一些基本的劳动义务，但"在读书的掩盖下"，很多大学生却不自觉地做出逃避劳动的行为。一份高校的调查表明，相当一部分大学生对新

---

① 安徽某大学生网络赌博输 20 万，在神秘人指点下赢回后"复赌"，如今负债累累. 腾讯新闻网. 2020－06－10. https://new.qq.com/rain/a/20200610A0QY8M00.

时代劳动价值导向是充分认同的，也能清楚地认识到劳动是人类社会存在和发展的基础，然而对劳动本质的理解还停留在比较浅显的层面，无法进一步阐释劳动对于精神世界、人的全面发展以及人类文明的重要意义。①对劳动本质认识不足的突出表现是简单将劳动视作一种负担，进而产生逃避劳动的行为举动。近年来，日本、韩国和中国"蛰居族"越来越多，其中的青年人不在少数。2019年6月日本《儿童与青年白皮书》中首次推出了在家闭门不出超过半年的"蛰居族"专题，对那些几乎不走出自家和自己房间持续6个月以上的群体及其生活状态进行了分析。②目前，日本百万"蛰居者"中年轻无业者约为71万人，韩国约有30万人，美国无学无业的青年人口突破600万人，我国也有越来越多年轻人选择"家里蹲"。③这个现象背后是全球经济下行、社会文化多元化、年轻人压力增加、现代科技带来的割裂等多重因素的影响。值得思考的是，如何有效帮助这些"隐蔽青年"重拾信心，引导他们重新回归社会，教育家苏霍姆林斯基曾强调个体参加体力劳动对于其精神世界的积极意义，加强青年人对劳动本质认识的劳动教育可能是其中方法之一。

2. 常常被动做事

良好的劳动习惯对于大学生责任感的培养、劳动品质的磨炼都具有重要意义。劳动习惯的养成是一个持久的过程。由于物质生活条件的逐步改善、家庭教育和学校教育的升学导向，部分大学生的劳动意

---

① 于丽. 新时代大学生中国特色社会主义劳动价值观培育研究［D］. 长春：东北师范大学，2019.

② 拯救百万日本蛰居族. 凤凰周刊，2019-03-15. http://www.ifengweekly.com/detil.php?id=7459.

③ 在这些地方，你可以避免成为"蛰居族". 搜狐网. 2019-06-24. https://www.sohu.com/a/322675923_120066814.

识趋于淡化,劳动态度倾向于"不主动、不负责、不积极"。尽管没有逃避劳动的结果那么严重,但被动劳动和消极劳动对于劳动美德的弘扬和劳动氛围的营造都会带来负面影响。部分大学生在集体宿舍中很少主动打扫卫生,在宿舍随手乱丢垃圾和果皮纸屑,甚至连食堂都不愿意去的现象并不罕见。积极劳动意识和劳动习惯的培养尚需加强。2019年进行的一项调查表明,约三成大学生在寒暑假平均每天做家务时间低于半个小时,接近两成大学生认同"家务活是家长的事"。⊖另一份高校劳动观调查显示大学生的劳动意识亟待改观,仅有约三成大学生表示会"积极主动地去做家务",不到四分之一的大学生表示会主动"做寝室内务"。⊜

3. 骨子里轻视体力劳动

无论何种形式的劳动都是人类劳动的组成部分,只是由于社会分工的不同而具有其独特的价值。一些大学生尽管能够认识到劳动的重要性,但在看待具体劳动时却存在厚此薄彼现象,不能真正尊重普通劳动者,尤其是体力劳动者。大学毕业的时候,大部分同学都会向老师致谢、与同学道别,很少看到毕业生向宿管阿姨、食堂师傅、保卫、保洁工作人员道声辛苦问个好,其实良好的校园环境处处有他们的辛勤劳动和默默奉献。个别大学生对后勤工作人员蛮横无理的现象也时有发生,更有甚者上了大学之后看不起工人、农民出身的父母。对大学生劳动价值观进行的调查发现,一些大学生对畸形劳动文化尚不能正确辨识,比如超过两成的大学生认为"万般皆下品,唯有

⊖ 李珂. 嬗变与审视:劳动教育的历史逻辑与现实重构 [M]. 北京:社会科学文献出版社, 2019.
⊜ 王小芳. 大学生的劳动观及其教育研究 [D]. 太原:中北大学, 2019.

读书高"这句话是正确的。[1]在实际找工作的时候,的确有为数不少的大学生会刻意强调自己"文化人"的身份,对体力劳动岗位不屑一顾,在工作中也没法脚踏实地,要求做一些"高端"的事情,其结果往往是高不成低不就,浪费了光阴。这可能跟我们"劳心者治人、劳力者治于人"的传统观念有关,陶行知先生曾指出二元论的哲学把劳心的和劳力的人分成两个阶级,他主张"在劳力上劳心"才是真正的一元论,才是理论和实践的结合。

二、劳动过程存在投机

劳动成果是劳动过程的自然凝结,是在辛勤付出后水到渠成的收获,这是一个浅显的生活道理。然而,有些大学生未能很好地认识到其重要意义,被家庭的娇宠、城市的繁华、一夜暴富的故事等迷惑了头脑,劳动过程中以结果衡量一切,不注重过程,存在明显的机会主义,甚至为了达到目的不择手段。当前日益严峻的大学生就业形势既与就业人数增加、经济形势复杂等客观因素有关,也与大学生自身在工作中眼高手低等主观因素相关,主要表现为缺乏艰苦奋斗的实干精神,急功近利、急于求成的行为有所增加,平等合作的团队意识弱化等。

1. 缺乏艰苦奋斗的实干精神

我国每年有数百万大学毕业生进入劳动力市场求职,成为各行各业的重要人才资源,他们的知识和志向大多无可挑剔,但与那些在实践岗位上成长起来的劳动模范相比,埋头苦干的劲头却要逊色许多,

---

[1] 李珂. 嬗变与审视:劳动教育的历史逻辑与现实重构 [M]. 北京:社会科学文献出版社,2019.

很多大学生对于"追求极致、精益求精"的新时代工匠精神认知明显不够深刻。调查显示，大学本科生认为工匠精神对自己的学习或工作"非常重要"的比例不到六成。㊀习近平总书记强调，广大劳模在各自的岗位上铸就了"爱岗敬业、争创一流、艰苦奋斗、勇于创新、淡泊名利、甘于奉献"的劳模精神，是我们极为宝贵的精神财富。㊁与之相比，少数大学生在实际劳动中挑肥拣瘦，有些宁肯在家啃老，也不愿俯下身子扎扎实实做一些基础工作。劳动精神尤其是工匠精神的培养亟待加强，好高骛远、空谈多于实干产生的根源更值得反思。

2. 急功近利的行为有所增加

曾几何时，"一分耕耘，一分收获"的理念深入人心。而今，娱乐至上、拜金主义却悄然潜入我们的校园。在就业机会和职场晋升中，由于各种原因出现一些"有付出、没收获""没付出、有收获"的情形，加剧了大学生不平衡的心态，导致校园里和职场中的机会主义和短期行为蔓延。一些大学生好逸恶劳，羡慕和追求"少劳多得"甚至"不劳而获"，对快速兴起的"网红经济"产生了强烈的冲动，导致"网红"一度成为了大学生求职中的热门职业。㊂博人眼球、利益导向以及对一夜成名、一夜暴富的渴望正在弱化大学生"一步一个脚印"的劳动价值观，一些年轻人急于求成，不愿意在平凡的岗位上挥洒汗水，不甘于弯下腰从"菜鸟"做起，不懂得业绩是一步一步积累起来的浅显道理。

㊀ 李珂. 嬗变与审视：劳动教育的历史逻辑与现实重构 [M]. 北京：社会科学文献出版社，2019.
㊁ 习近平. 在同全国劳动模范代表座谈时的讲话 [N]. 人民日报，2013-04-29.
㊂ 自媒体视域下大学生"网红"现象的研究. 人民网. 2019-06-19. http://media.people.com.cn/n1/2019/0619/c427924-31167571.html.

3. 团队意识不强

有批评者认为大学正在培养"精致的利己主义者",部分大学生善于利用体制达到自己的目的。学生社团活动作为大学生的劳动实践课堂之一,对于弘扬新时代青年文化有着积极的意义,然而某些高校学生会官僚主义的倾向十分明显,"学生官"派头足、官威大。成都某高校学生会的聊天群里,低年级学生询问开会事宜"@学长"遭到呵斥,称呼"学长"不行,必须称"主席","主席"还没生气,其他学生会干部已经怒火冲天。㊀该新闻引发热议,共青团中央官方微博称"学生组织里,学长是比主席更好的称呼"。习近平总书记曾对中国政法大学的学子说,"青年要立志做大事,不要立志做大官"。㊁学生会不是"混圈子",应返璞归真;学生干部不应摆架子,需加强平等合作的团队意识和服务意识。

三、不珍惜劳动成果

珍惜劳动成果不是压抑需求,而是用之有度,不超额,不浪费;珍惜劳动成果也不是对劳动毫无原则的神圣化,而是要发自内心地尊重劳动者及其辛勤付出。曾几何时,"节约悖论"和"年轻人是消费的主力军"等花钱有功论被肆意歪曲,"英雄也问出处"和"职业自有贵贱"等岗位歧视观被恶意美化,有钱就可以随意挥霍,有清洁工就可以随地乱扔,个别年轻人不珍惜劳动成果的行为令人惊讶。

㊀ "杨主席是你们叫的吗",学生会干部"官威"这么大? 中国新闻网. 2018-10-03. http://www.chinanews.com/sh/2018/10-03/8641983.shtml.

㊁ 习近平:青年要立志做大事,不要立志做大官. 新华网. 2017-05-03. http://www.xinhuanet.com/politics/2017-05/03/c_1120913174.htm.

1. 不珍惜他人劳动成果

一些学生以自我为中心，对他人的劳动成果视而不见。2018 年的一项调查显示，近八成大学生认同"我崇尚每日光盘行动，节约粮食"，还有两成大学生对此不以为然。另外，美好的校园环境是后勤工作人员的劳动成果，然而大学生不爱护校园环境、缺少公德意识的现象时常发生：教室的抽屉中垃圾堆积，很少有人主动站出来擦黑板；参与学生活动时，果皮纸屑或是奶茶杯四处摆放，散场后服装道具堆积如山，最后只能由学生会的同学作为工作任务来清理，随行带走垃圾的举手之劳竟成为一种奢望，活动组织者的辛劳付出被视作理所当然。还有大学生不注重保护他人的知识产权，写论文时大段复制粘贴或者拼拼凑凑，同样是没有看到别人劳动的价值，不尊重和珍惜他人劳动成果的表现。

2. 不珍惜家人劳动成果

随着经济发展水平的提高、物质条件的改善以及消费主义的兴起，大学生炫耀性消费、攀比性消费、奢侈性消费也开始升温，父母支持自己上学变成了一种"超级义务"。2019 年的一项调查显示，约有四分之三的大学生每月花费在 2000 元以下，还有四分之一的大学生每月消费超过 2000 元。如果当月生活费花完，还不到父母给下一个月生活费的时间，有超过两成的学生会采取消费贷、分期付款、信用卡透支的方式或校园贷等借贷软件。⊖部分学生不恰当的超前支出和无所顾忌的攀比消费在大学校园里影响恶劣，课间休息讨论的是口红色号，"跟风消费"被描述成"种草""长草""拔草"的过程，各种

⊖ 李珂. 嬗变与审视：劳动教育的历史逻辑与现实重构 [M]. 北京：社会科学文献出版社，2019.

电子产品的品牌和价格成了身份的象征甚至班干部竞选的资本，思之令人担忧！

第三节 / 大学生劳动品德的涵养

> 劳动是教育孩子品德很好的方式，不流汗、不懂得吃苦就不懂得珍惜，空有动机，没有纪律，没有毅力去完成，也是枉然。
> ——洪兰

评价人才，德才兼备，以德为先。按照《意见》精神，坚持立德树人，就要将劳动教育纳入人才培养全过程，把劳动教育与德育、智育、体育、美育相融合，尤其要注重用好思想政治理论课堂这个主渠道、主阵地，充分发挥德育和劳育的协同效应，引导大学生逐步树立正确的劳动观。每一位大学生都应当重视自身劳动品德的涵养，回归"人"本身的价值，回归到身边的劳动者，回归到"劳动"的整个过程，革新观念，疏导情绪，坚定意志，规范言行，加深对劳动本质的认知，调整劳动动机，改进劳动态度，深化劳动体验，在"知、情、意、行"四个维度中同步提升自己的劳动品德。

一、革新观念，升华劳动认知

认知是人们通过知觉、记忆、思维等智力过程对信息的获取、转换、储存、提取和使用，最终形成控制情绪和指导言行的观念，不断学习和思考是改进观念和升华认知最重要的途径。《意见》明确提出，"通过劳动教育，使学生能够理解和形成马克思主义劳动观，牢固树立劳动最光荣、劳动最崇高、劳动最伟大、劳动最美丽的观念""促进学生形成正确世界观、人生观、价值观"。这既是大学生接受劳动教育的总体目标,也是在大学生现实劳动过程中应当牢记的基本信念,更是指导和评价大学生劳动教育成效的最高准则。

针对当前部分年轻人错误、扭曲、不当的劳动认知,每一位大学生都应当做深刻地自我反思,并通过不断学习革新劳动观念。最根本也最有效的方法是要加强对马克思主义关于劳动经典作品的研读,重点学习其中关于劳动本质的科学论述,从世界观和人生观的视角回归到"人"的价值层面上,以个人的全面发展为目标,设法与自己的专业课程和思政课程学习相融合,不断深化对劳动价值观的认识,通过"课中学"与"研中学"提升个人劳动科学素养。

此外,还要结合时代发展变化和现代经济特征灵活把握劳动的要义,按照历史唯物主义的思想方法,更加科学地理解人性、理解劳动、理解社会、理解中国特色社会主义的新时代[一]。同时要设法调动自身主体性和自觉性,将经典劳动观与新时代劳动价值论结合起来,努力追求人的自尊、自重、自爱,重新发现劳动的价值和创造的意义,并在日常专业实践和工作过程中强化认知,通过"干中学"逐步走向人格高尚、德性完满、心灵的自由创造,加深对自然世界、人类社会的认识,完成总结、思考和升华的过程,感悟到劳动改造了自然世界,劳动创造了人类社会,劳动构建了美好生活,人类只有通过劳动才能深刻理解客观世界、洞悉心灵空间,从而创造外在和内在的幸福感受。

[一] 刘次林. 劳动作为一种素养 [J]. 教育发展研究, 2019, 38 (10): 3.

二、情绪疏导，端正劳动动机

劳动价值观并不直接作用于人们的劳动行为，它是在某种生理或心理动机作用下完成的，而激发动机的特殊装置便是情感和情绪。人们对于劳动的情感或在劳动中产生的情绪是存在差异的，但无论是积极的还是消极的主观体验，都会通过必要的生理唤起引导人们产生不同的劳动行为，这些行为反过来又会强化、缓解或释放人们的劳动情绪。《意见》中提到的"热爱劳动""增强对劳动人民的感情"和"具有劳动自立意识和主动服务他人、服务社会的情怀"等正是对劳动动机自我调节的要求。

大学生是未来社会的高等人才，其劳动行为和创造成果都具有示范和放大效应，只有在劳动科学学习和日常劳动中饱含积极正向的情感或情绪，才能激发起既利己又利人的行为动机，进而引导自己的劳动行为更好地服务社会。

大学生劳动品德的涵养中一个很重要的内容是道德情感的教育，它关系到大学生对劳动的爱憎、好恶、赞成或反对的程度，同时也会影响到对身边劳动者的情感和自身在劳动过程中的情绪。大学生要充分认识到，社会分工和现代科技导致不同形式劳动者之间的分割正在加剧，对话在减少；道德层面价值观也越来越趋向多元化，差异性也在增加。只有不断进行必要的情绪疏导，关注、关心和尊重身边的每一位劳动者，才能避免与整体劳动者队伍拉大距离，陷入只关注自己当下状况或只关注"诗和远方"的两个极端中，也才能避免陷入极端化情绪之中。要增强对劳动人民的情感，对一些大学生不能忍受外卖小哥迟到 5 分钟，对外卖小哥的劳动状态和劳动过程视而不见等现象要保持警惕，既要学习袁隆平、王进喜、郭明义等知名度较高的劳动模范的光荣事迹，也要积极了解身边的普通劳动者，戒除"劳模精神、劳动精神距离自己的日常生活很遥远"的认识。

除了热爱劳动的情怀，良好的劳动品德还经常来源于与身边劳动者的沟通。劳动情绪疏导最为现实也比较有效的方法是加强与身边人的互动，从中了解周遭人如何看待我们，懂得人与人之间如何交流，在与他人的互动中激发我们积极的劳动动机。换句话讲，大学生劳动品德的涵养还需要通过"附近"关系的构建来实现自身和普通劳动者的连接，让自己能够有机会重新观察身边的劳动者，重新审视校园里平凡普通的劳动者的重要作用，拉近与校园里的保洁阿姨、食堂里的师傅、大门的保安人员的距离；通过社会调查和实践活动走进生产线，认识我们身边的真实的劳模和工匠，认识他们真实的劳动环境、劳动过程，让他们不再作为一个符号或一个身份，而是一个个看得见的活生生的人，弥补生产和价值观的双重分割。

三、坚定意志，优化劳动决策

劳动情绪通过激发动机引导劳动行为。劳动行为不是一个简单的动作，而是一个包含了不同阶段劳动决策和各种具体活动的持续性劳动过程。在这一过程中，劳动者会借助于特定的思维模式形成固定的劳动意志。决定着人的劳动投入和能否坚持下去的品质，是人对于自身劳动行为关系的主观反映。《意见》提出，要注重抓住衣食住行等日常生活中的劳动实践机会，鼓励学生自觉参与、自己动手，随时随地、坚持不懈进行劳动，养成从小爱劳动的好习惯。对于大学生来讲，就是要随时做好利用自己所学专业从事创造性劳动的准备，慎重选择职业方向，一旦选择就要有坚持下去的顽强意志。

意志支配劳动决策并调节具体的劳动行为，具有自觉性、目的性和主观能动性。坚定劳动意志需要大学生不断提高控制不合宜心理因素和行为习惯的能力，增加自制力和自控力，改变慵懒的学习和生活习惯，对积极的劳动行为持续进行正强化，加强自我约束和自我激励，在不断的自省和自我思考中磨炼艰苦奋斗的意志品质，形成持之以恒的劳动观念和行为。建设知识型、技能型、创新型劳动者大军，实现从"制造大国"向"制造强国"的转变需要大学生增强荣誉感和使命感，贡献自己的聪明才智，更需要大学生用自己的行动来弘扬劳模精神和工匠精神，在工作中有耐心，能坚持，注重细节，追求极致，带头营造劳动光荣的社会风尚和精益求精的敬业风气。

四、行胜于言，强化劳动体验

优秀的劳动品德最终要落实于具体的劳动行为才有现实意义。正如亚里士多德所揭示的那样，德性是随时间推移在实践中逐渐发展的，劳动品德的培育不能离开实践的土壤。从教育的视角看，劳动是劳动教育的本体论范畴，劳动品德的涵养还要回归到"劳动"本身。《意见》十分强调"强化实践体验，让学生亲历劳动过程，提升育人实效性"，并明确提出要"让学生动手实践、出力流汗，接受锻炼、磨炼意志，培养学生正确劳动价值观和良好劳动品质。"可见，大学生劳动品德的涵养最终还是要落实在日常劳动体验上。

国有国法，行有行规，大学生丰富和深化劳动体验要从规范自身言行做起，用心领悟，用行动展示，避免走表演、作秀的形式主义路线。正像陶行知先生主张的那样，"在劳力上劳心"才是理论与实践的结合。换句话讲,大学生劳动品德的习得需要将自主选择、自我判断和自我反省的意念付诸实践,端正劳动态度,锤炼意志,在更加微观和具体的实践导向中回归自然,回归劳动的具体场域。在劳动实践中锻炼独立生活能力、勤俭朴实的生活方式;在劳动实践中提升其审美能力、道德判断能力;在劳动实践中积累宝贵的人生经验,汲取精神成长的养料,获得自我发展的动力。从被动接受劳动实践走向积极体验劳动实践,让自己对劳动的认知、情感和意识在实践中得以升华。⊖

典型案例

逆境中的华为勇夺纳税之冠

俗话说,一人难挑千斤担,众人能移万座山。人类能够从自然演化中脱颖而出,靠的绝不是个人的智慧,而是团结合作的力量。然而,众多个体一旦聚集起来形成群体(组织、社会或国家),让渡部分劳动成果便成为必然之事。本杰明·富兰克林曾说:"人生只有死亡和税收不可避免。"(In this world nothing can be said to be certain, except death and taxes.)

2020年9月10日,中华全国工商联发布"2020中国民营企业500强"。数据显示,中国民营企业500强员工总数1043.8万人,占全国就业人员的1.35%,纳税总额达1.37万亿元,占全国税收总额的8.70%。其中,华为公司在2019年美国启动对中国的贸易战和科技封锁的不利环境下,依然实现营业利润8588亿元和纳税金额1010亿元,其纳税总额超过阿里巴巴、百度、腾讯等民营企业的纳税总和。华为在全国多个省份的分

⊖ 徐海娇. 劳动教育的价值危机及其出路探析[J]. 国家教育行政学院学报,2018(10):22-28.

公司均位列本省纳税前十名。按照美国国防部的采购价格测算，华为每年贡献的千亿规模的税收足够打造一支航母舰队。

面对如此高额的税收贡献，华为掌门人任正非只简单说了五个字："纳税是义务！"的确，《中华人民共和国宪法（2018年修正）》第56条规定，中华人民共和国公民有依照法律纳税的义务。税收取之于民用之于民，国家通过税收支持国防、社会保障、基础设施等公共事务，通过税收调节过大的收入差距，实际上是集众人之力为众人服务。因而，作为劳动产品再分配的必要形式，税收既是对"公民"身份的确认，也是在履行"保障公民利益"的承诺！

可见，依法纳税是诚实劳动的应有之义。世界各国都十分重视弘扬诚实守信美德，褒奖依法纳税行为，严惩税收失信行为，营造良好的税收环境。按照国家相关政策，华为完全可以通过设立代理机构等方式获取出口退税补贴，从而减少纳税总额，而华为坚持诚实履行纳税责任。国家税务总局也积极出台税收优惠政策，强力支持华为等企业积极应对美国断供芯片技术，对华为等集成电路设计和软件产业大幅减免2019年度企业所得税，并提高研发费用税前扣除比例，通过税收政策调节，实现将最有价值的劳动成果分配给最急需的领域。

> **小实践**
>
> 依法纳税是诚实劳动的应有之义，华为勇夺纳税桂冠让人敬佩。对于个人来讲，优秀的劳动品德还得从身边小事做起，每次上完课、参加完集体活动，让我们顺手带走身边的垃圾。

思考题

1. 请谈一谈让你印象深刻的身边普通劳动者的故事。你如何看待这些故事所体现出来的劳动价值？

2. 你从事过哪些体力劳动？请举例说明至少一项，试着描述当时劳动的过程以及自己的所感所想。

3. 你如何看待马克思的劳动价值观？可以先试着阐述，再结合自己在现实中的观察和体会加以解释。

延伸阅读

1. 雅斯贝尔斯，《什么是教育》，生活·读书·新知三联书店，1991年
2. 约翰·杜威，《人的问题》，上海人民出版社，1986年
3. 陶行知，《中国教育改造》，安徽人民出版社，1981年

第二章

大学生与劳动情怀

通过各种措施和方式,教育引导广大青少年牢固树立热爱劳动的思想、牢固养成热爱劳动的习惯,为祖国培养一代又一代勤于劳动、善于劳动的高素质劳动者。

——习近平

习近平：新时代的中国青年是好样的！

2020年新年刚拉开帷幕，新冠肺炎疫情就开始肆虐湖北。3月10日，习近平总书记来武汉考察，看望慰问了一线医务人员，正在武汉援助的吴超和王奔两位医生受到很大的鼓舞。次日，他们代表北京大学援鄂医疗队全体"90后"医务人员，给总书记写了一封信，向总书记汇报了工作，做出了庄严承诺。

他们在信中写道："'90后'年轻党员和老党员一起，冲锋在前，充分发挥模范带头作用。我们用实际行动证明，我们不是'娇滴滴的一代'！我们不怕苦、不怕牺牲，争做共和国的脊梁！"

习近平总书记在给北京大学援鄂医疗队全体"90后"党员回信中指出，"在新冠肺炎疫情防控斗争中，你们青年人同在一线英勇奋战的广大疫情防控人员一道，不畏艰险、冲锋在前、舍生忘死，彰显了青春的蓬勃力量，交出了合格答卷。广大青年用行动证明，新时代的中国青年是好样的，是堪当大任的！"

习近平给北京大学援鄂医疗队
全体"90后"党员的回信

北京大学援鄂医疗队全体"90后"党员：

　　来信收悉。在新冠肺炎疫情防控斗争中，你们青年人同在一线英勇奋战的广大疫情防控人员一道，不畏艰险、冲锋在前、舍生忘死，彰显了青春的蓬勃力量，交出了合格答卷。广大青年用行动证明，新时代的中国青年是好样的，是堪当大任的！我向你们、向奋斗在疫情防控各条战线上的广大青年，致以诚挚的问候！

　　青年一代有理想、有本领、有担当，国家就有前途，民族就有希望。希望你们努力在为人民服务中茁壮成长、在艰苦奋斗中砥砺意志品质、在实践中增长工作本领，继续在救死扶伤的岗位上拼搏奋战，带动广大青年不惧风雨、勇挑重担，让青春在党和人民最需要的地方绽放绚丽之花。

习近平

2020年3月15日

　　劳动是辛苦的，也是美好的，劳动之美在于对美好生活的创造。对劳动发自内心的热爱是基于对劳动结果的向往，对劳动价值的认可，也是对劳动行为的共鸣，对劳动之美的欣赏。

第一节 / 劳动情怀内涵

> 当一个劳动者把他的智慧、情感和意志都投入到某种工作中的时候,才会在这种最平凡的工作中找到满足的源泉。
> ——苏霍姆林斯基

"情"指的是人的心境或情感,"怀"则包含"怀有、拥有"或"心胸、胸怀"之意。情怀即怀有某种情感,对事物发自内心的向往、喜爱、依恋和追求,甚至于一种执念。情怀同样是一个中性词,但与品德不同,情怀并没有一种明确的社会规范,有浓淡之分,无优劣之别,可以区分有无,不能评判高低,重在个体心灵的满足而非功利的得失,类似于"诗和远方"。由此推之,"劳动情怀"即个体对劳动所怀有的情感,通常带有积极或正向的意味。

一、爱劳动

劳动是人类体力和心力的消耗,是一种辛苦的付出,人在潜意识里对其存在排斥倾向! 但劳动最终换回的是财富的增加、需求的满足、自由的释放和幸福感的提升。因而,劳动无论在形式上还是在本质上都蕴含着一种内在的美感,能够激发人们对于美的体验。换句话讲,正是劳动创造了美好的生活! 只有那些热爱生活的人,才能在内心深处懂得劳动的真正意义,也才能够怀揣对劳动本身的热爱之情,感悟和欣赏劳动之美,并自觉地投入到火热的劳动实践之中。

1. 劳动创造美好生活

劳动是人的本质，也是价值的源泉。英国古典政治经济学家威廉·配第有一个著名的说法，"土地是财富之母，劳动是财富之父"。幸福生活不会从天而降，美好生活靠劳动创造获得。习近平总书记指出，"劳动是财富的源泉，也是幸福的源泉。人世间的美好梦想，只有通过诚实劳动才能实现；发展中的各种难题，只有通过诚实劳动才能破解；生命里的一切辉煌，只有通过诚实劳动才能铸就"。⊖衣食无忧者的劳动带有了一定的休闲寓意，因而比较容易感知劳动之美，但即便是那些为生活所迫而从事的劳动，因为有了背后对于美好生活的追求，同样展现出一种美感。

茅盾文学奖获奖作品《平凡的世界》描绘了巨大变迁下劳动人民与命运斗争的过程。主人公孙少平为了追求广阔的精神世界，走出黄土高原，经历种种磨难成为了有身份有稳定收入的矿工，"在沉重的牛马般的劳动中一直保持着巨大的热情"。同宿舍的人有偷懒的，有四处寻找关系以便调出煤矿的，等到了发工资的时候，孙少平获得了与他们差异巨大的回报，初来时那毫不起眼的小伙子得到了大伙儿由衷的尊重。"劳动给人带来的充实和不劳动给人带来的空虚，无情地在这孔窑洞里互为映照。"孙少平领悟到，"只有劳动才可能使人在生活中强大。不论什么人，最终还是要崇尚那些能用双手创造生活的劳动者"，"要想求得解放，唯一的出路就在于舍身投入劳动"。⊖

文学源于生活，《平凡的世界》体现了作者路遥丰富的劳动观和那一代人通过劳动创造美好生活的情怀，平凡的人通过勤劳的双手可

⊖ 习近平. 在同全国劳动模范代表座谈时的讲话 [N]. 人民日报, 2013-04-29.
⊖ 路遥. 平凡的世界 [M]. 北京：北京十月文艺出版社, 2017.

以创造出不平凡的物质和精神世界,这样的劳动情怀无关乎岗位也无关乎地位。"幸福,或者说生存的价值,并不在于我们从事什么样的工作。在无数艰难困苦中,又何尝不包含人生的幸福?"《平凡的世界》中蕴含的劳动情怀激励着无数不同时代的年轻人不断奋发进取。

2. 初步感知劳动之美

劳动过程除了体力上的消耗,总是伴随着精神上的审美活动。个人对劳动之美的认识和理解各有不同,但由各自认知所引发的心理层面对劳动的美好感觉却十分相似,《苏霍姆林斯基论劳动教育》就毫不吝啬地表达了对劳动之美的由衷赞叹。劳动的美有时在于收获了原本期待的物质结果而产生的获得感,有时在于实现了自己的某种设想而享受到的满足感,有时在于自己对于集体履行了某种责任而升腾的价值感,有时也在于对劳动过程做出了某些革新而得到的创造感。劳动者在劳动过程中充分发现美、感受美、创造美,而这些对于劳动丰富的审美体验让他们的劳动情怀更加深厚、更加绵长。劳动之美所激发的个体心灵对于劳动的美好感觉也体现在不同形式的艺术和文化之中,这是由于劳动者在劳动过程中往往会将其中的审美体验外化为某种形式的艺术,形成某些独特的文化。比如羌族人经常用歌声表达劳动情怀,表达对劳动和生活的热爱和期待,自古就有"萨郎不歇、羌歌不断、月亮不落、星星不睡"的民歌盛况。[一]甚至有人说"文学源于劳动",在集体劳动的过程中,为了减轻劳累和鼓舞劳动,经常会用协同的动作,发出带有一定节奏和旋律的呼声,便由此形成了原始的诗歌、音乐和舞蹈。[二]鲁迅先生也曾说,"为了共同劳动,必须发

[一] 陈辉,佐世容,朱婷. 羌族民歌在高等艺术院校声乐教学中的运用与演绎 [M]. 成都:四川大学出版社,2013.

[二] 冉欲达,李承烈. 文艺学概论 [M]. 沈阳:辽宁人民出版社,1984.

表意见,才渐渐地练出复杂的声音来",比如在抬木头的时候发出"杭唷"的声音。⊖又比如,长海人无论是海上打鱼还是海上运输,都会用号子来抒发劳动情怀,展现团结一心、奋发图强的精神面貌,长海号子在过去的生产和生活中起到非常重要的作用。⊜一些诗歌、音乐、舞蹈、戏剧、文学等是在劳动之美的感染下所发生的创作,同时也是劳动之美的外在体现。

3. 发自内心热爱劳动

从认识劳动之美到产生热爱劳动之情,对劳动的热爱并非都是与生俱来的,而是在学习和实践的劳动过程中逐步酿成的,从而赋予劳动情怀一定的教育价值。发自内心地热爱劳动受到两个方面的影响,一是劳动的主体性,二是劳动的社会性。马克思在《1844年经济学哲学手稿》中指出:"只有音乐才能激起人的音乐感;对于没有音乐感的耳朵来说,最美的音乐毫无意义。"这里马克思既肯定美的独立性,又强调审美的主体性。一方面,只有当劳动者发现、体验到劳动之美,并在劳动过程中不断创造劳动之美,才能产生对劳动发自内心的热爱之情,这就是劳动的主体性。另一方面,在不同的社会制度下,劳动与劳动者的关系有很大的不同,导致劳动者对劳动的观念、意识和情感也有较大的差异。只有当劳动是"自由自觉"的活动时,劳动者才能在更大程度上热爱劳动。恩格斯在《劳动在从猿到人转变过程中的作用》一文中强调,"随着手的发展、随着劳动而开始的人对自然的支配,在每一新的进展中扩大了人的眼界。他们在自然对象中不断地发现新的、以往所不知道的属性"。⊜也就是说,在最初的

⊖ 鲁迅.门外文谈[M].北京:北京出版社,2016.
⊜ 孙激扬,果树.长海史话[M].大连:大连海事大学出版社,2008.
⊜ 中共中央马克思恩格斯列宁斯大林著作编译局.马克思恩格斯文集:第9卷[M].北京:人民出版社,1995.

劳动形式中，劳动让人意识到自己能够作用于大自然，对自己力量的意识和对事物的主宰感随着劳动过程的推进越来越强烈，由此恩格斯说"劳动创造了人本身"。[1]在传统的农耕文化下，这种互动方式依然存在，劳动是人的"有目的的意志"，劳动的果实是实实在在的，是看得见摸得着的，是属于劳动者自己的。范成大在其诗《夏日田园杂兴·其七》中写道："昼出耘田夜绩麻，村庄儿女各当家。童孙未解供耕织，也傍桑阴学种瓜。"村庄儿女对劳动的热爱是在自然状态下耳濡目染获得的。第一次工业革命后，大机器生产逐渐取代了分散的小规模手工活动，雇佣开始出现，分工和专业化使得人类劳动能力达到前所未有的水平，但马克思却尖锐地指出，资本主义生产方式下异化劳动使得工人日益贫困[2]，在异化劳动下对劳动的热爱很难养成。从各种形式的劳工运动到国际劳工组织在各国推进国际劳工标准，实际上都是在试图争取或者积极改变劳动者的处境，让劳动者享受到更多的劳动果实，真正实现"体面劳动"。情由境生，劳动者的处境改善了，劳动重新成为"自由自觉"的活动时，劳动者在辛勤劳动过程中能保持其尊严，获得全面、充分、自由的发展，实现其人生价值，对劳动的热爱才能油然而生。

二、乐劳动

仅仅抽象地理解劳动对于人类生活改善的意义，虽然能够初步唤起人们对于劳动美的感觉，但还不足以换来人们持久的劳动行为。只有带着对劳动的美好感觉，在具体生动的劳动过程中体验到了劳动的

---

[1] 中共中央马克思恩格斯列宁斯大林著作编译局. 马克思恩格斯文集:第9卷[M]. 北京:人民出版社,1995.
[2] 马克思. 1844年经济学哲学手稿[M]. 北京:人民出版社,2000.

乐趣，才能产生持续参与劳动的动力，保持继续劳动的状态。因而劳动情怀发端于对劳动美的感知，贯穿始终的却是在劳动过程中收获的满足感。作为一种生理唤起状态，这种满足感能够让人油然而生快乐情绪，大多数时候甚至根本无关于功利得失，完全沉浸于心灵深处对生活趣味的品赏。

1. 从劳动过程中获得满足感

苏霍姆林斯基曾指出，"当一个劳动者把他的智慧、情感和意志都投入到某种工作中的时候，他才会在这种最平凡的工作中找到满足的源泉。"[一]劳动满足感是一种心灵的满足感，而非功利得失，看着地里庄稼成熟时饱满的果粒、精雕细琢打造出来的一件工艺品……劳动，瞬间就填充了自己心灵中所有的空虚。"春种一粒粟，秋收万颗子"（李绅《悯农》），带着劳动的汗水，看着麦苗一点点成长，是一种丰收的满足。"绿遍山原白满川，子规声里雨如烟。乡村四月闲人少，才了蚕桑又插田"（翁卷《乡村四月》），紧张而繁忙的身影映照着的是一种充盈的满足。

2. 由劳动满足感激发快乐情绪

当个体劳动成为社会劳动的一部分，由劳动带来的自我满足感就会转化为社会成就感，人的自信心会增强，个体价值的实现会进一步激发人的快乐情绪。真正以劳动为乐，其内在价值在于促进劳动者认知和实践能力的提升以及性格和个性的圆融。很多诗人都用诗词记录下自己从事田园劳动而获得的乐趣，陆游写下，"暑耘日炙背，寒耕泥没脚……力尽功未见，厥土但如昨，岂惟窭糠栖，直恐转沟壑"（《读苏叔党汝州北山杂诗次其韵》）；苏轼说，"农父告我言，勿

[一] 苏霍姆林斯基. 苏霍姆林斯基论劳动教育[M]. 北京：教育科学出版社，2019.

使苗叶昌。君欲富饼饵，要须纵牛羊。再拜谢苦言，得饱不敢忘"（苏轼《东坡》）；还有陶渊明的劳动情怀，"种豆南山下，草盛豆苗稀。晨兴理荒秽，带月荷锄归。道狭草木长，夕露沾我衣。衣沾不足惜，但使愿无违"（陶渊明《归园田居·其三》）。

3. 在快乐劳动中体会趣味生活

快乐情绪具有巨大的扩散效应或感染力，一个身处快乐劳动中的人，会不自觉联想到家人住进新房时的喜悦、孩子买到一本新书时的开心。在愉悦的劳动过程中体验劳动的幸福，以轻松的心态欣赏人生世间百态，是鼓励面对未经发现的生活的趣味，是一种崭新的体验。"茅檐长扫净无苔，花木成畦手自栽"（王安石《书湖阴先生壁》），共同劳动生产不仅创造了优质的物质文化，也涵养了优质的精神文化。

三、尊重劳动者

因为与创造美好生活无法割舍的内在关联，劳动情怀也不仅仅是个体的心理感觉和体验，而是一种全人类的共性感知，因而很容易产生尊重、欣赏、赞美、追求劳动之美的集体共鸣。

1. 发自内心尊重其他劳动者

由衷热爱与尊重不同岗位上的劳动者，对劳动者发自内心的尊重，就要了解不同岗位劳动者的甘苦。教育家陶行知曾说，"劳动教育的目的，在谋手脑相长，以增进自立之能力，获得事物之真知及了解劳动者之甘苦"。㊀只有了解劳动者的甘苦，才能真正崇尚劳动，

㊀ 陶行知. 生活教育文选 [M]. 成都：四川教育出版社，1988.

尊重劳动。尊重是伴随情绪出现的心理倾向和行为。习近平总书记在2019年新年贺词中，特意对还在辛勤工作的快递小哥、环卫工人、出租车司机以及千千万万的劳动者道一声"辛苦了"。⊖环卫工人起早睡晚，夏日顶着酷热，冬天冒着严寒，穿梭在大街小巷，坚守在自己的工作岗位上。当你走在路上，把手上的垃圾放入垃圾桶中而不是随地乱扔，当你路过他们时，给他们一个微笑，如果遇到他们有困难，提供力所能及的帮助，这些都是对环卫工人的尊重。快递小哥搬着包裹上楼下楼，风风火火地赶路，争分夺秒地派件，当收到快递时，不要吝啬说一句"多谢了，小哥"，当快递稍有延误时，对他们多一点理解，这是对快递小哥的尊重。"安全帽檐下，一群工友在传递钢铁；钢铁的号子，嘹亮了又一个楼盘。一种建筑精神，一寸一寸地在延伸；一种劳动情怀，一寸一寸地在交融……"⊖，密密麻麻的脚手架上，有建筑工人的双手敲砖砌墙，穿梭云端的塔吊上，有我们看不见的建筑工人的脸庞，如果你的亲友邻里中也有建筑工人，不要忘记他们是城市的建设者，走进高楼大厦，不要忘记他们的辛劳和汗水，这是对建筑工人的尊重。

2. 由衷赞美全体劳动人民

《意见》中指出，"把准劳动教育价值取向……增强对劳动人民的感情"。习近平总书记强调，"无论时代条件如何变化，我们始终都要崇尚劳动、尊重劳动者，始终重视发挥工人阶级和广大劳动群众

⊖ 2019年新年贺词注释版：习近平提到的那些人那些事. 新华网. 2018-12-31. http://www.xinhuanet.com/politics/leaders/2018-12/31/c_1123932120.htm? tdsourcetag=s_pcqq_aiomsg.

⊖ 安子. 工地 [M]. //许强，罗德远，陈忠村. 2008中国打工诗歌精选. 上海：上海文艺出版社，2009.

的主力军作用"。㊀全面建成小康社会,进而建成富强、民主、文明、和谐的社会主义现代化国家,根本上靠劳动、靠劳动者创造。改革开放以来,我国经济社会建设各个领域发生了翻天覆地的变化,生产力获得了极大的提高。这宏大的成就与我国经济体制改革带给个体和企业的激励有很大关系,还有资本的投入、教育的扩招等都进一步影响着整个社会旧貌换新颜。而同样值得赞美的是全体劳动人民,无数个劳动者众志成城、艰苦奋斗,用他们的辛勤劳动为伟大事业贡献力量。因为他们,我国才能成为全世界唯一拥有联合国产业分类中全部工业门类的国家,建立了独立完整的现代工业体系,包括41个工业大类、207个中类、666个小类;高铁才能成为中国名片,成为中国速度的代表;北斗导航卫星才能发射成功;三代核电、5G……这些丰功伟绩都是由全体劳动者共同谱写的,每一个人都在各自平凡的岗位上抒写着不平凡的英雄事迹。2018年4月30日,习近平总书记在给中国劳动关系学院劳模本科班学员的回信中强调:"社会主义是干出来的,新时代也是干出来的。"劳动者之歌不是仅仅依赖几个高音唱响,而是由亿万劳动者挥洒汗水、发出不同声部的音域共同奏响的;社会主义新时代也无法仅仅依靠我们世俗意义上的"精英"和优秀企业家来建设,而是依赖于全体劳动人民用自己的干劲、闯劲、钻劲来建设,只有尊重每一个劳动者,我们才能发挥全体劳动者的价值,才能随着美丽中国的时代脚步踏上新的征程。

3. 自愿成为劳动大军中的一员

崇尚劳动,向往劳动,让参加劳动成为受内心驱使的自觉行为。高尔基曾说,"人的天赋就像火花,它既可以熄灭,也可以燃烧起

㊀ 习近平讲故事:始终都要崇尚劳动. 人民网. 2018 – 07 – 05. http://cpc.people.com.cn/n1/2018/0705/c64094 – 30126763.html.

来。而逼使它燃烧成熊熊大火的方法只有一个，就是劳动，再劳动"。习近平总书记在青年时期有着丰富的基层经历和劳动经验，曾主动申请到农村插队，与劳动人民同吃共住，"真诚地去和乡亲们打成一片，自觉地接受艰苦生活的磨炼"。㊀申纪兰生前是全国唯一一位第一至第十三届全国人大代表，她的一生有很多荣誉和身份，但她最大的底色是农民，她打心底里热爱劳动。㊁不论职位如何变化，她始终坚持参加劳动，始终坚信劳动最光荣、奋斗才幸福，用一生坚守"身不离劳动、心不离西沟"的劳模本色。㊂在2020年新冠疫情防控中，医务人员不顾安危冲在抗疫一线，社区工作者尽职尽责做好防护工作，无数志愿者奔走不息，有一分热，发一分光，正是这种爱岗敬业、无私奉献的劳动情怀让我们能够筑起铜墙铁壁、取得防疫攻坚战的初步胜利。

第二节 / 大学生劳动情怀的维度

> 只有进行了激情奋斗的青春，只有进行了顽强拼搏的青春，只有为人民作出了奉献的青春，才会留下充实、温暖、持久、无悔的青春回忆。
> ——习近平

情怀时常表现为一种自觉自愿的"额外付出"，在劳动过程中，

㊀ 习近平与劳动人民一起. 央视网. 2020-05-01. http://news.cctv.com/2020/05/01/ARTIqS8EvhEu7jBHaJE0ZajK200501.shtml.

㊁ 申纪兰的底色. 新华网. 2020-07-03. http://www.xinhuanet.com//mrdx/2020-07/03/c_139-185586.htm.

㊂ 今天，万余群众自发送行申纪兰. 搜狐网. 2020-06-30. https://www.sohu.com/a/404962620_278646.

这种自愿的程度或额外的范畴不同，其劳动情怀的维度或层级也不同。大学生劳动情怀的维度可以指向个体的、与他人交往活动中的、与社会和国家的三个不同层级。在《意见》中强调，要使学生具有劳动自立意识和主动服务他人、服务社会的情怀，培育爱岗敬业的劳动态度和主动作为的奉献精神，报效国家，奉献社会。

一、调整个体情绪

情绪能带来巨大的能量去塑造自己和改变世界。正是情绪让人去创造、探索、建设、爱和奉献，有时候也是因为情绪人们才有争斗和冲突。一般而言，情绪是个人对其所认识的事物、所做的事情以及自己和他人的态度体验，包括所有在主观上体验到的、负载着情感的、有意识的心理状态，并总伴有一定的生理反应。[一]情绪调节能力是指将自己的情绪体验调整到适当水平。情绪调整能力随着个体的成熟而不断发展，是大学生适应社会的重要能力。[二]大学生的情绪调整能力会影响到大学生活的很多方面，情感与情绪本身又会受到很多因素的影响。心理学家认为情绪和认知相依相生，个体的情绪调整过程蕴含着其认知复杂性的高低，认知复杂性又会影响情绪调整的成熟度。认知提供发展的结构，情绪提供发展的能量。[三]

1. 主动积极

情绪的自我调整是管理行为的基础。大学生的情绪是丰富而多变的，遇到高兴的事情容易激动、兴奋，遇到挫折的时候也很容易生

[一] 袁弘，王蕾. 辩证行为疗法与情绪调整 [M]. 重庆：重庆出版社，2007.
[二] 张向葵，桑标. 发展心理学 [M]. 北京：教育科学出版社，2012.
[三] 张向葵，桑标. 发展心理学 [M]. 北京：教育科学出版社，2012.

气、发怒。一些心理学家认为可以通过情境选择、情境修正、转移注意力、认知改变和反应调节等措施来进行情绪调整。[1]在繁忙紧张的备考中，一些大学生会出现焦虑的情绪，如果深陷其中会导致学习效率低、心理压力大，还会引起自责、懊恼带来的二次情绪，此时如果能适度做一些体育锻炼或者体力劳动，看似减少了学习时间，却往往能带来不一样的情绪体验，比如去体育馆打球或游泳，整理床铺或打扫宿舍卫生等。在生理上，适度的锻炼和劳动可以促进体内多巴胺的分泌，给人带来愉悦、快乐的感觉，使得在紧张的学习中更能够集中注意力，更能激发学习热情。可以把这些主动积极的劳动当作紧张学习之余的"积极的休息"，通过情境修正和转移注意力来实现情绪和行为的调整。

2. 享受乐趣

苏霍姆林斯基强调，要"让学生的个性得到充分发展"，才能给集体带来"自己的、独特的东西"，从而让集体生活丰富起来。有些大学生喜欢在宿舍养花种草，利用从犄角旮旯中取到的素材变废为宝，打造自己花草世界，将玻璃杯或酸奶盒子做成一个微盆景，将废弃的抽屉变成一个小小的植物园，为了给花草晒太阳搬来搬去也不觉得累，还会利用课余时间积极学习盆栽种植的经验和技巧，这样的劳动情怀所激发的付出不仅优化了宿舍环境，也在紧张的学习生活中调节了学生的情绪，使其体验到盆栽成长的乐趣和惊喜，获得愉悦和充实的感觉，进一步激发其学习和创造的热情。

---

[1] 袁弘,王蕾.辩证行为疗法与情绪调整[M].重庆:重庆出版社,2007.

二、实现归属需要

马克思强调人的全面、充分、自由的发展,《意见》中指出劳动教育要把握育人导向,促进学生全面发展、健康成长。大学生的发展离不开自身心理和精神层面的动机和需要。马斯洛在其需要层次理论中论述了人的基本需要有五个层次,分别是生理需要、安全需要、归属需要、自尊需要和自我实现的需要。㊀大部分大学生在校园中生理需要和安全需要都能够得到一定的保障。归属需要、自尊需要和自我实现的需要是更高层次的需要。高级需要的满足会带来更合意的主观效果、更深刻的幸福感和精神生活的丰富感,对大学生的成长和发展有着更深远的影响。个体对归属的需要包括情感的付出和接受,对爱、尊重和理解的追求,是指向外部的情感互动和共鸣,渴望与他人建立一种关系,渴望在团队中获得一个位置。

1. 磨炼意志、塑造性格

大学宿舍是大学生学习、生活和休息的重要场所,室友关系剑拔弩张的宿舍容易让人的情绪极端化,让人受挫;而融洽互助的宿舍会使人轻松愉悦,能够更好地解决学习和生活中的难题。在大学宿舍中,打扫卫生是日常工作。一些勤快的大学生不仅把自己的床铺、书桌整理得干干净净,还经常主动承担宿舍公共区域的卫生,每天按时打好热水分享给急需的同学,看到垃圾桶满了随手就清理掉,时常维护洗手间的整洁,从食堂带饭菜给来不及去食堂的同学,看起来为别人多付出了很多,他们自己却乐在其中。这种积极主动、乐于助人、不计得失的劳动情怀让他们面带开怀的笑容,并获得由衷的尊重,同

㊀ 马斯洛. 动机与人格 [M]. 北京: 中国人民大学出版社, 2007.

时也在影响和塑造着自身的性格，使得他们成为主动、积极、乐观的人，遇到困难时主动作为的习惯也会使自己更容易走出困境。

2. 成就他人、实现价值

人依赖于与他人的关系来构建自身的价值与尊严，在受到身边人的认可时内心会产生价值的实现感与精神的满足感。马斯洛在其著作《动机与人格》中强调，当人获得尊重和赞赏，进而发展了自尊心，那么他会成为更加丰满的人，更加健康、更加接近自我实现。㊀湖北大学通识教育学院李健同学自发帮助在学习中遇到困难的同学查缺补漏，取得明显的效果。受到李健同学的启发，另一些学生也开始自发成为"寝室小讲师"，热心给学习基础比较薄弱的同学们讲解习题，通过一个人影响另一个人、一个寝室带动另一个寝室，成立形式多样的学习帮扶小组，带动大家的学习热情，通过"宿舍小课堂"锤炼"学风大熔炉"。㊁在"小讲师们"的帮助下，身边的同学在学习中找到更大的乐趣和热情，宿舍的氛围和他们的生活方式也发生了变化。可以看到，在与他人的交往和互动中，不计个人得失、主动帮助他人，通过自己的劳动成就别人，是自身价值实现的一种方式，也是积极建构自己生活小世界的一种方式。

三、传递家国情怀

个人的前途命运与国家和民族的命运紧密相连。习近平总书记说，"国家好，民族好，大家才会好"。儒家思想中包含着浓厚的家

㊀ 马斯洛. 动机与人格 [M]. 北京：中国人民大学出版社，2007.
㊁ "寝室小课堂"锤炼"学风大熔炉". 中国教育新闻网. 2018-07-09. http://www.jyb.cn/zgjyb/201807/t20180709_1144661.html.

国情怀的基因，无数文人志士抒发过对国家和民族的热爱，"天下兴亡，匹夫有责""先天下之忧而忧，后天下之乐而乐""安得广厦千万间，大庇天下寒士俱欢颜""位卑未敢忘忧国"……自祖祖辈辈相传积淀而成的这一份家国情怀，已经成为中华民族的内在气质。周恩来从小立志为中华崛起而读书，求索救国救民真理。习近平总书记在天津南开大学参观百年校史主题展览时强调，"我们要把学习的具体目标同民族复兴的宏大目标结合起来，为之而奋斗。只有把小我融入大我，才会有海一样的胸怀，山一样的崇高"。[○]

1. 同向同行，凝心聚力

高等教育最终要帮助大学生成为一个"完整"的人，实现其自身的潜能，也帮助其实现社会价值，面对复杂而不确定的外部世界，学会重视可持续发展和整个社会、国家的共同繁荣。"新时代的中国青年是堪当大任的"，大学生志愿者勇于担当、甘于奉献的劳动情怀在每一次关系国家荣辱的重大时刻，在每一个严峻的考验中展现得淋漓尽致。无论是在大型国际活动，还是在社区图书馆、敬老院、公园等都可以看见大学生志愿者挥洒汗水、热忱服务的身影。2020年新冠疫情下更有无数大学生不顾个人安危走出家门、走向社区、走进医院，主动承担，积极有为。

2. "我的梦"与"中国梦"同频共振

中国将在21世纪中叶建设成为富强、民主、文明、和谐、美丽的社会主义现代化强国，"90后""00后"大学生将全程参与和见证

○ 习近平寄语南开师生. 新华网. 2019 – 01 – 18. http://www.xinhuanet.com/politics/2019 – 01/18/c_1124006791.htm? tdsourcetag = s_pcqq_aiomsg.

"中国梦"的实现。作为中国特色社会主义的建设者和接班人,每一个青年身上都有一份社会责任,如何推动"中国制造"向"中国质造"和"中国智造"转型升级,更好地满足人民日益增长的美好生活需要,是新时代中国特色社会主义伟大征程中面临的重大理论问题和现实问题,也是留给当代青年的时代之问。劳动情怀和工匠精神将是不可或缺的精神指引和引擎驱动。习近平总书记在 2013 年五四讲话中指出,"只有进行了激情奋斗的青春,只有进行了顽强拼搏的青春,只有为人民作出了奉献的青春,才会留下充实、温暖、持久、无悔的青春回忆"。

第三节 / 大学生劳动情怀的培育

> 能够通过技能报效祖国,是强国一代年轻人无比光荣的事情。
>
> ——陈行行(2018 年大国工匠年度人物)

情怀的培育涉及对美好心灵品质的提升,既有先天性情中孕育的成分,也有后天教育中习得的养分。大学生劳动情怀培育要在与"美育"的充分融合中逐步实现,不局限于对劳动单纯功利化的激励,要把爱劳动与爱自己、爱生活、爱国家深植于内心。

一、爱劳动与爱自己:明心见性,涵养价值情怀

俄国教育家乌申斯基说,"劳动是人类存在的基础和手段,是一个人在体格、智慧和道德上臻于完善的源泉"。习近平总书记强调,

"要教育孩子们从小热爱劳动、热爱创造,通过劳动和创造播种希望、收获果实,也通过劳动和创造磨炼意志、提高自己"。⊖在刚进大学校门的时候,大学生对自己内心的认识往往还是模糊的,对真实世界的认识是表象的。揭开这两个谜团的一个重要的钥匙就是劳动。每一位大学生只有通过接受热爱劳动的教育才能逐步建立个体与内心的关系,了解个体的价值和追求,不断提升素质,实现全面发展。

1. 塑造自我意识

劳动在育人中发挥着塑造健全人格、磨炼顽强意志、锤炼高尚品格的重要作用。⊖每一位大学生都应当懂得,劳动可以树立良好的个人价值意识,人是开展劳动的起点,也是劳动的归宿。只有通过劳动,人才能更为真切地认识、尊重自我的意识,从而产生真正的自尊、自爱的情感。真正的自我意识是理解并相信自己是宝贵的,自己值得拥有美好的事物,值得拥有自主的意识。

2. 激活个人价值

苏霍姆林斯基认为,要使学生在各种形式的劳动中尝试着检验自己的力量,逐步认识自己的能力和才干。⊜每个人的生命都是无价的,但生命的价值需要在劳动实践中方能激活。在改造自然、改造自身的活动中,人们才能意识到自己是有用之才,有用之身。这种价值不是简单创造财富的人力资本,而是发现自己是对世界有所创造的、被世界所需要的独一无二的个体。在劳动实践中能够感悟到人的心灵与外部世界的连接,体会到外部世界并不是被固化、抽象出的现成结

⊖ 习近平. 庆祝"五一"国际劳动节暨表彰全国劳动模范和先进工作者大会隆重举行 [N]. 人民日报, 2015-04-29.
⊖ 刘向兵. 新时代高校劳动教育论纲 [M]. 北京:社会科学文献出版社, 2019.
⊜ 苏霍姆林斯基. 苏霍姆林斯基论劳动教育 [M]. 北京:教育科学出版社, 2019.

果，而是始终处于创造未来的起点之中，这就是劳动对个体生命的塑造和升华过程。"衣沾不足惜，但使愿无违"，从小事做起，从点滴考虑，以实干书写青春，用奋斗镌刻荣光，努力成为知识型劳动者。

二、爱劳动与爱生活：自力更生，创造美好生活

陶行知的生活教育理念为很多人所推崇，他强调"生活教育是生活所原有，生活所自营，生活所必需的教育"。培养深厚的劳动情怀需要从内心深处消除劳动的神秘感和距离感，把劳动视作生活的一部分，在踏踏实实的劳动过程中真切感受生活的美好。

1. 主动构建良好学习生活环境

改造生存环境的劳动是人们所有劳动当中最为基础的劳动。通过热爱劳动来改造生存的环境，养成健康的生活习惯和生活方式将会使大学生受益终身。我国有句名言"一屋不扫，何以扫天下"，这句话有两个典故。东汉名臣陈蕃少时独居一室而院内杂乱，父亲的朋友薛勤批评他："孺子何不洒扫以待宾客？"陈蕃答道："大丈夫处世，当扫除天下，安事一屋乎？"薛勤因此发现他有大志向。而后世的清朝文学家刘蓉，在散文《习惯说》中又提出了"一室之不治，何以天下家国为？"的观点，仿佛开展了一段跨越时空的辩论。很多年轻人觉得"一屋不扫"是缺乏意愿，而不是缺乏能力，在个人学业分配上往往更加注重"扫天下"的知识和眼界的提升，而忽略了在"治一室"的过程中也可以培育基本的习惯和才干。不打扫宿舍往往是因为缺乏日常保养的习惯和方法。通过劳动可以使人们从被动适应生存环境转变为主动优化生存环境，同时从这个劳动过程当中获得对生命的

自主权。当代青年学生应该主动学习、掌握构建美好生活环境的能力，在生活中保持卫生整洁，不断增强生活中的审美能力。

2. 培养尊重劳动、热爱劳动的真挚情感

志愿服务、实习和社会实践是运用大学中所学的理论知识观察社会、亲近劳动者的一种方式。无论是在校内校外的实习岗位上，还是在勤工助学、助教、助管、助研岗位上，大学生既是劳动者，也是观察者，在小小的岗位上亲自参与实践，在解决实际问题中掌握知识，在实际劳动过程中培养自己良好的劳动习惯和劳动精神，在增长才干和磨炼意志中感受劳动所带来的收获和乐趣，产生尊重劳动、热爱劳动的真挚情感。[1]大学生通过实习、实践可以体验劳动的付出和获得感，懂得幸福生活是靠一点一滴创造的，懂得尊重劳动成果。

三、爱劳动与爱国家：家国一体，融入时代洪流

爱国情怀是劳动情怀的根基。国家制度决定了劳动者的组织方式、政治地位和劳动成果的分配方式，劳动的过程无法脱离国家的发展而单独存在。从这个意义上讲，对国家的热爱构成了劳动的根本动力。众志成城建设中国特色社会主义国家，就是要努力为劳动者创造出平等的劳动关系、先进的劳动资料、良好的劳动环境、公平合理的劳动报酬。当代大学生应该体察国家和时代的需要，努力学习，掌握国家和时代需要的知识和技能，在每一个平凡的岗位上辛勤付出，在每个工作环节尽己之力提升劳动效率，改进劳动产出质量，削减劳动的能耗，在劳动中感受家国一体的联结。

---

[1] 刘向兵. 新时代高校劳动教育论纲[M]. 北京：社会科学文献出版社，2019.

每一位大学生应带着对祖国的热爱辛勤劳动，为中国特色社会主义大厦添砖加瓦。在校大学生不仅要重视专业课程学习，更要积极投身实践，认识国情、了解社会，明确为社会主义事业奋斗终生的理想。青年兴则国兴，青年强则国强。习近平总书记对广大青少年培养深厚劳动情怀抱有殷切期待，"要通过各种措施和方式，教育引导广大青少年牢固树立热爱劳动的思想、牢固养成热爱劳动的习惯，为祖国培养一代又一代勤于劳动、善于劳动的高素质劳动者"。[一]大学生并非生活在象牙塔中，而是生活在社会整体环境中，个人的劳动是为他人、为社会、为国家服务的，人与人之间形成了一个高度精密、整合的供应网络。社会需要各种各样的劳动方式，产生出不同种类的劳动成果，由此构建出现代化的劳动体系，最终将改变国家的整体面貌。大学生应培养自己"以天下为己任"的社会责任感，树立为人民幸福、民族振兴、国家繁荣发展奋斗的劳动意识。"国家好，民族好，大家才会好。"

典型案例

快递小哥汪勇——"生命摆渡人"

汪勇，35岁，武汉一家快递公司的快递小哥。2020年的春节，国内疫情最严峻的时候，在疫情重灾区——武汉，封城让大家都隔离在家中，而他却选择和医护人员一道逆流而上，成为医护人员的"摆渡人"和"大管家"……

这一切要从大年三十的晚上说起。汪勇在朋友圈中看到金银潭医院的

[一] 李珂. 习近平新时代中国特色社会主义劳动思想的时代光芒 [J]. 工会博览，2018 (13)：21-24.

医生、护士求助，需要有车送他们到盘龙城。经过激烈的心理斗争，汪勇瞒着家人出了门。从第一次接送金银潭医院的护士，陆陆续续接送了超过30人，不仅没有收钱，还保证"能来接一定再接"。为了更方便地服务医护人员，汪勇住在了仓库。不仅如此，看到这么多医护人员的艰辛和物资的紧缺，他开始组织招募志愿者队伍，成立团队，牵头建起了医护服务群。只要医护人员有需要，从出行到用餐，从日常用品购买到维修，他无一不想尽一切办法实现，还联系到了共享单车、共享电动车，解决医护人员的灵活用车需求，缓解了一部分志愿司机的压力。

"不为什么，就觉得我应该做点什么"，从一个人到一群人，"办不办得成我不知道，但我一定要去办"，渐渐地，汪勇变得能够"一呼百应"，志愿服务的沟通也更高效了。"扛得住这个阶段命运给予你的艰难困苦，以后我可以扛得住自己所做的任何选择。"这是他的回答。

实际上，志愿工作困难是多重的，被感染的风险高、路途艰辛、路况不明确（封路的可能）、家人的担忧，还得跟各种各样的人打交道，然而很多志愿者表示，"无论困难有多大，信心都没有动摇过"，因为做着做着内心更加坚定了。

> **小实践**
>
> 快递小哥、医护人员、志愿者……那些在疫情面前的逆行者时常让我们感动落泪。事实上，劳动情怀里总是充满了浓浓的爱。这个暑假/寒假，让我们为家人坚持做一个假期的早餐，让家里充满爱与阳光吧！

思考题

1. 请谈一谈身边劳动情怀深厚的劳动者，思考并说明他对劳动的情感表现出什么特点以及源自何处。

2. 以你的观察，当代大学生的劳动情怀与你父母那一辈有何不同之处，并试着说明可能的原因。

3. 通过阅读本章，你认为你对劳动的态度和情感是否有新的认识？你会在今后的生活中作何改变？

延伸阅读

1. 李珂，《嬗变与审视：劳动教育的历史逻辑与现实重构》，社会科学文献出版社，2019年
2. 苏霍姆林斯基，《苏霍姆林斯基论劳动教育》，教育科学出版社，2019年
3. 路遥，《平凡的世界》，北京十月文艺出版社，2017年

第三章

大学生与专业技能

没有年轻一代的教育和生产劳动的结合,未来社会的理想是不能想象的;无论是脱离生产劳动的教学和教育,或是没有同时进行教学和教育的生产劳动,都不能达到现代技术水平和科学知识现状所要求的高度。

——列宁

屠呦呦：首获科学类诺贝尔奖的中国人！

2015年10月5日，瑞典卡罗琳医学院宣布将诺贝尔生理学或医学奖授予屠呦呦以及另外两名科学家，以表彰他们在寄生虫疾病治疗研究方面取得的成就。这是中国医学界迄今为止获得的最高奖项，也是中医药成果获得的最高奖项，85岁的屠呦呦也成为首位获得科学类诺贝尔奖的中国人。

20世纪60年代，人类还在饱受疟疾之害。1969年，在中医研究院中药研究所，研究实习员屠呦呦接受了国家疟疾防治项目"523"办公室艰巨的抗疟研究任务，从此与中药抗疟结下了不解之缘。作为该项目中药抗疟组组长，屠呦呦没有向当时陈旧的科研设备低头，也没有因为周围的质疑声而止步不前，她坚定地说："没有行不行，只有肯不肯坚持。"

通过整理中医药典籍、走访著名老中医，她汇集了640余种治疗疟疾的中药单秘验方，并从中不断寻找新的灵感。通过改用低沸点溶剂的提取方法，富集了青蒿的抗疟组分，屠呦呦团队最终于1972年发现了青蒿素。据世界卫生组织不完全统计，在过去的20年里，青蒿素作为一线抗疟药物，在全世界已挽救数百万人生命，每年治疗患者数亿人。

每当谈起青蒿素的研究成果，屠呦呦总是会说："研究成功是当年团队集体攻关的结果。"而鲜为人知的是，起步时的屠呦呦团队只有屠呦呦和两名从事化学工作的科研人员，后来才逐步成为化学、药理、生药和制剂的多学科团队。目前，屠呦呦团队共30多人，这些研究人员并不局限于化学领域，而拓展到药理、生物医药研究等多个学科，形成多学科协作的研究模式。屠呦呦介绍，未来青蒿素的抗疟机理将是她和科研团队的攻关重点。

世界卫生组织发布的《2018年世界疟疾报告》显示，全球疟疾防治进展陷入停滞。多项研究表明，在大湄公河次区域等地区，出现不同程度的对青蒿素联合疗法的抗药现象。2019年4月25日，第十二个世界疟疾日，中国中医科学院青蒿素研究中心和中药研究所的科学家们在国际权威期刊《新英格兰医学杂志（NEJM）》提出了"青蒿素抗药性"的合理应对方案。

屠呦呦团队提出，面对"青蒿素抗药性"现象，延长用药时间，疟疾患者还是能够被治愈。除此之外，现有的"青蒿素抗药性"现象在不少情况下其实是青蒿素联合疗法中的辅助药物发生了抗药性。针对这种情况，更换联合疗法中的辅助药物，就会取得更好的效果。

青蒿素价格低廉，每个疗程仅需几美元，适用于疫区集中的非洲广大贫困地区人群，研发廉价青蒿素联合疗法对实现全球消灭疟疾的目标意义非凡。"中国医药学是一个伟大宝库，青蒿素正是从这一宝库中发掘出来的。未来我们要把青蒿素研发做透，把论文变成药，让药治得了病，让青蒿素更好地造福人类。"屠呦呦说。

——《人民日报》（2015年10月6日，2019年10月5日），有删改如果说劳动品德涵养依赖理智清醒地思考，劳动情怀培育重在透射心灵地感悟，劳动技能习得则主要靠持之以恒地学习和训练。专业技能是大学生劳动技能的核心部分，是与高等教育人才培养方式紧密相关的专业知识、专业思维和专业实践的有机统一。良好的专业技能是衡量大学生劳动素养的重要指标，对于帮助大学生合理规划职业路径、提升创新创造能力具有无可替代的积极作用。

第一节 / 专业技能内涵

> 在再生产的行为本身中……生产者也改变着，炼出新的品质，通过生产而发展和改造着自身，造成新的力量和新的观念，造成新的交往方式，新需要和新语言。
>
> ——马克思

所谓专业技能是指与通用技能相对应的概念。高等教育阶段的专业技能是指大学生基于专业知识学习而形成的思维活动能力和职业实践能力，这些能力是以通往未来就业渠道和职业岗位计划为导向的，是大学生劳动技能提升的重心。具体而言，专业技能是对特定专业知识的应用能力，这种能力首先体现为一种思维活动，它能够改变人们对事物的看法，指导人们通过特定行为达到预期目的，当这种行为付诸实施并产生相应结果时，就表现为一种职业实践能力。

一、专业知识

知识是技能的基础，是静态的技能；技能是知识的延展，是动态的知识。与基础教育显著不同的是，高等教育总体上是围绕"专业"而展开的，尽管有不少高校都在强调通识教育，但绝大多数大学生在离开校门前都会掌握一种或几种专门的学问，完成一种或几种专门的学业。这种在一定范围内相对稳定的系统化的知识就是专业知识，它不是专业技能本身，但与专业技能之间又存在彼此依赖的密切关系。

1. 专业知识是专业技能的基础

人们在认识特定领域事物发展规律过程中所形成的知识集合就可以被称为专业知识。这些知识能够表明不同因素之间的关系，揭示某种结果出现的原因，告诉我们现象背后的本质，提醒我们看待事物的科学方式。在大学课堂内外，知识的传授大多是以专业的形式展开的。教育部 2018 年首次发布《普通高等学校本科专业类教学质量国家标准》，涵盖了我国普通高校本科专业目录中全部 92 个本科专业类、587 个专业，涉及全国高校 56000 多个专业点。这些种类繁杂的专业被归于哲学、经济学、法学、教育学、文学、历史学、理学、工学、农学、医学、军事学、管理学、艺术学等 13 个学科门类中，构成大学生日后专业技能形成的基本领域和职业方向。尤其是农学、医学、工学等领域相关专业，表现出更强的操作性和更专的技能特征。

2. 专业技能是专业知识的延展

专业技能离不开专业知识的传授，需要通过专业知识的学习和积淀才能形成。但专业技能对专业知识的依赖却不是被动的，而是一种主动的应用和积极的延展。一个人是否学过相关专业知识，在从事某项具体工作时的技能水平和实际效果是有明显差异的，而是否能够通过反复实践操练，将所学知识转化为改造事物的专业技能，对专业知识学习效果同样有重要影响。在现实生活中，一位理论功底深厚的医学博士未必能看得好病，因为看病需要在临床实践中不断积累经验，但这位医学博士看病的能力肯定比一位建筑工人强；同样的道理，一位美术大师盖房子的技能恐怕没法和这位建筑工人相比，因为他脑海里储备的更多是关于绘画的专业知识。

二、专业思维

在通过学习专业知识形成专业技能的过程中，一个关键的环节是专业思维的形成。所谓专业思维，就是能够将遇到的问题迅速准确归类的思维。因为迅速，所以专业，因为准确，所以高效。一个人只有用专业的思维方式考虑问题，才有可能在看待事物时具备独特的眼光和与众不同的处理方式，即专业的技能。

1. 基于历史经验的思维

万事万物都是不断变化的，专业也是动态发展的，因而专业思维会表现出明显的历史继承性。今天的专业知识体系正是对过去每一个阶段新知识的累积叠加，当下的专业思维方式也就是对以前专业思维延续和更新后所形成的。牛顿的三大运动定律和万有引力定律曾经统治物理学两百余年，在这期间，人们关于时空的认识观是绝对的。在这样的思维方式下，时间总是均匀地流逝着，空间总是平直均匀地分布。直到20世纪初，普朗克、爱因斯坦等人相继提出能量量子化概念和相对论，人们才逐渐认识到，时间的流逝快慢和物体的运动速度密不可分，微观世界或高速运动状态下的时空会发生扭曲。表面上看，相对论的提出是对物理学思维方式的重大变革，但在低速运动的宏观世界，牛顿绝对时空思维仍具有非常广泛而完美的应用，因而只能说相对论是绝对论的继承和拓展，而不能说相对论是对绝对论的碾压和颠覆。

2. 立足现实状况的思维

拥有专业思维的人都清楚自己的能力边界，他们了解事物运行的复杂性和专业知识的有限性，不会觉得自己无所不能，他们看待和处理问题更倚重从现实出发的思维方式。基于此，业余人士和专业人士的最大区别是，前者认为世界按照他们的想象运转，而后者则是立足现实去适应和改造这个世界。从这个角度看，专业技能差异的背后经常表现为专业思维方式的差异，越是能立足现实进行思考的人，越能清晰地看到自己的优势和不足，从而踏踏实实地扬长避短，在工作中往往表现出越强的专业技能。被称为"文艺复兴时期最完美代表"的达·芬奇可谓是人类历史上绝无仅有的全才，在理、工、医、文、艺等几乎所有学科中都取得了显著成就，但其最伟大的成就还是绘画，这与他从14岁开始连续数年不间断地进行绘画基本功训练密不可分。而达·芬奇之所以能够做到这一点，正是因为老师韦罗基奥点拨他形成了立足现实的艺术思维。

3. 追求更高更好的思维

专业思维承认专业知识的局限性，但并不会因此囿于当下，裹足不前，而是能够放眼长远，开放心态，乐于倾听，重视专业知识的连续性和专业发展的持续性，清楚地知道自己该做什么和不该做什么，并将失败视为其获得成长的过程。拥有专业思维的人通常都心怀一种使命感，期待在专业领域获得更高的水平，实现更好的效果，因而是一种积极向上、追求创新的战略性思维方式。毛泽东曾说："坐在指挥台上，只看见地平线上已经出现的大量的普遍的东西，那是平平常常的，也不能算领导。只有当还没有出现大量的明显的东西的时候，当桅杆顶刚刚露出的时候，就能看出这是要发展成为大量的普遍的东西，并能掌握住它，这才叫领导。"㊀ 作为伟大的政治家和革命导师，毛泽东提出的"没有预见就没有领导"的战略思维既是对广大领导干部职业预见能力的要求，也是他自己追求大同世界使命感的体现，是在广泛调查研究基础上对中国革命和建设事业进行科学预见的结果。

三、专业实践

获取专业技能需要专业知识的指导和专业思维的引导，更需要在实践活动中持之以恒的学习、模仿、操作和训练。《中华人民共和国高等教育法》指出，"高等教育的任务是培养具有社会责任感、创新精神和实践能力的高级专门人才，发展科学技术文化，促进社会主义现代化建设。"尽管各高校关于大学生专业实践的要求不尽相同，各专业的实践方式也千差万别，但通过多样化的专业实践提升大学生专业技能的目标却是明确的，这同时也是新时代高等教育阶段加强劳动教育的重要路径之一。

1. 凝练和发挥专业优势

通用知识的优势在于广度，有助于开阔视野，通用技能在各种社会活动中有着广泛应用，如计算机基本操作能力、驾驶能力、接待能力、书写能力、口头表达能力等；专业知识的优势在于深度和精度，有助于深化认识，每一种专业都存在专属的研究范畴，专业技能只有在特定的实践活动中才能获得用武之地，如律师的辩护技能主要用于法庭，园艺师的栽培技能主要在园林中展示，飞行器设计师的技能则需要航天航空环境。

㊀ 出自 1945 年 5 月毛泽东在党的七大上作的结论报告。

2. 培养实干精神和职业专注力

专业知识必须通过刻苦地理论学习才能掌握，强调的是知晓专业；专业思维只有通过积极地思考才能获得，强调的是懂得专业；专业技能则需要在实践活动中反复操练才能拥有，强调的是运用专业。大学生能否将在校期间所学专业知识转化为创造社会财富的能力，除了对专业本身的认知和理解以外，还需要实干精神，专注于实际工作需要与专业优势的结合，这些都需要进行足够的专业实践训练。

3. 强化创新精神和社会责任感

专业技能最终要通过一个个鲜活个体的劳动过程才能体现出来，但任何一种专业技能的形成都往往是一群人共同钻研并通过一代代人传承创新的结果。因而专业技能既是个人的本领，也是全社会的共同财富。任何一位大学生只有怀揣社会责任感进入职场，才能让所学专业技能在推动社会进步中发挥积极作用，也只有将创新的精神运用于其所学专业，才能在工作实践中发现专业知识的漏洞，改进专业思维的缺陷，不断提升专业技能，为专业本身的进步创造条件和提供可能。

第二节 / 专业技能价值

> 弘扬劳模精神和工匠精神，营造劳动光荣的社会风尚和精益求精的敬业风气。
>
> ——《中国共产党第十九次全国代表大会文件汇编》

通用技能在日常生活中应用广泛，对广大学生的发展具有广泛迁移价值；而专业技能与岗位设置相关，是特定岗位专门需要的技术和能力，也是岗位价值的重要体现。对于正在接受高等教育的大学生来说，熟知一门专业知识，掌握一项专业技能，也就具备了成为专业人才的基础条件，拥有了在生产和服务过程中体验不同形式劳动发展演变的机会。这对于学会使用工具、掌握和应用相关技术、增强产品质量和社会服务意识、感受劳动创造价值、强化社会责任感等都具有重要意义，有助于在未来职业发展道路上更好地选方向、定策略，充分利用外部条件和发挥自身优势，成为一个真正有创造力的人。

一、成为专业人才

人才是一个与普通劳动者相比较而产生的内涵略显模糊的概念。从略微宽泛的角度来讲，人才应当拥有一定的知识或技能，具备进行创造性劳动的潜质或已经对社会作出过突出贡献的人，是人力资源队伍中那些能力和素质较高的劳动者，也被视为国家经济社会发展的第一资源。在学科分散发展的古代社会，像亚里士多德、达·芬奇、张衡、沈括等这样百科全书式的全才或通才大师并不少见；但在近代两次工业革命推动下，学科分工越来越细，学科渗透越来越深，凭借个人能力很难全面掌握，专门人才或专业人才开始取代全能通才成为现代人才的一个重要特征，而专业技能恰恰是专业人员成才之路上必不可少的助推器和护身符。

1. 衡量人才的重要指标

良好的人品、广博的学识、超凡的技能、高效的行动力等都是衡量人才的重要标准，缺少了任何一方面都会使得人才的含金量打折扣。在教育落后、知识贫乏的时代，专业人才短缺往往成为经济社会发展的最大掣肘；反之，在教育兴旺、人才辈出的时代，国家财富创造的速度和人民生活改善的程度也会非常惊人。改革开放以来，我国各个领域建设都取得了举世瞩目的成就，这与国家大力兴办教育，尤其是通过高等教育不断培养出一批批理论功底扎实的专业人才密不可分。但经济社会转型遇到的瓶颈问题也告诉我们，顺应经济高质量发展的要求，转变人才评价理念的方法，调整高等教育人才培养目标定位，逐步增强对高等人才专业技能培养的力度，改变我国专业技能人才短缺的境况不仅重要而且必要。

2. 建立人才自信心

自信心在人才成长过程中发挥着定心丸的作用，唯上唯书无主见者多为庸才，前怕狼后怕虎不敢突破者难成大器。良好的专业技能既是年轻人找工作的敲门砖，也是职场新人提升自信心的有效秘方。自信心会受到先天性格等因素的影响，但更多源自于多角度比较而产生的成就感激励。拥有良好专业技能的人能够通过劳动创造看得见摸得着的价值，在纵向比较中看到自己的成长进步，在与周围人的横向比较中看到自己的领先优势，从而逐渐树立起工作的自信。党的十九大以来，中央逐渐将坚定中国特色社会主义"四个自信"⊖摆到了国家战略层面，这既是对全球化时代对外交往中外来文化渗透的抵御，也是指引广大青年学子消除经济社会转型期内心迷茫感、挫折感、无助感的有力武器。

3. 提升人才认可度和社会地位

一个人在工作中取得的成绩或在事业上所达到的高度受很多因素

⊖ 四个自信即中国特色社会主义道路自信、理论自信、制度自信、文化自信，由习近平总书记在庆祝中国共产党成立95周年大会上提出。

影响，领导提携、家庭环境、工作机遇等有时甚至起着决定性作用，但归根结底还得靠自身的真才实学。工作能力尤其是专业技能一旦获得认可，将会产生持久的社会效应。在国内外各种关于人才的分类中，技能人才既不同于以广博知识见长的学术人才、以社会经验称道的管理人才，也有别于身处生产一线直接掌握某项应用技术手段的技术型人才，而是特指在生产技能岗位工作，具有高级以上技能等级或具有专业技术资格的人员，是具有一定社会认可度和社会地位的高级人才。由中华全国总工会、中央广播电视总台于2018年联合启动举办的"大国工匠年度人物"评选活动产生了广泛积极的社会效应，有力地弘扬了劳模精神、劳动精神、工匠精神，掀起了学习大国工匠、争当工匠人才的热潮。

二、理性规划职业

大学生职业规划是一个立足当下、着眼长远、内外兼顾、动静结合的复杂活动，只有把国家需要、自身兴趣、个人特长有机结合起来，才能产生通过职业规划引领职业成长的效果。职业规划是对在校期间学习理性和工作期间职业理性的双重考验。其中，大学生所学专业以及逐步掌握的专业技能水平对其理性规划职业具有重要指导意义。⊖

1. 按照国家需要谋划职业愿景

职业选择是一种社会活动，必定要受到各种社会条件的制约，脱离经济社会发展需要的职业选择将很难被社会所接纳。经过大学阶段

⊖ 本书第五章将详细介绍大学生与职业选择，本章仅讨论专业技能对职业规划的作用。

的学习，每一个大学生都具有了某一领域专业的知识和技能，不同类型的专业技能对应不同的职业领域，不同的专业技能水平对应不同的工作岗位，大学生只有清晰认识国家经济社会发展的总体趋势和相应的人才需求，并与自身所学专业相对接，才能确保职业规划方向选择的现实性和合理性。

2. 激发职业兴趣

职业规划的理性要求突出地体现在不单以眼前利益为依据，而是要兼顾整个职业生涯的长远利益，尽量保持规划与行动的一致性，避免频繁调整规划或改变工作而额外增加成本。保持职业规划相对稳定性的一个有效办法就是设法让自己保持对专业、对职业持久的兴趣。对于在校大学生来讲，就是要明白，知识学习有一个普遍规律，学习得越深入，学习兴趣就越高，将来进入职场，技能运用得越自如，职业发展就越顺畅。因而在现实中，各个高校的专业教育通常都有自身的培养目标和就业方向，用以引导在校学生逐步产生专业兴趣和形成职业选择优势。

3. 明确职业定位

人尽其才是国家人才使用的重要原则，找到与自身能力相匹配的工作也是每一位大学生的愿望。但时至今日，我国高等教育改革的步伐仍赶不上时代的需要，不少大学生在校期间沉浸在"我与专业"的二维世界中，死记硬背理论知识，只求考试高分，做职业规划时又掉进"我与工作"的陷阱里不能自拔，忽略了专业技能的重要影响，以至于工作中涉及专业应用时生搬硬套，毫无效果可言，更不用说进行专业创新或创造性劳动。专业技能引导职业选择就是要改变生硬地学习理论，学会感知生动的专业实践，实现从"我与专业"到"我、专业与社会"的转变。

三、培养创新能力

从知识、思维到实践是一个完整的专业技能学习和提升过程，各个环节紧密关联，既彼此促进，又互相制约，其最终落脚点在于通过创造性劳动实现知识的价值放大功能。重视专业技能提升在大学专业教育中的重要性，就是要设法将劳动教育与专业教育相融合，从而达到改变大学生墨守成规的专业学习方式，训练学生敢于质疑、勇于破旧的专业学习思维和习惯。

1. 创新专业教育模式

知识源自于实践而又服务于实践。大学阶段长期劳动教育缺位对专业教育效果的负效应显而易见，大学生就业后创造力不足的问题已经引起社会关注，高等教育也正在着力增强学生专业学习的能力，通过强化劳动实践为学生提供更多"边干边学"的机会，为专业理论知识的应用和创新创造条件。正是在这层意义上，习近平指出，"青年是社会上最富活力、最具创造性的群体，理应走在创新创造前列。"

2. 激发创新思维

过去应试教育背景下形成的"寻求标准答案式学习"在大学专业学习中仍然很普遍，如果大学生能够以提升专业技能为引导，重视对知识的理解和应用，而非单纯的记忆，将有利于打开思维空间，让专业学习鲜活和有趣起来，从而调动起自己的创新积极性，养成善疑善思的学习习惯。高校加强劳动教育实际上就是以专业技能提升为线索的教育改革，是强化专业劳育的重要体现，是引导大学生创造性学习的重要方式。在积极接受专业劳育的过程中，大学生将有机会领悟劳动的意义，逐步形成勤俭、奋斗、创新、奉献的劳动精神。

3. 塑造创新文化

"教育具有文化本性，文化具有育人功能，高校创新人才的脱颖而出需要先进文化的陶冶。"⊖过去很长一段时间，专业教育与劳动教育脱节，大学课堂上创新氛围缺失。在大学生群体中，报有劳动就是重复性肢体活动看法的不在少数，对于通过技能与思维相连接的创造性劳动认识明显不足，这种校园文化成为其专业学习中普遍缺乏动力的重要原因。换言之，专业教育与劳动教育的有机融合能够发挥"劳动助力专业落地，专业推动劳动升华"的双向互促效应，能更好地将经济发展路径和人才成长路径统一起来，营造一种崇尚劳动、主动创新和乐于创新的文化氛围。

第三节 / 大学生专业技能的习得

一个人在成长的阶段，尤其是年轻的时候，一定不要怕吃苦，只有经历了一段时间的磨炼，才能练就真本事。

——巩鹏（中国质量工匠）

《意见》指出，"劳动教育是中国特色社会主义教育制度的重要内容，直接决定社会主义建设者和接班人的劳动精神面貌、劳动价值取向和劳动技能水平。"与中小学阶段不同，高等教育阶段的专业性更强，学生毕业后距离劳动力市场更近，因而大学劳动教育更加突出

⊖ 邢亮，乔万敏. 文化视阈下的高校创新人才培养[J]. 教育研究，2012（1）：9—11.

专业知识与劳动技能的融合提升，更注重通过劳动教育增强学生的专业应用能力和劳动创造能力。大学生专业技能的提升首先需要掌握系统的专业知识，形成坚实的专业理论支撑，在此基础上不断强化专业思维培养，积极参加各种形式的专业实践活动，围绕职业发展加强创造性劳动训练。

一、掌握系统专业知识

大学生要充分认识到专业知识是专业技能的基础，懂得"在什么山上唱什么歌"的道理，在校期间将更多精力放在专业知识的学习方面，夯实专业基础理论，系统掌握专业结构和主要方法，及时跟踪专业发展新动向，在整个职业生涯中保持专业学习的热情和习惯。

1. 夯实专业基础理论

合抱之木，生于毫末；九层之台，起于垒土。任何一门专业无论怎么发展，其核心概念和知识架构大致是稳定的，构成了整个专业大厦的地基和框架。学无止境，大学生在专业学习中要遵循基本学习顺序，在开始阶段一定要打牢基础，注重对核心概念的推敲和对基本理论的研读，利用1～2年的初步学习，在头脑中构建起基本的专业理论体系。在具体操作上就是要注重核心基础课的精细化学习，像经济学相关专业的《西方经济学》和《政治经济学》，法律相关专业的《法理学》《宪法》《民法》《刑法》等，医学类专业的《人体解剖学》《生理学》等。通过仔细研读这些课程，逐步形成专业基础素养，为日后的自学和深学奠定基础。

2. 掌握主要专业方法

高等教育阶段的专业学习不以记忆为主，而以方法为重。进入大学校门后,要尽快转变观念,把增强学习主动性和改进学习方法作为个人素养提升的重要任务。尤其在专业课学习中,务必要熟悉主流理论从假设到推演逻辑再到主要结论的整体认知,还要多看一些历史类、方法类、流派类、比较类的课程或文献资料,打开专业学习的视野。同时要清醒地认识到,世界始终处在运动变化之中,任何一门学科的专业知识随时都可能出现新的研究方法、领域、观点或内容,任何人都需要树立起终身学习的理念,高年级大学生则应当随时跟踪专业发展前沿动态,及时跟进、更新专业知识,确保专业储备跟上学科前进的步伐。

二、强化专业逻辑思维

专业思维是用专业的方式对问题进行迅速准确归类的思维,实质上是一种看待和思考某类问题的专业习惯。面对同一个现象,当非专业人士还在迷惑不解时,专业人员当即就能透过现象看到问题的本质,并清楚其中各因素之间的作用机理。系统掌握专业知识在一定程度上已经影响到了个人考虑问题的方式,但真正专业思维的形成仍然需要心怀专业使命感,善观察,勤思考,多讨论,用眼睛看到的现象印证书本中学到的专业知识,用反复琢磨的方式强化对专业逻辑的认知,用启发交流工具打开专业思维的空间。

1. 心怀专业使命感

任何一门专业的理论知识都是前人辛勤劳动的凝结,任何一门专业的实践活动都将是国家经济社会建设的重要组成部分。强化专业思维就是要不仅懂得专业学习对自身成长的意义,还要清楚专业所承担的社会责任,把劳动素养作为个人自我评价的重要依据。心怀专业使命感，就需要在日常学习、工作和生活中处处留意本专业领域的各种现象，从点滴小处着手，仔细观察并尝试用专业的眼光看待周围的事物，勤于思考，并尝试用专业的理论分析身边的事件，经常训练并努力用专业的方法解决自己遇到的问题。

2. 开展深层次专业逻辑训练

观察和思考能够帮助我们进行浅层次的专业思维训练。真正要在专业领域有所建树，还必须要脱离书本，跳出个人思考问题的习惯，有针对性地进行专业交流，寻求专业思维碰撞。每年全国各大高校、专业研究机构、行业协会、政府相关部门都会组织不同层次不同类型的专业交流会，这正是大学生深入理解专业逻辑、进行深层次专业思维训练的难得机会。通过积极参加相关会议，聆听专业领域内不同的声音，捕捉专业最前沿的信息，不断提升专业敏感度，持续强化专业思维习惯。最为重要的是，通过聆听劳模大讲堂、大国工匠进校园、优秀毕业生报告会等活动中的劳动榜样人物事迹，近距离接触劳动模范，观摩精湛技艺，感受并领悟勤勉敬业的劳动精神，让专业思维逐步深入内心。

三、积极参与专业实践

专业实践是将专业知识转化为专业技能最为重要的环节，也是高等教育阶段长期未能很好解决的问题。通过积极参与专业实践活动，大学生不仅能够更多地了解社会和国情，锻炼意志，培养品格，增强社会责任感，还可以深化对专业理论的认知，进一步拓展专业思维，巩固和提高专业技能，并将其转化为职业发展能力。

1. 专业实践活动

尽管高校专业实践活动究竟怎么开展并没有明确的共识，但加强实践教学的必要性基本得到了多数人的认可，因而各专业培养方案中都会适当安排一些专业实践活动。在校大学生首先要利用好这些专业实践的机会，锻炼自己专业知识应用的能力。通过积极参与课堂讨论、课堂情景教学模拟、专业实验实训课、毕业设计（论文）、拜访劳模工作室或技能大师工作室等了解专业实践的思路和领域；通过校内勤工助学、金工实习、大学生创新创业项目、寒暑假社会调查等训练专业实践的具体方法；通过在高校持股企业或在高校与市场组织合建的实习基地兼职，切实感受从专业知识到职业技能的差异，提高专业动手能力。

2. 各类社会实践

到什么山唱什么歌。学生的本职工作主要还是知识的吸收和储备，同步完成学校规定的专业实践教学任务。但国家经济实力的增强、市场活动频率的增加、各类信息手段的广泛应用，为学有余力的大学生提供了跨出校门、进一步提升专业实践能力的机会：一是提前加入劳动大军，以社会兼职或专业实习的形式体验职场生活，边干边学，运用专业知识解决工作中遇到的实际问题；二是积极参加行业主管部门、行业协会、大型企业、高校专业联盟等组织的各类专业技能大赛，在竞争中提升自己的专业实践能力；三是注重自身公共服务意识的培养，结合"三支一扶"、大学生志愿服务西部计划、"青年红色筑梦之旅"、"三下乡"等社会实践活动参与服务性劳动，强化公共服务意识和面对危机主动作为的奉献精神，运用专业知识和专业技能回馈社会。

3. 提升劳动创造力

知识经济时代，学习已成为终身大事，专业技能提升也需贯穿职业生涯始终。在校大学生应当早立志，早谋划，早动手，尽早明确自己的职业发展方向和目标，并围绕这一主线开展专业知识学习，提升专业技能，着重训练自身劳动创造力。一方面，认真学习学校开设的劳动教育课程和就业指导课程，尽早进行职业生涯发展规划，确定不同时期职业阶段性目标，针对实现目标的能力要求明确专业技能提升重点，有意识地参与相关专业技能培训，提前掌握入职必备技能；另一方面，主动谋划与自身职业计划相关的创新创业活动，利用好各类青年创新创业基金提供的平台，组建或加入相关创业团队，结合学科专业开展生产劳动和服务性劳动，重视新知识、新技术、新工艺、新方法应用，创造性地解决实际问题，增强诚实劳动意识，积累职业经验，培育创造性劳动能力和诚实守信的合法劳动意识，提升就业创业能力，高起点训练专业技能水平。

典型案例

大国工匠风采

《大国工匠》是央视新闻频道从 2015 年"五一"起陆续推出的劳动礼赞系列节目，讲述了不同岗位的劳动者用自己的灵巧双手匠心筑梦的故事。这群不平凡的劳动者或许没有出众的容貌、显赫的身世或耀眼的文凭，但他们凭着几十年如一日的默默坚守，对专业孜孜以求，对技能精益求精，在平凡的工作岗位上不断追求和探索，最终成为一个领域不可或缺的"国宝级"技术人才，书写出一段又一段让国人赞叹的传奇，也为在校大学生的专业技能学习与提升树立了榜样。

高凤林：1962 年出生的高凤林毕业于第七机械工业部第一研究院 211 厂技工学校焊接专业，毕业后从车间工人干起，在工作中大胆探索和采用新工艺，突破理论禁区，创造性地解决了诸多技术难题，为我国大飞机制造、探月工程等航空航天事业做出了突出贡献，是全国劳动模范和全国五一劳动奖章获得者，是全国道德模范和全国技术能手，也是中华技能大奖和中国质量奖获奖者，被誉为"发动机焊接第一人"，2019 年荣获"最美奋斗者"个人称号。

管延安：1977 年出生的管延安从 18 岁起就跟着师父学习钳工，工作中好学、专注，干一行，爱一行，钻一行，二十多年的勤学苦练让他掌握了各门钳工工艺，先后参与了青岛北海船厂、前湾港、港珠澳大桥等大型工程建设。其中在港珠澳大桥建设中，面对 33 节巨型沉管，他拧过 60 多万颗螺丝，创下了 5 年零失误的深海奇迹，因其精湛的操作技艺被誉为中国"深海钳工"第一人。

周东红：1967 年出生的周东红是中国宣纸股份有限公司一名职工，做事用心且有毅力，每天至少在纸槽边站立 12 小时以上，传承宣纸绝活，日积月累练就了一身扎实的基本功，30 年来始终保持着成品率 100% 的纪录。多次参加捞纸帘床材料寻找、捞纸机械划槽、纸药桶替换等技术革新和宣纸邮票纸等试制生产，赋予了传承千年的宣纸技艺新的时代价值。荣获首届大国工匠、全国劳动模范、全国最美职工、中国好人、2016 年度心动安徽·最美人物等称号。

马荣：1978 年，16 岁的马荣考入北京国营 541 厂技校美术班，在一堂特殊的"课外课"——参观制作人民币的核心部门雕刻设计室后，进入人民币雕刻这个在保密状态下"默默无闻"的专业学习。凡事追求完美的马荣凭着一股韧劲默默伏案，艰辛劳作，反复练习，绘画和设计功底、制作和雕刻技艺不断提升，最终成为一位技艺超群的高级工艺美术师、第五套人民币毛泽东主席肖像的原版雕刻者、我国第一位雕刻人民币主景人像的女雕刻家。

李万君：1968年出生的李万君毕业于长春客车厂职业高中，而后进入客车厂焊接车间工作，从一名普通焊工起步，不仅吃苦耐劳，勤奋好学，而且对自己要求严格，对每一次操作都努力做到精益求精，终于练就一身绝技，成为我国高铁焊接专家、"中国第一代高铁工人"中的杰出代表、高铁战线的"杰出工匠"，被誉为"工人院士""高铁焊接大师"，用实际行动和精湛技艺圆了自己"技能报国"的夙愿。

除了以上几位，在各行各业不断追求卓越的"大国工匠"还有许许多多。创造了打磨过的零件100%合格惊人纪录的胡双钱、焊接质量百分百保障的张冬伟、CRH380A首席研磨师宁允展、全中国唯一能实现钳工装配精密度达到"丝"级的技师顾秋亮、二十多年如一日坚守在工程建设一线的隧道爆破高级技师彭祥华、仅靠右手练就一身电焊绝活的残疾焊接工人卢仁峰、手工打制渔船滴水不漏的排船师傅张兴华、让历史瑰宝双马驮钟再度惊艳于世的王津、利用拓印技术让历史经典变得灵动可亲的李仁清、秦始皇帝陵博物院文物修复师马宇、加工精度逼近零公差的方文墨……宝剑锋从磨砺出，梅花香自苦寒来。这群人文化不同，年龄有别，但都拥有一个共同的闪光点——热爱本职、敬业奉献。他们技艺精湛，令人叹服。他们之所以能够匠心筑梦，凭的是传承和钻研，靠的是专注与磨砺。

这些让人敬仰叹服的"大国工匠"，用他们的感人故事和生动实践告诫我们，只有那些热爱本职、脚踏实地、勤勤恳恳、兢兢业业，尽职尽责、精益求精的人，才能成就一番惊世伟业，也才能拓展自己的人生价值。问渠那得清如许，为有源头活水来。人的心灵深处一旦有了源源流淌的活水，便有了创业创造、建功建树的不竭源泉。"大国工匠"们的爱岗精神和敬业自觉把职业道德和情感良心托举到了头顶，真正实现了满足社会需求与实现个人价值的有机统一，是每一位大学生专业学习的榜样、职业生涯的偶像。

> **小实践**
>
> 　　大国工匠们用自己精湛的技艺回报着社会，每一位大学生在钦佩之余也都该积极行动起来。这学期，让我们以宿舍为单位，各自设计一个"用所学专业服务校园"的集体活动吧！

思考题

1. 上大学期间要不要走出校门去兼职？
2. 大学专业课，究竟是学理论还是学技能？
3. 是什么力量支撑大国工匠们在一件事情上精益求精？

延伸阅读

1. 黄征宇，《终身学习：哈佛毕业后的六堂课》，中国大百科全书出版社，2018 年
2. 俞敏洪，《愿你的青春不负梦想》，湖南文艺出版社，2017 年

新时代
大学生劳动
教育

第四章

大学生
与创造性劳动

> 大力宣传辛勤劳动、诚实劳动、创造性劳动的典型人物和事迹，弘扬劳动光荣、创造伟大的主旋律。
> ——《中共中央 国务院关于全面加强新时代大中小学劳动教育的意见》

劳动光荣，创造伟大

劳动创造历史，奋斗成就梦想。劳动既创造了辉煌的历史，也创造了丰满的现实。尽管随着时代的前进和社会的发展，劳动技术在不断发展，劳动方式在不断改变，劳动内容也在不断丰富，但是劳动光荣、创造伟大的价值导向并没有改变。作为社会中最富活力、最具创造性的人群，一些优秀的青年大学生正在通过自己的创新性思维和创造性劳动，实现自己的人生价值。

"80 后"大学生吴迪在校学习期间就萌生了创业的想法。在 2008 年的暑假，吴迪回洛阳老家同家人一起到农家乐度假时，偶然吃到了一种皮薄肉甜的西瓜，甘甜可口，售价 10 元一斤，如果没有提前预订根本买不到这种西瓜。这让吴迪眼前一亮，找到了创业的方向。于是本科毕业后他回到家乡洛阳，和同学拿着 10 万元启动资金走上了种植西瓜的创业路。在创业的开始阶段，由于缺乏技术和经验，西瓜在种植和销路上接连出岔，吴迪不仅赔光了"家当"，还背负上了巨额债务。但是创业初期的失败并没有让吴迪放弃，而是让他对农业产生了敬畏，也对农业种植技术有了更加深入的思考。通过聘请当地知名的农艺师担任农场的技术总监，不断改进种植技术，吴迪终于获得了成功，40个大棚的高品质西瓜卖了近200万元。

初尝成功的吴迪并没有就此止步。2013年他进一步把园区面积扩大到500亩，并引进优质的黄梨和石榴品种，创办了"乐活自然园连锁农场"，还在淘宝开起了水果网店，将线上销售和线下体验结合起来。近年又先后投入200多万元打造"智慧农业4.0"体系，通过互联网技术进行生产管理和数据分析，采用物联网技术进行生产监督和数据采集，保障了农业生产过程中的标准化操作流程，降低了生产操作技术难度。管理者通过一个手机就能控制整个农场，真正实现了智能化生产高品质果蔬。

如今，吴迪主持和参与省市科技项目10余个，申请国家专利50余项，成立"小康农民讲习所"，开展职业农民培训，累计培训农民5万余人次，让20万农户感受到农业科技的便利。他探索的"职业农民+扶贫"模式在南阳、商丘、焦作、长春等地开花结果，带动当地11500余人创业、就业，创业土地规模达5万余亩。未来吴迪计划进一步扩大数字农业应用领域和职业农民培训范围，帮助更多农业经营主体为乡村振兴服务，为中国农业崛起作贡献。

习近平总书记指出，"广大青年一定要勇于创新创造。创新是民族进步的灵魂，是一个国家兴旺发达的不竭源泉，也是中华民族最深沉的民族禀赋，正所谓'苟日新，日日新，又日新'。生活从不眷顾因循守旧、满足现状者，从不等待不思进取、坐享其成者，而是将更多机遇留给善于和勇于创新的人们。青年是社会上最富活力、最具创造性的群体，理应走在创新创造前列。"[一] 本章将从创造性劳动的概

[一] 中共中央文献研究室. 十八大以来重要文献选编：上 [M]. 北京：中央文献出版社，2014：279.

念出发,全面回答什么是创造性劳动、创造性劳动能力包括哪些内容,以及当代大学生应如何培育和提高创造性劳动能力。

第一节 / 创造性劳动内涵

> 劳动是生产的主要因素,是"财富的源泉",是人的自由活动。
> ——恩格斯

在《辞海》中,"创造"被解释为"首创前所未有的事物"[一]。在《现代汉语词典》里,"创造"的意思是"想出新办法、建立新理论、做出新的成绩或东西。"《简明不列颠百科全书》(*The New Encyclopedia Britannica*)则把"创造力"(Creativity)概括为"创新的能力"[二]。那么,到底什么是创造性劳动? 创造性劳动具有什么特点? 我们在工作与生活中的劳动哪些属于创造性劳动? 本节我们将从人类劳动的一般特点出发探索创造性劳动的内涵、特点与类型。

一、劳动的创造性与创造性的劳动

马克思在《资本论》中对劳动进行了如下界定:"劳动首先是人和自然之间的过程,是人以自身的活动来引起、调整和控制人和自然之间的物质变换的过程。人自身作为一种自然力与自然物质相对立。为了在对自身生活有用的形式上占有自然物质,人就使他身上的自然力——臂和腿、头和手运动起来。当他通过这种运动作用于他身外的

[一] 辞海编辑委员会. 辞海 [M]. 上海: 上海辞书出版社, 1980: 183.
[二] 美国不列颠百科全书公司. 简明不列颠百科全书: 第 2 卷 [M]. 北京: 中国大百科全书出版社, 1985: 311.

自然并改变自然时，也就同时改变了他自身的自然。他使自身的自然中蕴藏着的潜力发挥出来，并且使这种力的活动受他自己控制。"㊀劳动作为人类能动的实践活动，不仅通过生活资料的生产从物质上保证了人类的生存与发展，而且在劳动的实践过程中推动了人类智力的发展，增强了人类从事物质生产活动的能力。正如马克思所言："劳动是积极的、创造性的活动。"㊁劳动过程中蕴含的智慧性和创造性是人类劳动的本质特征。

1. 劳动的创造性

劳动起因于人类生存发展对物质产品的需要，是人类通过付出体力、脑力以获取物质生活资料的活动。人类在劳动过程中能动地改变他所生活的自然条件与环境，使之按照人的意志发生变化，以适应人类生存、发展对物质产品的需要。因此，人类劳动与动物本能的区别就在于劳动是人类为改变外部环境、适应自身物质生活需要而进行的有目的、有意识的活动。尽管动物可以做出一些类似人的活动，但是这些行为并不是它们的意志所为，而是在周围环境的刺激和逼迫下本能的生存竞争。人类劳动起源于制造工具，在劳动过程中，人的意识始终起着支配作用，各类生产工具从无到有的制造过程充分体现了人类劳动的创造性。人们在生产实践中与自然界接触，产生了对自然的认识，这种认识经过感性认识上升至理性认识，理性认识再应用于实践，经过这个过程的反复，人们对自然规律的把握和运用能力逐步提高，劳动的创造性也不断提升，这使人类自身蕴含的自然力能够以多

㊀ 中共中央马克思恩格斯列宁斯大林著作编译局. 马克思恩格斯文集：第5卷 [M]. 北京：人民出版社，2009：207-208.
㊁ 中共中央马克思恩格斯列宁斯大林著作编译局. 马克思恩格斯全集：第30卷 [M]. 北京：人民出版社，1995：618.

样的方式改变外部环境,促进劳动生产率提高和产品种类的丰富,不断满足人们各方面的需要。此外,人类通过劳动还增加了彼此之间的联系与协作,促进了人们的交往,形成了人们之间的社会关系。人类社会就是在劳动实践中不断向前发展进步的。正如恩格斯所说:"劳动是整个人类生活的第一个基本条件,而且达到这样的程度,以致我们在某种意义上不得不说:劳动创造了人本身。"[1]可见,作为人类劳动的核心特征,创造性反映了人类劳动的本质特征。

2. 创造性的劳动

虽然人类劳动具有创造性的一般特征,但并不是所有的劳动都可以称为创造性劳动。劳动产品是人类劳动的物化,是人类通过劳动对自然物质进行改造或创造的结果。根据劳动产品是否是先前已经存在的,我们可以将劳动划分为重复性劳动和创造性劳动。如果说重复性劳动或模仿性劳动的本质特征在于复制和生产人类已有或部分已有使用价值,那么创造性劳动的独特性在于认识和掌握未知或部分未知事物,发现、发明和创造人类未有或部分未有新质使用价值[2]。因此,重复性劳动的成果主要是人类已有或部分已有使用价值,表现为劳动成果的量的积累。而创造性劳动更多强调的是一个从无到有的过程,是通过人类体力和脑力的消耗最终创造或改进某种产品、技术、方法、思想、理论的过程,主要表现为劳动成果的质的突破。创造性劳动的成果不仅包括物质财富的创造,例如有形的物质产品,如指南针、电话机、内燃机、青霉素、计算机等物品的发明创造;也包括精神财富的创造,如文学家的文学作品、音乐家的音乐作品、爱因斯坦

---

[1] 中共中央马克斯恩格斯列宁斯大林著作编译局.马克思恩格斯文集:第9卷[M].北京:人民出版社,2009:550.

[2] 赵培兴.创新劳动价值论——论超常价值[M].北京:人民出版社,2014:52.

提出的相对论、马克思提出的剩余价值论等。创造性劳动的成果还包括社会组织的创造，如不同的社会制度、不同的公司制度等。我国当前国有企业实行的混合所有制改革，通过引入国内民营资本和外资参与国有企业改组改革，打破股权结构限制，进一步优化国有企业股权结构，建立健全现代企业制度，促进了生产力的发展，这就表现为一种社会组织的创造。

3. 创造性劳动与重复性劳动

从劳动的一般意义上来看，创造性劳动和重复性劳动都是人类体力和脑力支出的过程，人类劳动的任何具体形态都要靠体力、脑力的支出来实现。在抽象劳动的形态上，无论是生产人类已有或部分已有使用价值的重复性劳动，还是生产人类未有或部分未有新质使用价值的创造性劳动，不同使用价值生产的劳动具体形态已经被抽去，留下的是人类劳动共同的、无差别的性质⊖。从劳动可以分为具体劳动和抽象劳动的二重性来看，正是在生产劳动中一般的、无差别的人类劳动凝结形成了商品价值。在劳动的抽象形式上，创造性劳动与重复性劳动没有质的差别，只有量的差别。马克思对此指出，"就使用价值说，有意义的只是商品中包含的劳动的质，就价值量说，有意义的只是商品中包含的劳动的量，不过这种劳动已经化为没有质的区别的人类劳动。在前一种情况下，是怎样劳动、什么劳动的问题；在后一种情况下，是劳动多少、劳动时间多长的问题。"⊜由此可见，不管生产的是已有使用价值还是新质使用价值，在人类社会生产生活的过程中，创造性劳动和重复性劳动作为抽象劳动，都能够创造新价值，是

⊖ 张俊山. 政治经济学——当代视角 [M]. 北京：清华大学出版社，2015：87.
⊜ 马克思. 资本论：第 1 卷 [M]. 北京：人民出版社，2004：59.

价值的唯一源泉。因此，从这个意义上来说，重复性劳动和创造性劳动都是创造财富的劳动，没有高低贵贱之分，任何一份职业都很光荣。不能认为从事复杂的、以脑力劳动为主的创造性劳动就比一些重复性简单体力劳动更为重要。习近平总书记多次强调，"一切劳动，无论是体力劳动还是脑力劳动，都值得尊重和鼓励""任何时候任何人都不能看不起普通劳动者"。这些普通劳动者在平凡的岗位上，勤勤恳恳、任劳任怨，默默无闻地奉献着自己的智慧和汗水，对社会发展、时代进步、国家富强所作的贡献、发挥的作用同样不容忽视，同样值得全社会尊敬。

二、创造性劳动的特点

创造性劳动通过人类体力和脑力的消耗创造出无数种类的前所未有的使用价值，满足人们各方面的需要。作为一种特殊的人类劳动形态，创造性劳动既具有人类劳动的一般特点，同时又具有其独特性。

1. 能动性

劳动是人类所特有的活动，是一种有目的、有意识的能动活动。无论是创造性劳动还是重复性劳动，都是人类独具的主观能动性的表现。人的意识始终在劳动过程中起着支配作用，正是人的思维和意识使劳动表现为不同的形态。马克思在《资本论》中指出："我们要考察的是专属于人的劳动。蜘蛛的活动与织工的活动相似，蜜蜂建筑蜂房的本领使人间的许多建筑师感到惭愧。但是，最蹩脚的建筑师从一开始就比最灵巧的蜜蜂高明的地方，是他在用蜂蜡建筑蜂房以前，已经在自己的头脑中把它建成了……他不仅使自然物发生形式变化，同时他还在自然物中实现自己的目的。"⊖因此，做什么、怎么做是在劳动之前和在劳动过程中由人的思维和主观意识决定的。创造性劳动来自人类思维的创造性，重复性劳动或模仿性劳动来自人类思维的重复性和模仿性。创造性思维决定了创造性劳动，培养和锻炼创造性思维方式对于能否进行创造性劳动至关重要。

2. 对象性

劳动过程是一个劳动者充分发挥主观能动性、借助劳动资料将自己的劳动传导到劳动对象上的过程。在劳动过程中，劳动者处于主动地位，对劳动过程起着主导和推动作用。劳动对象则是劳动过程的客体，在劳动过程中转化为满足人们各种需要的属性的物，也就是劳动产品，体现了劳动的对象性，是对象化的知识力量。"自然界没有造出任何机器，没有造出机车、铁路、电报、自动走锭精纺机等等。它们是人的产业劳动的产物……是人的手创造出来的人脑的器官。"⊖劳动产品作为物化劳动的形式，满足人们需要的属性表现为它们的有用性，这种有用性就是劳动产品的使用价值。创造性劳动的本质特征就表现为在创造性思维的主导下生产和创造出前所未有的新的使用价值的过程。

3. 实践性

创造性劳动是在劳动实践中完成的，在劳动实践中才能使创造性劳动的主观能动性和客观对象性相结合转化为有用的劳动产品。如果空有创造性的思维或者创造性的灵感，并没有付诸实践使其通过创

⊖ 中共中央马克思恩格斯列宁斯大林著作编译局. 马克思恩格斯全集：第23卷 [M]. 北京：人民出版社，1972：202.
⊖ 中共中央马克思恩格斯列宁斯大林著作编译局. 马克思恩格斯全集：第8卷 [M]. 北京：人民出版社，2009：197.

性劳动过程转化为劳动成果，就不能将其称之为创造性劳动。光有想法没有行动永远都是空中楼阁，离开了创造性劳动的实践过程，再好的想法与灵感也无法转化为有用的劳动产品。因此，只有仰望星空与脚踏实地并存者才能走得到远方。只有通过在做中学、做中思、做中行，做到知行合一，才能实现理论与实践相统一，才能在劳动实践的过程中提高大学生的知识水平和创造性劳动的能力与素养。

4. 累积性

通过创造性劳动生产和创造出新的使用价值并不是一蹴而就的，而是一个不断重复、循环累积的过程。例如，爱迪生发明电灯、居里夫人发现放射性元素镭、弗莱明发现青霉素的过程无一不是在实验室进行过无数次重复性实验的结果。只有在不断重复的过程中才能发现更好的方法和路径，最后创造出新的产品、技术、方法或者理论。如果说创造性劳动更多地表现为劳动产品的质的突破，重复性劳动表现为劳动产品的量的积累，那么重复性劳动是创造性劳动的基础，没有重复性劳动的量的积累就没有创造性劳动的质的突破。可见，创造性劳动是一个由简单到复杂、由低级到高级的过程，也是一个在重复性劳动和模仿性劳动过程中不断积累创造性因素的基础上实现创造的发展过程。

三、创造性劳动的类型

人类进行劳动首先是源于自身物质生活的需要。人们通过劳动改造自然，以便生产出生活所需的各种物质产品。随着科学技术进步和社会分工不断深化，劳动生产力的提高使生产过程中的剩余产品不断增加，因而可以使一部分社会成员脱离生产劳动，去从事物质生产以外的各种活动，例如认识自然规律及运用自然规律的科技活动、传播知识和启迪智慧的教育活动、获得以及维护人类健康的医疗活动等。因此，根据人类劳动形式的历史逻辑演变，可以将创造性劳动划分为创造性生产劳动和创造性非生产劳动两种类型。

1. 创造性生产劳动

生产性劳动是其他各种劳动的基础。正是生产性劳动创造的物质财富为其他形式的劳动提供了物质基础。创造性劳动包括创造和形成新的产品，例如福耀集团生产出的各种超紫外线隔绝玻璃、HUD 抬头显示玻璃、钢化夹层隔音车窗玻璃、可随意切换光线的调光玻璃等。创造性劳动还包括在生产过程中对生产工艺的改进和突破，如对生产工艺流程、加工技术、操作方法、生产技术装备等方面的生产技术的开发和改进。

女工黄金娟通过创造性劳动完成的"电能表智能化计量检定技术与应用"项目成果获得了 2017 年国家科学技术进步奖二等奖，成为首位摘得国家科技进步奖的女性技术工人。这一成果广泛应用于电力能源基础领域，攻克了传统电能表人工检定效率低下、质量控制困难等难关，首创了电能表计量检定智能化作业工法。黄金娟发明的同步接拆、新型封印、智能移载 3 项技术，创建了电能表检定节拍测算工具与质量溯源方法，实现了电能表计量检定由人工作业向智能化作业的变革，使工作效率提升了 58 倍。39 岁的我国最年轻大国工匠洪家光带领团队研发的"航空发动机叶片磨削用滚轮精密制造技术"通过发明多因素耦合振动消减方法、超厚阴模高精度车削方法等，使叶片滚轮精密磨削精度提高至 0.005mm，合格率由 78% 提高至 92.1%，为国家新型战机、大飞机提供了关键技术支撑。这些工作在生产一线的技术工人通过他们的创造性劳动在推动技术创新、加快产业转型升级、提高企业竞争力等方面作出了重要贡献。

2. 创造性非生产劳动

创造性非生产劳动包括文化、艺术、科学、教育、医疗、社会管理等不同形式劳动。例如，创造性科研劳动是人们有目的、有计划、有意识地在已有认识的基础上，运用科学研究的方法，探索自然现象和社会现象的规律的认识过程。科学研究的英文单词是 research，从其构成上可以发现，就是反复（re-）探索（search），以求得对事物的真知。例如"杂交水稻之父"袁隆平将自己一生中的时间和精力都放在了杂交水稻上，通过创造性劳动发明的杂交水稻让世界水稻产量得到大幅度提高，为粮食大面积增产发挥了重要作用，取得了巨大的经济效益和社会效益，为解决中国的温饱问题作出了卓越贡献。药学家、抗疟药青蒿素和双氢青蒿素的发现者屠呦呦创造性劳动创建的低温提取青蒿抗疟有效部位的方法，成为青蒿素发现的关键性突破。青蒿素的发现标志着人类抗疟药物发展的新方向，挽救了约 590 万名儿童的生命，她也因此获得 2015 年诺贝尔生理学或医学奖。

创造性艺术劳动则展现了人类在身体、智慧以及精神方面的发展追求。创造性艺术劳动尽管不像物质生产活动那样作为人类生存、发展的手段而存在，但却作为人类本质体现的目的而存在。例如，意大利著名画家列奥纳多·达·芬奇创作的油画《蒙娜丽莎》，我国北宋画家张择端创作的《清明上河图》，德国著名音乐家贝多芬创作的《c 小调第五交响曲》《d 小调第九交响曲》《升 c 小调第十四钢琴奏鸣曲》《降 E 大调第三交响曲》等作品，还有一些文学家通过创造性劳动创作的文学作品等都是人类创造性劳动的物化形式。

第二节 / 创造性劳动能力与方法

> 劳动，不仅仅意味着实际能力和技巧，而且首先意味着智力的发展，意味着思维和语言的修养。
>
> ——苏霍姆林斯基

当今世界正处在大发展、大变革、大调整时期，创新创造能力成为综合国力竞争的决定性要素，也是衡量一个国家核心竞争力的基本标志。中共中央、国务院发布的《关于全面加强新时代大中小学劳动教育的意见》明确提出："强化诚实合法劳动意识，培养科学精神，提高创造性劳动能力。"培养和提高创造性劳动能力不仅是实现中华民族伟大复兴的战略抉择，同时也是大学生自身成长成才的内在需要。创造性劳动能力是在学习工作中逐步养成，在劳动实践中表现和发展起来，对促进创造成果的产生起导向和决定作用的大脑思维能力和劳动实践能力的综合体现，也就是在劳动过程中发现和解决新问题、提出新设想、创造新事物的能力。创造性劳动能力主要包括创造性劳动意识、创造性劳动思维、创造性劳动知识三个维度。

一、创造性劳动意识

创造性劳动意识是根据社会和个体生活发展的需要，发现、发明和创造人类未有或部分未有新质使用价值的动机，并在劳动过程中力求产生创造性劳动成果的思想观念。创造性劳动意识是创造性劳动的出发点和内在动力，在劳动实践过程中体现为一种求新求变和求真求实的意识。

1. 主观能动的意识

创造性劳动意识包括创造性劳动的动机、意向和期望。动机是引起思考或行为的直接原因,动机的产生与人的期望有关;期望是人们希望达到的目标或满足需求的心理活动,期望一旦成为驱使人们行动的力量,就会形成动机,成为推动人们进行某种活动的强大动力。人们根据社会和个体发展的需要,引起创造动机,表现出进行创造性劳动的意向和期望,这种创造意向和愿望就是创造性劳动意识。劳动是人类有目的、有意识的能动活动,是一个主观见之于客观的过程。人与动物的根本区别就在于主观能动性。人们在认识世界、改造世界中,总是抱有一定的目的和动机去行动。蜜蜂筑巢、蜘蛛织网的行为看似有某种预定的目标和计划,实则是一种动物本能的活动。人类的劳动形式无论是创造性劳动还是重复性劳动,都源于人类的主观意识。

2. 求新求变的意识

创造性劳动是一个从无到有的过程,是不断推陈出新、破旧立新的过程。进行创造性劳动,要努力培养和形成一种求新求变意识,要有意识地抛开头脑中以往思考类似问题所形成的思维定式,排除以往的思维模式对寻求新的设想的束缚,勇于对传统的观点和固化的模式提出挑战和质疑。古训有"木秀于林,风必摧之",民谚有"枪打出头鸟"等,这使我们往往缺乏一种创造的内在冲动。因此培养创造性劳动意识,就是要培养和形成一种敢于抛弃旧观念和旧事物、不断追求新知识、勇于创造新观念和新事物的意识。

3. 求真求实的意识

创造性劳动是生产和创造出前所未有的新的使用价值的过程。要使创造性劳动成果具有使用价值，就要尊重客观规律。规律是客观的，它是不以人的意志为转移的，既不能被创造，也不能被消灭。寻找和发现事物客观规律，按照规律办事，就是求真求实的过程。一方面，创造性劳动只有符合客观规律和需要，才能转化为创造性劳动成果，成为推动自然和社会发展的动力。另一方面，求真求实本身就是进行创造性劳动的过程。例如，科学研究活动作为一种创造性劳动，主要目的就是认识世界、寻找客观世界的内在规律，也即通常所说的追求真理的过程。

二、创造性劳动思维

思维是人脑对客观事物概括的、间接的反映。思就是思考，维表示方向，思维可以理解为沿着一定方向进行思考。创造性劳动思维是人们从事创造性劳动时大脑中发生的思维活动。不同于常规思维，创造性劳动思维是人类认知新领域、开创人类认知新成果的思维活动，是以感知、记忆、思考、联想、理解等能力为基础，以综合性、探索性和求新性为特征的高级心理活动。创造性劳动思维具有独创性、灵活性、非逻辑性和不确定性等特点。

1. 独创性

创造性劳动思维往往需要打破常规思维形成的思维定式，能从多角度、多侧面、多层次、多结构去思考，通过独特、新颖的思维过程发现和创造新事物，既不受现有知识的限制，也不受传统方法的束缚。这意味着创造性劳动思维要用新的思考程序和思考步骤进行试探和尝试。同物理学中的惯性一样，人的大脑思维也存在着思维惯性。一旦沿着一定的方向、按照一定的次序长期思考某一问题，当再次碰到相同或类似的问题时,还是会沿着上次思考的方向或次序去思考,从而形成一种相对固定的思维模式,即思维定式。思维定式尽管可以帮助人们利用已有的方法快速解决问题或形成良好的秩序,如遵守交通规则和按次序排队等。但是,思维定式会将人的思维方式局限在已知的、常规的解决方案上,促使人们沿着思维惯性的方向去行动,从而阻碍了创造性劳动的产生。正如法国心理学家贝尔纳所说,"构成人们学习的最大障碍,并不是未知的东西,而是已知的东西"。因此,创造性思维的首要特点就是独创性,要突破已有的思维定式,或者在思路的选择上,或者在思考的技巧上,或者在思维的结论上,具有前所未有的独到之处,具有一定范围内的首创性、开拓性。

2. 灵活性

创造性劳动思维并无现成的思维方法和程序可循,所以它的方式、方法、程序、途径等都没有固定的框架。创造性思维活动在考虑问题时能够迅速地从一个思路转向另一个思路,能够变换视角看待同一问题,可以根据不同的对象和条件,具体情况具体对待,灵活应用各种思维方式,多方位地探究解决问题的办法,因此创造性思维活动就表现出不同的结果或不同的方法、技巧。例如,人们印象中的咖啡厅一般都被界定为一个休闲的场所,在星巴克等咖啡品牌的引领下,咖啡厅以白领第三空间的形象出现在市场竞争格局中,体验、休闲、社交是咖啡厅的固有形象。因此,大多数咖啡厅通常都是环境很好,空间很大,很有小资情调和风格。但是在上海的南阳路上有一家只有2平方米空间的咖啡店——Manner Coffee,店中不设座位,只卖外带咖啡。尽管空间狭小,但是这家咖啡店售卖咖啡的口味一点不比品牌咖啡店差,而且种类齐全,小小的窗口每天都排起长长的队伍,每月收入超过10万元。Manner Coffee的不同之处就在于性价比,在这里小杯的拿铁只要 15 元，大杯 20 元，这个价格比附近的咖啡店便宜了 50% 左右，但品质却一点都不差，通过转变传统咖啡店的经营思路，Manner Coffee 取得了成功，成为了上海的一家网红咖啡店。

3. 非逻辑性

创造性思维活动是一种开放的、灵活多变的思维活动。它的发生伴随有"直觉""灵感""顿悟"之类的非逻辑思维活动，往往因人而异、因时而异、因问题和对象而异，所以创造性思维活动具有极大的特殊性、随机性。人类关于创造性劳动思维和创造性劳动的成功范例验证了"灵感""顿悟"等非逻辑思维活动在创造性劳动思维中的不可替代性。只有捕捉灵感、实现顿悟，创造性劳动才能实现前所未有的突破。例如，牛顿发现和提出万有引力定律，就是由苹果落地这一现象引发的灵感及其在此基础上顿悟开始突破的。但需要注意的是，创造性思维的过程，一般既包含逻辑思维，又包含非逻辑思维，是两者相结合的过程。为何只有牛顿看到苹果落地才突发灵感提出万有引力定律呢？原因在于牛顿在此前已经深入学习、研究了伽利略关于潮汐现象和地球运动的思想，并受到开普勒行星运动三定律的启发，而且观察和思考了很多反映地球引力的现象，才能够对苹果落地的现象产生深刻的感悟，并在这种灵感的基础上通过多年的研究完成万有引力定律的发现和概括。

4. 不确定性

创造性思维活动从现实的活动和客体出发，但它的指向不是现存的客体，而是一个潜在的、尚未被认识和实践的对象。创造性思维的对象或者是刚刚进入人类的实践范围、尚未被人类所认识的客体，人们只能猜测它的存在状况，或者是人们虽然对其有了一定的认识，但认识尚不完全，还可以从深度和广度上加以进一步认识的客体，这两类客体无疑带有潜在性。由于创造性思维活动是一种探索未知的活动，因此要受着多种因素的限制和影响，如事物发展及其本质暴露的程度、实践的条件与水平、认识的水平与能力等，这就决定了创造性思维并不是每次都能取得成功，甚至有可能毫无成效或者作出错误的结论。例如100多年前，美国莱特兄弟提出要造飞机。比空气重的东西要飘在空气上，这是不是可行？在当时的知识条件下，也是不确定的。第二次世界大战期间，美国要研制核武器。核裂变能不能产生那么大的能量爆炸？这在当时也是不知道的，只有在新墨西哥实验成功之后，才能说这是可能的。同样，以iPhone手机为例，当乔布斯提出要用多点触控技术来替代键盘时，这个技术也是高度不确定的，包括苹果公司的技术专家都不看好，但最终iPhone手机取得了成功。

三、创造性劳动知识

知识是思维能力的重要组成部分，是人们在实践过程中积累起来的认识成果，人们运用和处理这些知识和信息时所组织起来的思想活动便是思维。因而可以说，知识是人类思维活动的基础和质料，不同内容、不同层次、不同形式的知识通过人的思维相互结合、协同、补充抑或对立、排斥、分离，形成了各个领域、各个时代的新知识、新理论。创造性劳动与简单的重复性劳动不同，在创造新产品、新技术、新方法、新思想或新理论的过程中必然要以掌握一定的知识为基础，通过对已有知识进行消化、吸收、加工，从而创造出前所未有的新使用价值。创造性劳动的完成绝非偶然，人的创造性劳动思维总是需要知识积累到一定程度才可能发生。如果对于事物只有些片面了解，支离破碎的知识将很难提供出创新思维的条件，可见创造性劳动必须建立在一定的知识积淀的基础上。

"知识创造理论之父"野中郁次郎将知识分成显性知识（Explicit Knowledge）和隐性知识（Implicit Knowledge）两种类型。显性知识指的是能够明确用数字、语言、图表和实物等加以表达或传播的知识，可以通过口头传授、教科书、参考资料、期刊、专利文献、视听媒体、软件和数据库等方式获取。大学生在校学习过程就是一个相关专业显性知识的获取和接收过程。隐性知识或默会知识指的是一种主观的看法或情感，难以从具体情境中剥离出来，是一种不能被编码的知识，只有通过非正式的学习行为和程序来获得。野中郁次郎认为，显性知识和隐性知识共同组成了知识的共同体，彼此不断地碰撞从而产生新的知识。创造性劳动过程就是一个通过隐性知识和显性知识二者之间的互相作用、互相转化而形成的螺旋上升的知识转化和知识创新过程，即 SECI（Socialization、Externalization、Combination、Internalization 的缩写）知识螺旋模型。

1. 社会化阶段

社会化是将共享经验转化为隐性知识的方式，是隐性知识转化为隐性知识的方法。在社会化阶段，个体通过观察和对话交流，直接从他人那里获取新知识，实现了隐性知识从一个主体向另一主体的传播。知识的不同类型决定了它被创造和传播的成本以及难易程度。显性知识可以通过有形的形式或某种方法来实现传播。相比较而言，隐性知识创造和传播的成本和难度则更高。隐性知识一般需要大量的时间来获得，但也可以通过"干中学"的方式来获取。隐性知识的传播一般需要一个社会化和学习的过程。例如，在劳动实践过程中，学徒们在和师父一起工作时，凭借直接的观察、模仿和练习学习各种技艺就是一个隐性知识学习的过程。

2. 外部化阶段

外部化阶段是将隐性知识表述为显性概念的过程，是对认识与发现本质的概括。通过类比、隐喻、假设或模型等形式将隐性知识外显化，转化为容易理解和接受的形式。将隐性知识转化为显性知识是典型的创造性劳动过程。人们将自己的经验、知识转化为语言可以描述的内容，是从感性知识提升为理性知识，将经验转变为概念的过程。例如，佳能公司开发微型复印机就是隐性知识外显化的典范。该产品的攻关小组负责人田中宏有一天在喝完一听易拉罐啤酒后，脑中突然想出是否可以用铝罐来制造复印机的感光滚筒，于是立即让小组成员对此展开研究，并最终发现了以低成本制造铝质感光滚筒的工艺技术，由此诞生了一次性的感光滚筒。

3. 组合化阶段

组合化阶段是将各种概念进行连接和系统化，是一个建立重复利用知识体系的过程。组合化是显性知识转化为显性知识的方法，主要是信息采集、组织、管理、分析和传播。在这一过程中，信息在不断聚合过程中产生新的理念。由于个体知识并不能直接共享，可以进行传递的仅仅是知识中的有关观点和信息。因此他人在接收信息后，要对其进行深入感知、理解和内化，然后才能形成自己的新知识。大学生的课堂和课外学习过程就是一个不断接收和组合显性知识的过程。通过显性知识的学习，逐步构建和完善自身的知识体系，只有对特定事物的知识自成一体以后，才能为创造性劳动提供一个生产新知识的思维空间。如果知识结构不合理、思想僵化、观念陈旧、知识单一，就难以接受新信息，更难以接受和建构新思想。而且知识越多，结构越合理，就越容易使人有能力迅速抓住许多思想，并把较多的思想互相比较，从而提高创造性劳动能力。

4. 内部化阶段

内部化阶段意味着新创造的显性知识又转化为隐性知识，其目的在于实现知识的应用与创新。例如，发现事物运动的新规律或是发明一项新的科技成果，意味着对原有的理论、学说的突破或是对现存的技术、产品的超越，也意味着为现有的知识体系增添了新内容。由于现有的理论、学说等精神性成果和工具、技术、产品等物质性成果，都是人类创造性劳动的产物，而生产和创造这些文明成果的人类思维和实践，必然内化于人脑，积淀为人的思维方式。因此，显性知识隐性化表面上是对现有认识和现存事物的超越，实质上就是对人们现有的思维方式的超越。而这种超越的本质就是根据解决问题的需要，在头脑中对原有的知识、经验、观念、方法等进行新的组合，特别是对现有的知识结构进行优化与重组，经过内部化阶段，创造性劳动能力得到提高，知识管理完成一个基本循环。

四、创造性劳动方法

创造性劳动方法是对前人通过创造性劳动得到创造性成果所运用的各种具体方法和技巧的统称。通过了解和学习创造性劳动方法，我们至少可以了解到创造性劳动可以按照一些具有很强操作性的程序来完成，达到事半功倍的效果。但需要注意的是，创造性劳动不同于重复性劳动的地方就在于没有固定的方法可遵循。正如掌握了作曲方法并不意味着能够写出优美的曲调，学习了语法并不代表能够写出有影响力的文学作品一样，创造性劳动方法只能提供一些创造性劳动的基本原则和可供参考的技巧。只有在掌握了方法的前提下，灵活、熟练地应用这些方法，才能有效地开展和完成创造性劳动。

1. 逆向思维法

逆向思维法是指在常规的逻辑思维过程不能奏效的时候，通过运用不同于常规的逻辑推导进行思考，从而实现创造发明的方法，也就是我们常说的"反其道而行之"。逆向思维并不是主张人们在思考时违逆常规，不受限制地胡思乱想，而是训练一种小概率思维模式，即在思维活动中关注小概率可能性的思维。逆向思维是发现问题、分析问题和解决问题的重要手段，有助于克服思维定式的局限性，是完成创造性劳动的重要方式。例如，法拉第发现电磁感应现象就是逆向思维法的一个典型例子。1821年丹麦的奥斯特发现了通电导线旁会产生磁场，这一发现启发了法拉第，他反过来思考：既然由电可以产生磁场，那么由磁场是不是可以产生电？于是他开始探索由磁产生电的途径，经过10年的艰苦努力，终于在1831年发现了电磁感应定律，为人类大规模地利用电力奠定了坚实的科学基础。

2. 发散思维法

发散思维法是从一个目标或思维起点出发，沿着不同方向，顺应各个角度，提出各种设想，寻找各种途径，解决具体问题的思维方法。发散性思维方法要求我们想得多、想得散、想得奇、想得新。例如，罗马一出版商为售出滞销的书，想尽办法托人给总统看，但总统工作很忙，无暇顾及。再三请求提意见，总统随便说了句："此书甚好。"该出版商马上推出广告词："现有总统评价很高的书出售。"结果积压的书一售而空。另一出版商见状，也用此法，总统被利用了一回，这次说了句："此书很糟。"相应出台的广告词为："兹有总统批评甚烈的书出售。"结果书也很火爆。又一出版商马上也送了一套书给总统,总统这次决心不加理睬,于是,第三个广告词表述为:"现有连总统也难以下结论的书出售。"结果书的销路居然也很好。可见同样的问题运用发散性思维从不同的角度和方向去思考往往会有意想不到的结果出现。

3. 类比法

类比法是在两种以上不同的事物之间找出相同点,或者在看似相同的事物之间找出不同点。类比法是开展和完成创造性劳动的重要方法。正如德国哲学家康德所说:"每当理智缺乏可靠论证的思路时,类比这个方法往往能够指引我们前进。"类比法是一种从特殊到特殊的"由此及彼"的逻辑思维过程,在探索经验不足、资料欠缺和其他方法难以奏效时,运用类比法可能会发现特殊事物之间的联系,而且类比的方法可以进一步具体化为模拟方法。运用类比法取得创造性成果,这样的例子在人类创新创造史上不胜枚举。例如,人们曾模拟海豚的流线型体型和特殊构造的皮肤,设计出具有同样体型和利用橡胶薄膜制作的"海豚皮"潜水艇;数学家莱布尼茨模仿中国"八卦图"原理,建立二进位制数学;澳大利亚悉尼歌剧院以风帆簇拥的造型设计来象征这个港口城市的自由和开放等。这些都是运用类比法成功完成创造性劳动的典型案例。

4. 组合法

组合法就是将两个或两个以上的要素、手段、原理或产品,或几个各自独立的发明等结合成一体,往往会产生新的发明(如新材料、新工艺、新产品、新设备)的一种创造技法。很多创造性劳动成果都是通过组合法实现的。美国阿波罗登月计划总指挥韦伯曾说:"我们所用的技术,都是已有的、现成的,关键在于组合。"组合法包括功能组合、构造组合、成分组合和材料组合等。其中,功能组合就是把不同物品的不同功能、不同用途组合到一个新的物品上,使之具有多种功能和用途。按摩椅就是按摩功能和椅子功能的结合体。构造组合是把两种东西组合在一起,使之有了新的结构并带来新的实用功能。比如,房车就是房屋与汽车的组合,它不仅可以作为交通工具,还可以作为居住的场所。成分组合是将两种成分不相同的物品组合在一起后,构成一种新的产品。比如,柠檬和红茶组合在一起,就成为柠檬茶。材料组合是将不同材料组合在一起,不仅可以改善原物品的功能,还能带来新的经济效益。例如,现在电力工业使用的远距离电缆,内芯用铁制造,而外层则用铜制造,由两种材料组合制成的新电缆,不仅保持了原有材料的优点(铜的导电性能好,铁的硬度高),还大大降低了输电成本。

5. 头脑风暴法

头脑风暴法(Brain Storming),又称智力激励法、BS 法。它是由美国创造学家 A. F. 奥斯本于 1939 年首次提出,后来正式发表的一种激发创造性思维的方法。它以小型会议为组织形式,让所有参加者在愉快的气氛中畅所欲言,自由交换想法或点子,并以此激发与会者创意及灵感,使各种设想在相互碰撞中激起脑海的创造性"风暴"。随着科学技术的进步,创造性劳动日益社会化,创造性劳动的方式也由主要依靠个人的聪明才智发展到依靠集体的智慧,集体智慧在创造性劳动中发挥的作用越来越突出。采用头脑风暴法组织群体决策时,小组人数一般为 10~15 人,最好由不同专业或不同岗位者组成。时间一般为 20~60 分钟,设主持人一名,主持人只主持会议,对设想不作评论。主持人以明确的方式向所有参与者阐明问题,说明会议的规则,尽力创造融洽轻松的会议气氛。主持人一般不发表意见,以免影响会议的自由气氛,而是由专家们"自由"提出尽可能多的方案。

第三节 / 大学生创造性劳动能力的培育

> 在劳力上劳心,是一切发明之母。
> 事事在劳力上劳心,便可得事物之真理。
> 人人在劳力上劳心,便可无废人。
>
> ——陶行知

　　劳动作为人类最基本、最重要的存在方式,既是培养人、塑造人的重要手段,实现人的解放和自由全面发展的根本途径,具有树德、增智、强体、育美的综合育人价值,也是获取知识、积累知识、创新知识并将知识不断系统化的重要手段和根本途径。在实践中,只有将正确的劳动价值观、端正的劳动态度、优良的劳动品德、良好的劳动习惯与从事创造性劳动所必须具备的知识、技术、智力等因素有机结合,才能将劳动技能转化为劳动成果,源源不断地创造财富、产生价值。大学生作为中国特色社会主义事业的建设者和接班人,培育和提高创造性劳动能力首先要确立正确的价值导向,理性地认识自己的专业和未来将要从事的行业与岗位,将自己的需求和社会的发展需要结合起来,在此基础上通过专业知识的学习和实践锻炼不断提升创造性劳动能力。

一、价值引领:树立创造性劳动正确的价值导向

　　习近平总书记在全国教育大会上强调:"要在学生中弘扬劳动精

神,教育引导学生崇尚劳动、尊重劳动,懂得劳动最光荣、劳动最崇高、劳动最伟大、劳动最美丽的道理,长大后能够辛勤劳动、诚实劳动、创造性劳动。"思想决定行动,树立什么样的劳动价值观直接影响着人们对劳动的态度和行为。大学生培养和提升创造性劳动能力,要在学习专业知识的同时逐步理解和形成马克思主义劳动观,树立正确的劳动价值观,厚植热爱劳动、热爱创造的情感态度,培养辛勤劳动、诚实劳动、创造性劳动的优良品德。

1. 树立正确的劳动价值观

劳动价值观是劳动者对劳动的思想认识、根本看法,它直接决定着劳动者的价值判断、情感取向与行为选择,是劳动素养和劳动能力的核心内容。劳动价值观一旦形成,就成为一种"先入为主"的立场和态度,成为一种思维定式和行为倾向,在实践中指导和支配着人的理想信念、价值取向、思想境界、道德操守与行为准则。正如习近平总书记指出:"要树立正确的世界观、人生观、价值观,掌握了这把总钥匙,再来看看社会万象、人生历程,一切是非、正误、主次,一切真假、善恶、美丑,自然就洞若观火、清澈明了,自然就能作出正确判断、作出正确选择。"

大学生培育和提高创造性劳动能力,应结合唯物史观教育和劳动科学知识的学习,充分认识"人民创造历史,劳动开创未来。劳动是推动人类社会进步的根本力量"的真理性意义,真正明白"劳动是财富的源泉,也是幸福的源泉"的道理,真切体验在劳动创造中"把自己的理想同祖国的前途、把自己的人生同民族的命运紧密联系在一起,扎根人民,奉献国家"的幸福感。例如,我国的两弹一星之父邓稼先在从事核武器研究的28年间,从原子弹、氢弹原理的突破和试验成功以及武器化，到新一代武器科研攻关，都作出了巨大贡献。许多重大理论问题和探索性研究工作都是他亲自把关。为了祖国的国防科技事业，他呕心沥血、隐姓埋名，甘当无名英雄。他将自己的智慧、幸福以及生命毫无保留地献给了中国的国防事业。他与老一辈科研工作者们为世人留下了一座永恒的精神丰碑。正是在这样的劳动价值观的指引下，无数的科研工作者自觉把个人理想与祖国命运、个人志向与民族复兴紧紧联系起来，把爱国之情、报国之志融入建设祖国的伟大事业中，融入人民创造历史伟业的伟大奋斗中，真正实现了创造性劳动的价值。

2. 厚植真挚情感

劳动情感态度是劳动者的个性心理特征的反应，是个体在一定劳动价值观支配下、在长期劳动情感体验基础上形成的一种相对稳定的对待劳动的心理倾向。新时代劳动情感态度教育既要强调热爱劳动、勤于劳动，又要强调热爱创造、善于劳动。因为热爱劳动、热爱创造是立业为人的根本，是实干兴邦的基石，更是富民强国的动力。大学生培育热爱劳动、热爱创造的情感态度，一方面要培养热爱劳动者的真挚情感，真正做到"任何时候任何人都不能看不起普通劳动者，都不能贪图不劳而获的生活"；另一方面要在专业学习和实践锻炼中形成创造性劳动意识，提升创造性劳动思维能力，构建科学、合理的知识体系，掌握创造性劳动的方法与技巧，不断培育"热爱创造"的真挚情感。

3. 培养优良劳动品质

辛勤劳动、诚实劳动、创造性劳动具有内在的逻辑统一性。辛勤劳动是诚实劳动、创造性劳动的前提和基础。"一勤天下无难事"，

"民生在勤，勤则不匮"，这些中国人自古秉承的劳动信念在新时代依然熠熠生辉，"坚持艰苦奋斗，不贪图安逸，不惧怕困难，不怨天尤人，依靠勤劳和汗水开辟人生和事业前程"依然是新时代大学生需要发扬的美德。诚实劳动是辛勤劳动的表现，也是创造性劳动的前提。习近平总书记高度讴歌诚实劳动的价值，将其视为实现人世间的美好梦想、破解发展中的各种难题、创造生命里的一切辉煌的必由之路。创造性劳动是辛勤劳动、诚实劳动的发展，也是劳动的核心和本质要求。因此，大学生要深刻理解新时代的劳动者"不仅要有力量，还要有智慧、有技术，能发明、会创新"的道理，要以科学家、大国工匠和劳动模范为榜样，胸怀理想、脚踏实地、勤奋学习、锐意进取、敢为先锋、勇于创造，不断谱写新时代的劳动创造之歌。

二、厚积薄发：掌握创造性劳动必要的知识与技能

知识是创造性劳动能力的基础，创造性劳动必须建立在一定的知识、技术、技巧之上。大学生提高创造性劳动能力不仅要通过各方面知识的学习构建合理完整的知识体系，还要注重新知识、新技术、新工艺、新方法的应用，以及在实践中培养和锻炼综合运用这些知识、技术、技巧的能力。

1. 构建合理完整的知识体系

基础知识、专业基础知识和专业知识是构成大学生知识结构基本框架不可或缺、相互支撑的三类知识。完成创造性劳动不仅需要掌握一定的专业知识，其他方面的基础知识和专业基础知识同样发挥着重要作用。一些同学可能认为，大学学习既然有经管法类、文史哲类、教育学类、理工类、农学类、医学类和艺术类等专业的区别，并且以

就业为主要目的和导向，因此就应把精力放在专业知识的掌握上，基础性的知识可学可不学。而且在不同的基础性知识中，只重视专业基础知识而忽视其他各种基础性知识的倾向在大学生中也较为普遍。一些同学认为基础性知识的范围仅限于与本专业直接有关系的基础知识，而把诸如社会生活中的一些常识类的事实现象类知识、作为思维方法的哲学知识、规范人们行为方式的伦理道德和政策法规知识等都排除在基础知识范围之外。最终的结果就是造成知识面狭窄、基础知识薄弱、学习活动局限于某一专业领域，缺少一些必要基础理论知识修养，影响了创造性劳动能力的提升。可见，大学生要想提高自身的创造性劳动能力，必须要全面掌握基础知识、专业基础知识和专业知识，通过构建合理完整的知识体系为完成创造性劳动奠定坚实基础。

2. 注重新知识、新技术、新工艺、新方法的应用

随着科学技术的快速发展，以互联网、大数据、云计算、人工智能、区块链、物联网等为代表的新知识、新技术、新工艺、新方法不断涌现，使劳动者的工作环境和工作方式发生巨大变化。生产、管理、研发、销售等不同的工作岗位对劳动者素质和技能水平的要求不断提高，越来越多的重复性的熟练工作岗位将被智能机器所取代，劳动者的人机交互能力、灵活处理各种实际问题的能力以及创新创造能力变得越来越重要。而且互联网将不同领域的信息有效连接起来，将生产、流通、服务等环节打通，更有利于培育出新产品、新模式和新业态。"互联网+"不仅催生了技术创新、产品创新，还带动了商业模式创新、平台模式创新、服务模式创新、盈利模式创新、机制创新、文化创新、运营模式创新和观念创新。因此，大学生要紧跟科技发展和产业变革的步伐，准确把握数字经济时代劳动工具、劳动技术、劳动形态的新变化，不断扩充和完善自身知识体系和结构，在学

习和生活中培养和树立互联网的思维逻辑，不断提升创造性劳动能力。

3. 在实践中培养创造性解决问题的能力

实践教学（包括实验、实习、实训等环节）是深化课堂教学的重要环节，是获取、掌握知识的重要途径。其中，实验教学作为课堂理论教学的辅助，通过实验可以加深对课堂上所学理性知识的理解，实现感性知识与理性知识的融会贯通；实习是专业教学阶段性的认识性实践教学，是理解专业知识、熟悉专业设备和掌握操作技能的必要实践环节，有助于大学生了解本专业所对应的岗位、所从事工作的内容和对工作人员能力与素质的要求；实训是对包括单项能力和综合技术应用能力进行的训练，是应用型实践教学，通过实训可以掌握从事专业领域实际工作的基本操作技能和基本技术应用能力。因此，大学生应通过实验、实习、实训等实践教学提高动手能力。只有通过在做中学、做中思、做中行，才能真正切身体会"纸上得来终觉浅，绝知此事要躬行"，才能不断提高运用专业知识和技能解决实际问题的能力和创造性解决问题的能力，真正实现理论与实践相统一，为日后走向职场奠定基础。

三、行胜于言：在创新创业中提升创造性劳动能力

习近平总书记指出："广大青年要成为实现中华民族伟大复兴的生力军，肩负起国家和民族的希望。""创新是社会进步的灵魂，创业是推动经济社会发展、改善民生的重要途径。""全社会都要重视和支持青年创新创业，提供更有利的条件，搭建更广阔的舞台，让广大青年在创新创业中焕发出更加夺目的青春光彩。"随着国家层面对

高等教育的创新战略要求，大学生已经走向社会发展与进步的大舞台，成为实施创新驱动发展战略和推进大众创业、万众创新中的生力军。大学生应充分利用好学校提供的创新创业平台，在创新创业中培养创造性劳动意识，掌握创造性劳动思维方式，将创造性劳动知识运用到创新创业实践中，并在实践中尝试不同的创造性劳动方法，最终培育和提升自身的创造性劳动能力。

这里需要注意的是，大学生在创新创业教育过程中，千万不能走入只有创业才是创造性劳动的误区，更不能认为只有成功地创业才是创造性劳动。创新教育的目的是培养大学生的创新意识、创新思维和创新能力，注重对想象力、问题意识、批判精神的培育。创新精神可以体现在科学、技术和文化等方方面面的创造中，而不仅仅是创办公司。创业教育则是培养大学生对社会经济，尤其是对新产业、新业态、新技术发展、新商业模式的认知能力，能够敏锐地捕捉商业机遇，从而将学到的知识应用到社会的生产发展实践当中去，推动产业升级和经济社会发展。尽管我们鼓励大学生创新创业，但大学的创新创业教育，并不是为了让每个大学生都成为"老板"，而是培养创造性劳动意识和思维，掌握创造性劳动方法，在创新创业中真正提高创造性劳动能力。

大学生基于所学专业知识通过创造性劳动发明的"皮影表演机器人"就是一个典型案例。皮影戏是中国优秀传统文化。随着传统手艺流失，现在会操作皮影戏的人越来越少。为了拯救这项中国非物质文化遗产，西安电子科技大学王浩然等同学在英特尔灵动处理器平台上，结合自主设计的数字控制机械系统，实现了皮影戏录制和皮影戏机器人自动演出。这个项目获得"英特尔杯""挑战杯"等一系列大奖。可见创造性劳动不是少数人的专利，也不是高不可攀的；创造性劳动不分成就高低，它体现在生活的点点滴滴当中，既可以是新产品、新技术的突破，也可以是工艺、过程或者体验改进上的创意。因此，无论是否会选择创业的道路，每个大学生都应努力在"互联网+"时代乃至今后任何快速变化的时代中，通过创造性劳动创造属于自己的价值，为社会创造更大的价值。

典型案例

创造成就梦想

如果给你一些A4纸，你能叠成什么？这个问题如果是问天津科技大学的"纸来纸往"学生创业团队，答案可就花样百出了。这群大学生曾经花了10天时间，用3万多个纸雕三角插，手工制成了高达2.3米的"大火箭"，气势宏伟。会折纸的人并非只是手巧，把一张平整的纸叠出有形状立体感的物件，逻辑思维和艺术设计都不可或缺。"95后"、天津科技大学2018届本科生万得生于2017年带领有同样爱好的同学们创办了学生工作室。如今，他们制作的兼具实用性的纸雕三角插作品，不仅得到了大家的认可，更吸引了越来越多的人来学习折纸技艺。

走进"纸来纸往"文创产业园的办公室，蝴蝶、海绵宝宝、蜘蛛侠、小黄人……摆满了墙上的格子架；半米长蜿蜒挺拔的飞龙，宛若腾云驾雾；凤凰、丹顶鹤，振动着翅膀，栩栩如生……如果不近距离观看，很难想象这是由一个个小小的三角插做成的纸雕。

"感谢母校，良好的创新创业氛围深深熏陶了我，在校期间的各种创新创业实践活动培养和锻炼了我，让我有勇气和信心直面创业过程中的各种挑战。"现已身为纸来纸往（天津）文化传播有限公司创始人和CEO的万得生饱含深情地回忆说。

大二下学期，万得生和几名同学参加了一个大学生文化创意集市，他们制作的三角插工艺品让不少人驻足、购买。于是，万得生萌生了将大家聚在一起的想法，"现在是创新创业的时代，大学生创业非常便利，所以我就想用我们的这项爱好试试创业。"万得生说。

2017年7月，"纸来纸往"工作室正式成立，主要作品是将纸雕三角插的创意文化转化成玩具和课堂体验，致力于做中国的"纸质版乐高"。经过学校众创空间两年多的孵化，万得生的企业已经渐渐步入正轨，"纸来纸往"团队参加过很多活动，利用三角插制作各种各样的纸雕作品。2017年全运会时，万得生的团队做出的两个2米多高的吉祥物"津娃"让大家眼前一亮，20多个体育项目的"津娃"造型纸雕也让人们爱不释手；耗时2个月，利用4万多个、每个有5角硬币大小的三角插制作的科大图书馆，成了同学们争相合影的对象……

（案例来源：许涛，《为学生插上创新创业的翅膀》，《天津日报》，2018年9月22日）

小实践

创造性劳动往往是从一个好的想法或创意开始的，"纸来纸往"的背后是创造性思路的落地开花。让我们现在就拿起笔，回忆并记录下曾经在你脑海里闪现过的新想法和新创意，然后挑选一个实践一下吧！

思考题

1. 什么是创造性劳动？如何认识创造性劳动与重复性劳动的关系？
2. 什么是创造性劳动能力？创造性劳动能力包括哪些方面？

3. 大学生应如何培育和提升自身的创造性劳动能力？

延伸阅读

1. 野中郁次郎，绀野登，《创造知识的方法论》，人民邮电出版社，2019 年
2. 托马斯 L. 萨蒂，《创造性思维：改变思维做决策》，机械工业出版社，2017 年
3. 周苏，褚赟，《创新创业：思维、方法与能力》，清华大学出版社，2017 年
4. 赵培兴，《创新劳动价值论——论超常价值》，人民出版社，2014 年

第五章

大学生与职业选择

在合理的制度下,当每个人都能根据自己的兴趣工作的时候,劳动就能恢复它的本来面目,成为一种享受。

——恩格斯

导 读

如果你是沈嘉，你会做何选择？

沈嘉（化名），男，陕西人，北京某普通院校英语专业本科毕业，家中独子，父母均为普通工薪阶层。沈嘉经历了高考复读后考入大学，当初选择英语专业也并非因为个人兴趣，完全是听从于父母的建议，他们认为英语专业毕业后就业面会更广，职业也会更加稳定。沈嘉没有自己的主意，选择听从父母的建议。然而，在大学期间接触到英语的专业知识，沈嘉发现自己并不热衷于英语专业的学习，因此成绩也一直处于中等水平。在校期间一个偶然的机会，沈嘉获得一份去快手互联网公司实习的工作。期间，他被团队成员之间不断展开讨论、相互促进的工作氛围感染，认为自己很喜欢从事与人打交道的工作，并庆幸自己终于找到了未来职业选择的目标。然而职业选择谈何容易？毕业前夕，沈嘉在准备毕业论文的同时为职业选择过程中的各种问题担忧。接下来，我们一起看看沈嘉是如何自主选择，实现从毕业到进入职场的第一次跨越的。

职业选择是一件需要深思熟虑的事情，每一位选择者都要斟酌工作的地点、单位的性质、工作的内容等等这些因素。沈嘉也不例外，毕业前夕,他综合考虑各个方面:"留在北京"还是"回到家乡陕西"?"进入稳定的国企、事业单位"还是"选择其他类型的企业"?工资多少是可以接受的?父母不支持怎么办?……从内心来讲,沈嘉是愿意留在北京的,实习的经历加之大学四年生活在这里,沈嘉对这座城市越来越熟悉,也越来越喜欢。虽然大城市的工作节奏快、职场压力更大,但选择的范围也很广。如果回到家乡,机会会少很多,只能在父母认为"稳定的"几个选择中徘徊。几番思量,沈嘉决定留在北京发展。沈嘉也想在北京谋得一份"体面又稳定"的工作,临近毕业他尝试过参加在京公务员、事业单位的招聘考试,但由于自己专业成绩不突出,加之考试准备不充分,纷纷落榜。"去不了稳定的体制内,至少要做自己喜欢的工作",抱着这样的想法,沈嘉将自己的选择锁定在寻找自己感兴趣的"与人打交道"的工作机会。因为大学期间的实习经历,加之在校期间沈嘉总会在情人节、圣诞节等重要的节日在校园指定的地点售卖鲜花、礼品。这些经历让他很快找到一份教育培训机构销售的工作。沈嘉多方了解到,销售工作的工资是不稳定的,基本工资虽然不高,但挣多挣少完全取决于个人的能力。以往的经历和个人的兴趣都让他十分坚信自己很适合这一份工作。就这样,说服父母后,沈嘉完成了毕业前夕第一份职业的选择——留在北京,到某教育培训机构做销售。

刚踏入职场的沈嘉对这份工作十分满意,团队领导会定期进行业务指导,团队成员之间也会相互沟通、互帮互助。沈嘉工作起来充满热情,记忆销售材料和产品信息也都非常快。之后渐渐地需要沈嘉独立完成销售指标,原来互助的团队成员之间也逐渐变成了竞争的关系,每天进行业绩对比,为了各自的业绩互相争夺……沈嘉的工作从"与人打交道"逐渐变成"与电话打交道",除了中午一小时的吃饭时间,一天中的多数时候都在对着电话联系顾客。沈嘉是喜欢与人打交道的,与别人有说有笑、相互沟通会让他觉得特别精神。而销售这份工作让他感到迷茫：每个顾客都有自己的想法，很多时候你说的人家根本不听，还有时候人家直接挂了电话，遇到这种情况心里还挺难受的……工作不到半年，沈嘉感到越来越不开心，工作没有一点动力，甚至开始感觉很痛苦。毕业后父母在老家托人为他找到一份"稳定"的工作，当初沈嘉说服父母，一心想要留在北京发展。工作不到半年，在沈嘉看来好像挨过了半个世纪。对比眼下的状况，沈嘉觉得迷茫而不安。如果你是沈嘉，你会做何选择？㊀

俄国教育学家乌申斯基曾说："劳动是人类存在的基础和手段，是一个人在体格、智慧和道德上臻于完善的源泉。""如果你能成功地选择劳动，并把自己的全部精神灌注到它里面去，那么幸福本身就会找到你。"在时代发展的潮流之中，每个人都应当认真思考劳动之于个体和社会的意义。职业差异对应着劳动具体形态的区别，慎重选择职业本质上就是为了提升个体劳动能力和职业劳动需求的匹配度，从而更加充分地释放自己的劳动潜能，创造更丰裕的物质和精神财富，实现自己的人生价值，服务社会的稳定发展。

第一节 / 职业选择内涵

> 劳动是劳动者的直接的生活来源，但同时也是他的个人存在的积极实现。
> ——马克思

职业贯穿成年人一生中的大多数时间，它既可以是幸福感的来源，带给我们轻松愉悦的生活，也可能是焦虑和压力泵机，让我们陷

㊀ 根据《大学生职业生涯规划咨询案例精编》（华东师范大学出版社）中的案例改编。

入无尽的痛苦之中。看似简单的职业选择，却直接影响着我们事业所能达到的高度，甚至深刻地改变我们的生活方式，选择了什么样的职业似乎也就选择了什么样的生活。那么，什么是职业选择？它与人生发展之间有什么联系？又在多大程度上受到个人价值观的支配？

一、职业选择与人生发展

职业选择是个体结合自身特点，对职业类别、发展方向等各方面因素综合考虑后进行的职业挑选与确定的过程，是个人进入社会生活领域的重要行为。对于大多数人来说，职业选择都意味着人生由过去对知识和技能的单纯吸收转换到边学习边输出阶段，是每个人成长道路上的一个关键节点，对于个体成长、成才具有重要意义。

从职业选择的方式来看，我国的就业机制历经从"统包统分"到"自主择业"变化的过程。1977年重新恢复高考制度，国家规定高等学校实行统一招生，毕业后由国家统一进行分配，个体不能自主选择职业，由此形成了"统包统分"的就业机制。⊖在这种机制作用下，高等学校毕业生的就业工作由政府包揽，毕业生分配主管部门根据中央指示编制分配计划，各部门、各省对中央计划进行层层分解，最终落脚到学校和用人单位，按照"一个萝卜一个坑"的原则将毕业生一一对号入座。个人对职业地点、从业方向的选择完全取决于政府的安排，而且一旦确定就很难更改，职业与人生几乎绑定在一起，职业平稳安定，生活波澜不惊。例如，一位北京高校管理学专业的大学生，毕业后被分配到山东某高校任教职，"教师"从此成了他一生的职

⊖ 李明璇. 回顾就业四十年：从"统包统分"到"自主择业"[J]. 中国大学生就业，2019(7).

业，少有的变化也都是围绕"教师"职业本身的职级晋升或者职务延展，政府统包的职业选择方式对个体人生发展的影响是单一的。随着改革开放的深入以及经济环境的变化，我国就业制度也出现了明显的调整，职业选择机制逐渐从改革初期的"统包统分"过渡到 20 世纪 90 年代末期的"自主择业"，其特点是在国家就业方针的指导下，高校毕业生根据个人意愿自主选择职业，用人单位择优录取，由此产生了真正意义上的职业选择问题。

职业选择是个体一生中的重要决策内容之一，这种决策一旦做出，就会像石子落入水中激起涟漪，迅速向我们生活的方方面面扩展。面对不同的职业，你每天早晨几点起床？选择什么交通工具上班？到单位后要先处理哪一类工作？下班后要不要参加同学聚会？等等，这些大大小小的日常选择都会受到显著的影响，甚至直接决定着我们每天的生活以及未来的样子，正如"你是谁、你将成为谁很大程度上取决于你做出的每一个决策"。[1]在自主择业背景下，职业选择与个体未来生活环环相扣、互相连接的关系更为紧密，上文那个北京高校管理学专业毕业的大学生，再也不用死守被安排的那所山东高校一辈子，而是有了更多的选择，他可以继续留在北京圆他的教师梦，也可以通过参加考试进入湖北的公务员系统，还可以进入一家深圳企业做人力资源主管的助理……他的人生将彻底更换轨道。事实上，当"统包统分"的就业政策被打破，那些当年被分配到政府部门工作的大学生们，有为数不少的人选择下海经商，政府部门在工作内容、工作环境、人际关系等各方面与商业场合差别较大，以至于说这些人更换了一种人生都不为过！

---

[1] 斯蒂芬 P 罗宾斯. 做出好决定 [M]. 北京：北京联合出版社，2016.

二、职业选择与劳动价值观

社会经济发展程度决定了所有职业的可能领域，国家就业制度和政策决定了个人职业选择方式的空间，而特定方式就业领域和职业选择集合下的具体职业选择行为，则受到劳动价值观的深刻影响，其内在逻辑与价值观对个体言行的作用机理完全一致。价值观是个体对于外界的认知，是个体认定事物、辨别是非的一种思维或取向。它是一种个体内心的尺度，凌驾于人性之上，支配着个体对环境的观察、对待事物的态度、行为的信念以及具体的行为，支配着个体的自我认识与自我设计，为个体自认为正确的行为提供充足的理由。

作为整体价值观的一个重要组成部分，劳动价值观在马克思主义理论体系中占据十分重要的位置。劳动价值观是劳动者对劳动的根本看法，决定着人们对劳动的价值判断与价值选择，是个体人生观、价值观、世界观在劳动过程与职业选择过程中的生动体现。[一]劳动价值观是个体"知"的部分，职业选择是"行"的体现，个体职业选择行为是其劳动价值观的外在表现，直接受其劳动价值观的影响。俗话讲"人各有志"，由于劳动价值观念的差异，不同个体对职业的认识不同，他们对职业的评价和选择也会不同。例如，当一个人很在意劳动中的安全感时，他在竞争压力较大、工作环境不稳定的民营企业或外资企业中就业的概率就会降低；如果一个人更重视劳动过程的创造性，那些简单重复性的职业或岗位，如银行柜台员、铁路售票员等则很难被纳入其职业选择的范畴。可见，具体的职业选择行为处处体现

[一] 李珂. 嬗变与审视：劳动教育的历史逻辑与现实重构 [M]. 北京：社会科学文献出版社，2019.

个体内在的劳动价值观。

　　习近平总书记在同北京大学师生座谈时特别强调："青年的价值取向决定了未来整个社会的价值取向。"㊀初入职场的大学生群体是劳动力市场的生力军,是经济运行机体中的新鲜血液,代表了未来社会的发展方向。培养正确的劳动价值观念,有助于帮助其树立正确的择业观,从而选择更加恰当的职业,更好地成就自我和服务社会。中国劳动关系学院课题组对本校 2019 届 1448 名本专科毕业生进行了"劳动价值观"主题调研,有效调研对象占该校实际毕业生总人数的 70% 以上。调研发现,绝大多数毕业生在日常生活中具有积极的劳动价值取向。其中,九成大学生认同我国传统劳动文化与新时代劳动价值导向;约八成大学生能够认识到劳模精神、劳动精神和工匠精神对自身学习和工作的重要性,并表示愿意在自身实践过程中积极践行。除对劳动文化的认同外,近九成学生接受"一分耕耘,一分收获"的逻辑,并表示会珍惜自己和他人的劳动成果;约七成受访大学生具有一定的公共责任意识并表示愿意参加力所能及的公益劳动。除对我国大学生劳动价值观水平总体表示肯定外,上述调研同时也发现了大学生劳动价值观存在的问题:部分大学生仍然存在劳动意识淡薄、价值取向功利化、追求个人主义、以自我为中心等问题。㊁有些大学生缺乏崇尚劳动的精神,不喜欢劳动甚至厌恶和逃避劳动,还有一些人过分看重劳动待遇、工作条件、社会地位等,忽略了劳动的实际价值与意义,对于个人的职业生涯和整个大学生群体的就业质量都造成了诸多负面影响。

　　㊀ 习近平在北大考察:青年要自觉践行社会主义核心价值观. 新华网. 2014 – 05 – 04. http://www.xinhuanet.com//politics/2014 – 05/04/c_126460590. htm.
　　㊁ 李珂. 嬗变与审视:劳动教育的历史逻辑与现实重构 [M]. 北京:社会科学文献出版社, 2019.

当代大学生要真正提升自己职业选择的能力，改善实际工作中的能力与岗位匹配度，首先要树立马克思主义的正确劳动观念，把服务社会、报效祖国放在与个人成长同等重要的地位。在实际职业选择时充分考虑自己的劳动偏好、劳动能力和工作目的，制定清晰完整的职业生涯规划，清楚地认识到求职过程中哪些因素对自己是重要的，哪些是不重要的，哪些是需要优先考虑和选择的，进而选择与自己劳动价值观最相近的职业类型和最适合自己的工作领域，这将有助于激发个体今后的工作热情，获得更大的事业成就和更好的个人发展，也能为社会发展做出更多的贡献。

三、就业与择业

从 20 世纪末开始，我国高等院校迈入大规模扩招的轨道，2019 年大学毕业生数量达到 834 万，大约是 20 年前的十倍。日趋增多的大学生走出校门自主择业，给就业市场带来了很大压力，尤其近年来我国经济增速放缓，大学生就业问题进一步成为社会关注的焦点。与大学生就业难题同时出现的是大学生频繁换岗的现象，一边是求职困难，一边是屡屡"跳槽"，看似矛盾的两种现象正体现了大学生职业选择过程中"就业"与"择业"的关系。

就业与择业是职业选择中两种不同的考察视角，"就业"是确定了具体的工作并通过劳动获取报酬，而"择业"的重点则在于选择的过程。职业可以有多种选择，但最终只能认准一个职业、就职于一个职位。究竟会确定哪个作为自己实际从事的职业，我们通常会考虑地域、行业、薪水、兴趣等多种因素。与中小城市相比，大城市各种就业资源丰富，但生活成本高、竞争激烈；与传统行业相比，新兴行业薪水待遇优厚，但能力要求高、工作强度大。此外，单位的规模、岗位的稳定性、企业的文化、自身的人脉关系等都在不同程度上左右着求职者的选择。那么，对于初次就业的大学毕业生来讲，应该如何找准自己的定位呢？究竟应该"先就业，后择业"还是"择业在先，就业在后"呢？这实在是一个老生常谈但又很难把握的话题。

之所以存在不同的声音，主要是因为无论先就业还是先择业都有其逻辑上的合理之处。"先就业，后择业"依照的是循序渐进的稳妥原则，更强调大学生求职的行动力，可以理解为：先别饿着，再说吃饱；先得吃饱，后说吃好；先确定一个岗位，再进行深度的职业选择。通过"先就业"的方式，大学生能够更多了解职场、积累工作经验，为以后职业发展打下一定基础。特别是在目前严峻的就业形势下，社会提供的就业岗位难以满足每一位求职者的需求，"先就业，后择业"就是建议大学生着眼当下，注重在工作岗位上提升自身素养，逐步寻求到理想的职业。"先就业，后择业"的就业策略较好地适应了目前乃至未来很长时间的就业形势，同时也更加贴切大学生群体的实际，符合生命的成长规律，有利于其积累经验和长远发展，但这种方式受到推崇也从侧面反映了当前大学生职业规划的缺失，在校学习期间未能做好必要的就业准备，致使专业学习与服务社会之间出现一定的断档，也降低了用人单位对应届大学生整体的期望值，反过来又增大了大学生职业选择的难度。

将职业选择的过程提前，"先择业，再就业"符合人力资源管理中的"人格匹配"理论，强调在专业探索下，大学生根据自己的专业特点和个体特征选择适合的职业。这就要求大学生首先对职业发展做出方向性的选择，确定自身的职业发展方向、锁定职业目标，从而更有效地控制自己的职业发展大趋势，职业生涯也就能获得更大的空间。此外,"先择业,再就业"也符合社会及用人单位对于求职者的预期,有利于人尽其才,最大限度提高企业的人才利用率和工作效率。不可否认,在全面认识自身的情况下初次就业便能进入适合自己的职业岗位无疑是高效的,但也是需要运气的,在现实就业状况本就不乐观的背景下,"先择业,后就业"方式大面积推广的难度极大。

职业选择是大学生迈向社会甚至后半生的关键节点,"先就业"与"先择业"的差异不仅仅体现在职业选择的先后顺序上,背后更多反映的是对待职业乃至人生的态度差别,但二者在本质上并无优劣之分,只有适合与否之别,甚至于就业与择业本就是相互依存的。对于广大接受过高等教育的天之骄子来说,与其纠结二者的交错关系,倒不如将更多精力用于提升自身能力和认真做好职业规划更为稳妥。

第二节 / 大学生职业选择的形势与问题

> 没有年轻一代的教育和生产劳动的结合,未来社会的理想是不能想象的;无论是脱离生产劳动的教学和教育,或是没有同时进行教学和教育的生产劳动,都不能达到现代技术水平和科学知识现状所要求的高度。
>
> ——列宁

在这个科学技术日新月异、经济形态千变万化、就业方式五花八门的经济社会转型期,要想快速适应就业市场不断出现的新需求,对任何求职者都是一个不小的挑战,对广大即将走出大学校园的毕业生来说更是压力重重。传统的学校教育方式在专业应用、心理调节、劳动认知等方面都存在不小的短板,改革开放后才逐步富起来的大多数家庭也未能为"独生子女们"提供足够的"吃苦教育"机会，加之长期处在家庭和校园关怀之下的大学生对社会的理解还比较浅薄，在突然到来的职业选择面前可能会表现出犹豫彷徨、好高骛远、极端偏激等状况，出现选择回避化、求职兴趣化、期望理想化等举动便不足为奇。

一、大学生就业形势

自2001年以来，我国高校扩招直接效应逐步显现，全国高校毕业生以每年2%~5%的速率快速增长。图5-1数据显示，2001年我国普通高校毕业生人数刚刚迈上100万台阶，2011年就猛增至660万人，十年间扩大了六倍；最近十年增速虽有小幅下滑，但整体规模仍在继续扩张，2020年我国高校毕业生总人数已达到创纪录的874万人。在各种因素共同作用下，高校毕业生就业形势愈加严峻。

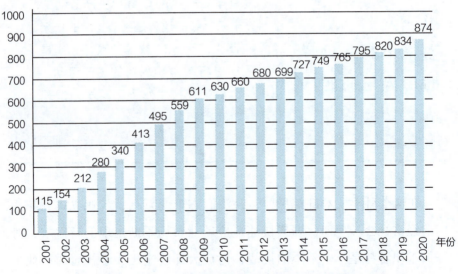

图5-1 2001—2020年我国普通高校毕业生人数（单位：万人）

1. 就业市场供过于求

中国就业市场景气指数（CIER）采用智联招聘全站数据分析而得，用以反映就业市场整体走势。该指标通过监测不同行业、城市职位供需指标的动态变化，来展示劳动力市场上职位空缺与求职人数的比例变化。当 CIER 指数小于 1 时表示就业市场中劳动力供过于求，市场处于饱和状态。智联招聘 2019 年统计数据显示，旅游业、计算机硬件、环保、水利水电、能源矿产、航空航天研究与制造等领域的就业景气度指数均小于 1，劳动力市场处于严重供过于求状态，就业形势不容乐观。[①]很多毕业生在求职过程中面临"投出简历即石沉大海"的局面，陷入"毕业即待业"的窘境。在现实劳动力市场上，数量上供过于求的局面造成用人单位不断抬高用人门槛，既要求大学生具备良好的专业素养，又关注求职者诚信品质、创新意识、协调能力等其他方面的素质，即所谓的"内外兼修，软硬兼备"，有些甚至提出了工作经验要求，将很多从未走出过大学校门的学生挡在了就业大门之外。

2. 结构性矛盾突出

由于学科专业、学历水平以及地域之间的不平衡等因素，高校毕业生就业存在较为突出的结构性矛盾，大学生"找不到工作"与用人单位"找不到人才"的情况并存。《2019 中国劳动力市场发展报告》指出，大学生就业的结构性矛盾主要体现为文科毕业生就业困难、理工科人才短缺。[②]浙江大学《2019 年毕业生就业质量报告》显示，从

---

① 2019 年中国就业求职形势：就业市场景气度持续走低，教育培训行业景气度跃居第一. 前瞻经济学人. 2019 – 03 – 12. https://www.qianzhan.com/analyst/detail/220/190311-29d545ed.html.

② 《2019 中国劳动力市场发展报告》出炉. 凤凰网. 2019 – 12 – 16. http://finance.ifeng.com/c/7sS7n0pob1H.

来校招聘的 3290 家单位所在行业的分布情况来看，制造业，信息传输、软件和信息技术服务业，科学研究和技术服务业 3 个行业数量最多，占总数的 50.46%。①此外，学历水平的差异以及地域的不平衡也是造成大学生就业结构性矛盾的主要因素。研究生群体的就业率最高，其次是本科生，高职群体就业率较低，而随着高校研究生的扩招，其就业率也出现逐年下降的趋势；从地域上来看，大学生就业不平衡问题同样较为严重，毕业生择业多集中于地理位置优越、经济发展水平较高的一、二线城市，而相对偏远、条件较差的地区则鲜有人问津。

3. 首次就业质量不高

尽管经济快速增长为高校毕业生创造着越来越多的就业岗位，但在激烈的竞争面前，职业成长环境与个人期望相比总会存在或多或少的差距。这导致部分毕业生对自己的第一份工作满意度偏低。例如，复旦大学 2019 年毕业大学生调查显示，有大约 15% 的调查对象对自己的工作不尽满意，另有接近 48% 的调查对象仅仅表示"比较满意"，对就业单位表示"非常满意"的比例不到 39%。②大学生就业满意度整体不高的原因同时来自供需两个方面：一方面，大学生自身对工作的期望较高，却存在眼高手低的情况，既期望企业提供有吸引力的薪资、满意的福利条件和良好的工作环境，又渴望减少工作任务和降低职业压力；另一方面，在激烈的市场竞争下，企业的立足点仍然是控制成本，而劳动力成本控制又是重中之重。就业市场上这种供求双方的预期矛盾在数量相对失衡的状态下会更加突显，导致工作待遇和职业环境的快速分化，最终造成了双方都"不那么满意"的

---

① 理科生的就业春天来了. 中国青年报. 2020 – 01 – 13.
② 复旦大学毕业生就业质量报告（2019）. 复旦大学信息公开网. 2020 – 03 – 19.

结果。

二、大学生职业选择的影响因素

大学生就业过程中遇到的各种问题都与其职业选择的能力和方式有关，而影响大学生职业选择的因素又是多方面的，职业选择的差异有些是个人因素造成的，有些则来自社会、高校或家庭，还有些直接由劳动力市场状况所导致。

1. 社会因素

社会因素是影响大学生整体职业选择的普遍性因素。社会经济结构的战略性调整、产业结构的重组使得就业结构也会发生相应变化。近年来，智能制造、社会服务等新兴行业的从业比例显著上升，而高校专业人才的培养未能快速适应社会因素的转变，导致人才培养与用人需求匹配不佳，成为影响大学生就业的重要因素。另外，受地区发展规划、体制政策的影响，当前经济发达地区、有稳定编制的事业单位和政府机关仍然对毕业生就业有绝对的吸引力。

2. 劳动力市场状况

劳动力市场状况决定着大学生就业难易程度与就业质量高低。大学生职业选择是在特定劳动力市场中进行的，由于制度性因素，劳动力市场被分割为不同的类型——收入高、待遇好、管理规范的主要劳动力市场以及与之相反的次要劳动力市场。一般来讲，不同市场的就业难度是有很大差别的，就业部门的选择明显受制于个体人力资本的积累程度，如受教育水平、技能水平、知识能力等因素影响，那些受教育水平较高的大学毕业生通常有更多选择进入主要劳动力市场的机会。

3. 高等教育人才培养模式

高等教育人才培养模式对大学生职业选择会造成多方面影响。高校肩负着高等人才培养的重任，以招生为起点，从培养方案的制定、具体的培养模式，再到整个大学期间对学生的就业指导等各个环节都影响着学生未来的职业选择。高等教育扩招致使毕业生逐年增加，高校若不能根据社会需求及时调整人才培养方案，或者教学模式等与时代脱节，会直接导致学生的知识结构与思维方式无法满足市场的需求，从而产生学校人才培养与社会人才需求的结构性矛盾。

4. 家庭因素

家庭对大学生职业选择的影响是潜移默化的。家庭作为个体社会化的第一站，对每个人将来的职业选择都会产生一种内生影响力。家庭经济条件、家庭职业传统、父母受教育程度、父母期望与教养方式等都是影响大学生职业选择的重要家庭因素。以经济条件为例，家庭条件越好，子女的受教育质量就会越高，无论是基础教育阶段的奠基，还是高等教育阶段的深造，都直接影响着孩子未来的就业平台。

5. 其他因素

自身的性格、兴趣、价值观、受教育水平以及自我定位等都会对职业选择产生直接影响。以性格因素为例，每一个人都是独一无二的，正如"世界上没有两片完全相同的树叶"那样。沉稳内敛的人更具有钻研精神，对专注力要求高的科学研究类工作可能更适合他们；性格开朗的人往往善于沟通表达，媒体、新闻类的工作可能更受他们青睐。除个人特质与能力外，大学生的自我定位对其职业选择也有显著影响：当个人职业期望过高时，职业规划就会倾向于追求完美，择业过程中的每一步都可能过于理想化，此时，如果足够幸运就会一步到位甚至一步登天，但大多数时候更可能会延误时机，能力徘徊在岗位要求之下，最终出现"高不成低不就"的结果。

三、大学生职业选择的主要问题

随着市场经济的发展，"静态"职业选择不断向"动态"转化，个人的职业选择更加自由，但各种就业压力也相伴而来。《2019年中国大学生就业报告》显示，2018届本科毕业生"受雇工作"的比例为73.6%，连续五届持续下降；除去"出国深造"与"准备考研"的群体外，本科生待就业比例为4.2%，而2018届高职高专毕业生待就业比例则高达7.5%。㊀大学生初入社会，就业压力不容小觑，职业生涯规划不清晰、自我定位不准确、没有清晰地认识到第一份工作之于个人的意义等择业问题同样需要引起重视。

1. 职业生涯规划不清晰

在校大学生对职业的了解多来自于他人的经验或者自己对外界的观察，很多人没有意识到实际就业形势的严峻，甚至还抱有"每个人都会有一份工作，我也不例外"的想法。部分大学生对职业生涯规划的认识存在明显误区，认为计划赶不上变化，职业规划在毕业找工作前做就可以了。一项针对百名大学生职业规划的调查结果显示，95%的学生认为自己有"清晰的职业规划"，并表示毕业后两年之内要做主管，5年后成为部门总监，实际上他们并没有真正理解职业生涯规

㊀ 《2019年中国大学生就业报告》发布. 中国高校之窗. 2019-06-17. http://www.gx211.com/news/20190617/n15607473813899.html.

划的含义。[一]职业生涯规划的重点在于了解职场,根据职业需求弄清楚自己通过大学四年学习应当具备哪些能力,并能够围绕这些能力主动地规划大学阶段的学习、实践与生活,为迎接未来的就业挑战做好充分的准备,说到底,职业生涯规划的重点是对工作能力提升的规划,而不是对未来职业前景的空想。

2. 自我定位不准确

很多大学生在求职过程中缺乏准确的自我定位,眼高手低的问题比较常见,他们自认为在校期间已积累了丰富的专业知识,并对未来职业条件期望过高。实际上,他们普遍缺乏"软实力"的积累,如沟通协调能力、环境适应能力、创新意识、诚实守信的意识等。大学生个人期望与企业实际情况之间的巨大落差经常使他们感觉在职业选择过程中"力不从心"。此外,也有一些大学生采用"广撒网"的方式求职,即无论自己与目标职位是否合适,"先投了再说"。这样把前程交给"上帝"的低效求职方式对于自己与用人单位双方的精力都是一种损耗,又对自己找到适合的职位没有太多帮助。准确的个人定位需要大学生了解职位需求,更要清晰地认识自己。我想做什么? 我更看重哪个领域? 我更擅长什么类型的工作? 我的核心竞争力是什么? 我怎样向用人单位证明我的能力? 客观准确地回答这些问题是对自己职业生涯合理定位必须要完成的工作,也是求职过程中更好地将自己"营销"出去的必修课。

3. 对第一份工作重视不够

很多大学生甚至职业指导者认为,刚刚步入职场的大学生尚处于

[一] 优简历网浅谈大学生职业规划中的常见问题. 道客巴巴. 2014 – 05 – 05. https://www.doc88.com/p – 8781923267166.html.

职业探索期，在毕业之初抱着"先找到一份工作再说"的心态，未能很好认识第一份工作对自己未来职业的重要意义。近年来，在"90后""95后"毕业生群体中出现"慢就业"甚至"懒就业"的现象，或许就与此有很大关联。一些大学生毕业后不着急工作或深造，而是选择游学、创业考察、在家陪父母等方式，在本该择业的关键期让自己休整。他们中的大多数人会以此作为逃避激烈市场竞争的借口，在"慢就业"的过程中逐渐形成惰性，沉迷吃喝享乐，甚至沦为啃老族，最终演变为"懒就业"。实际上，首次择业是大学生职业选择的黄金期，第一份工作在很大程度上决定了未来工作的范围和社交的圈子，对于个人职业习惯的养成也具有重要意义。

第三节 / 正确择业观的培育

> 我们的教育方针，应该使受教育者在德育、智育、体育几方面都得到发展，成为有社会主义觉悟的有文化的劳动者。
>
> ——毛泽东

择业观属于意识形态范畴，对个体职业选择行为有决定性影响。科学正确的择业观对拓宽职业选择范围、解决就业难题、实现自身价值、促进社会发展都具有积极意义，既能够提升就业成功率，也有助于改善劳动岗位匹配效果；相反，消极甚至错误的择业观则会对职业选择过程以及未来职业发展产生不良影响。《意见》明确提出，高等学校要培养学生树立正确的择业观。大学生应当从劳动价值观的高度深入思考职业定位，科学把握职业与个人劳动价值观、个体能力以及国家需要间的匹配关系，重视当下求职、择业过程与未来职业发展之间的有机衔接。

一、与劳动价值观相吻合

择业观与劳动价值观密切相连。为树立和培育正确的择业观，当代大学生应当首先清晰个人的劳动价值观，即个人对劳动的根本态度和看法，认识到劳动价值观对个体劳动行为的引领作用，并在正确认识劳动价值观的基础上，深入了解其与择业观之间的相互关系——前者是后者的根基，后者是前者的延展。在实习、择业过程中，大学生除了认识自己，还要了解现实，始终保持对劳动力市场的客观认知，正视劳动力市场愈加开放、就业形式愈加灵活的规律，有意识地监控自身价值取向，去芜存菁，在正确价值观引导下主动适应劳动力市场的激烈竞争，积极择业、择"好业"。

1. 合理定位择业目标

大学生择业前首先需要主动拨开个人与"职业"之间的层层面纱，对职业形成客观、正确的认识。在这一过程中，阻碍大学生"视线"的一大障碍因素是对自己的认知。因此，每一位求职者锁定职业方向前都应将"客观、全面地评价自身的现实条件与综合素质"作为实际求职的重要准备，同时增强自强自立意识、强化奋斗精神、清晰自身的劳动价值观念，在积极劳动价值观引导下，逐步形成正确的择业观，主动探索自身职业理想与社会需求结合的环节与策略，最终在职业选择的过程中真正做到个人价值与社会需要的统一。

2. 正确把握就业形势

在劳动力市场灵活、多变的背景下，一个人的视野会在很大程度上影响他的最终选择。即将步入职场的大学生应当有意识地拓宽就业观念，积极了解和适应多元化的就业形态，正确把握当前就业形势和人才市场发展基本规律，同时深入了解自身感兴趣职业的社会责任，理智判断自身劳动价值观与职业社会责任的一致性。然后在个体价值判断的基础上，克服外在环境因素的阻碍，积极调整心态，在提升自身能力的同时主动适应劳动力市场与用人单位的需求，以求寻找符合自己的就业之路。

二、与个人能力相匹配

职业选择与个人能力密切相关。一个人之所以最终选择成为一名画家、程序员、飞行员或教育工作者，受多种因素包括求职机遇的影响，但归根结底取决于自己的综合能力。任何一位大学生在寻找工作之前，都应当首先客观全面地分析自身的能力优势和短板，由此大致圈定求职的边界和范围；然后多方了解备选职业的用人要求，结合国家或地方政府在相关职业领域的政策动向，分析待选择范围内相关职业与自身能力的交集大小，择优明确几项重点择业领域；最后要综合考虑家庭、个人兴趣、做事习惯等其他因素，确定自身能力最能胜任的两三个就业方向重点突破。对于在校大学生来说，应在提前了解以上基本程序的基础上，在上学期间根据自身职业理想和规划，关注国家政策和工作的用人要求，重视并重点培养自身相对应的能力，以便将来花费较少精力就能找到与自己能力相匹配的工作。

1. 重视自身能力建设

个体能力对就业结果有直接影响，大学生既要重视自身一般能力（如注意力、观察力、想象力等）的培养，同时也应重视培养有别于他人的专业能力或"特长",如计算能力、动作协调能力等。具体来讲,每一位大学生在校学习期间,一方面要积极参加实践类活动,在实践中锻炼一般能力,通过增强个体行为的目标性,树立正确的择业观;另一方面要夯实专业基础,尽早了解企业人才需求,并根据社会与企业发展的需要有意识地丰富、建立自身合理的知识结构,使个人能力与岗位接轨,增加自己未来就业的筹码。大学生同步提高以上两种能力有助于其形成正确的择业观,同时极大提高自身的就业能力,为毕业就业做好充分的准备。

2. 关注多方政策

大学生作为劳动力市场中的重要求职人群,应着重了解社会人才需求趋势、企业用人政策以及高校人才培养对个体能力的要求。大学生个体应敏锐地观察到国家经济结构转型发展对科技自主创新提出的新的要求,在这一背景下,企业在招人、用人时也会偏向技能创新型人才。认识到这一客观现实,个体应当在大学期间有意识地培养和锻炼相应的能力,为未来就业"打有准备之战"。此外,作为高校人才培养的对象,大学生更应该熟知学校本身对个体能力素养的具体要求以及价值观培育的目标。以武汉大学为例,该校结合社会实际,在本科生培养方案中明确指出"加强学生探索、创新和实践能力培养"以及"培养学生领导能力与国际视野"[一]。 在校大学生可将学校培养方案中的具体要求作为衡量自身能力的标准和能力培养的指南针。只有充分了解多方政策对自身能力的要求,同时结合自身能力实际不断进行自我提升,大学生才能够获得持续的就业竞争力。

[一] 武汉大学本科人才培养方案. 武汉大学本科生院信息公开网. https://info.whu.edu.cn/bmxxgk/bksy/bksjx/bkspyfa.htm.

三、与国家需求相连接

追求自我价值的实现是每一位大学生职业发展的最终目的,而个人的价值与国家的需求紧密相连。国家需求决定个体求职的客观环境。大学生个人的职业选择行为应紧跟时代发展步伐、对接国家发展需求,唯有如此才能准确把握职业的发展潜力,使个人对职业的投入不断增值,确保未来发展有更好的保障。

1. 避免"功利化"求职心态

调查发现,当代大学生在求职阶段普遍存在"功利化"心态,[一]这种心态极易造成求职结果的偏差。大学生在整个大学学习期间以及毕业求职阶段应当充分考虑国家发展需求、认真思考个人人生价值,认识到职业之于个体和国家发展的意义,避免"功利化"心态对求职结果造成负面影响。在校学习期间,大学生应当以专业提升为主线设定学习目标,夯实专业基础,避免在自我提升的黄金时期过早兼职赚钱或"费尽心思"争评各种头衔、名誉,要对未来职业有长远的规划,"放长线,钓大鱼";在求职阶段,每一位大学生都应当将"自我人生价值的实现"与"国家发展需求"联系在一起,在职业选择的过程中充分体现出个人的使命感和责任担当,避免单纯地将工作条件、薪资或福利待遇作为职业选择的考虑因素,避免往一线/二线城市或者金融、房地产等行业扎堆。大学生应时刻牢记,在"功利化"择业观的支配下,个体未来职业很难有持续、长远的发展,而追求个人与社会发展的统一才是职业选择的黄金法则。

[一] 秦继伟. 当代大学生择业观现状及导向 [J]. 法治与社会, 2019 (12).

2. 避免在求职过程中"盲目跟风"

由于大学生专业知识和社会经验都尚处于积累储备阶段，在求职过程中需要通过多种方式加强对自身和职场环境的客观认识，力争在步入社会前形成相对清晰的择业目标，避免因盲目跟风而走弯路或错失良机。一是要提前查阅各级政府出台的经济社会发展规划和战略部署，结合自身所学专业了解国家重点领域的政策动向，尤其是要熟悉针对大学生就业的方针政策，减少在求职过程中"人云亦云"的情况；二是利用各种机会虚心向"前辈们"求教，包括适当了解与自身职业目标相关领域专家们的看法，认真听取家长和老师的就业建议，多向已经就业的学长们咨询工作心得，自觉规避不符合自身条件的"出国热""创业热""公考热"等；三是多与身边的同学沟通交流，共享就业信息和找工作的经验教训，虚心聆听四年同窗的"战友们"对自己的评价，理性分析自己的优势和不足，早着手、早规划，未雨绸缪，防患未然，将个人的职业目标融入到国家发展的大局之中，努力成为服务时代需要的人才，实现自己的理想抱负。

典型案例

带你走进"新兴职业"⊖

2020年2月25日，人力资源社会保障部与国家市场监管总局、国家统计局联合向社会发布包括生产制造和建筑、现代服务业、健康照护服务三大领域的16个新职业。

⊖ 改编自"生涯世界"公众号文章《解读16个新职业——整合篇》。

一、生产制造和建筑类

1. 智能制造工程技术人员。《中国制造2025》明确智能制造是我国现代先进制造业新的发展方向，加快了我国制造走向"智造"的步伐。智能制造发展趋势持续向好，为智能制造工程技术人员的就业和职业发展提供了广阔的前景。

2. 工业互联网工程技术人员。随着人工智能、云计算、大数据、区块链、5G等名词逐渐为大众熟知、热议，人类社会已步入智能化时代。在此背景下，连接融合了全球工业系统与高级计算、分析、感应技术以及互联网的工业互联网应运而生。作为新一代技术的弄潮儿，工业互联网工程技术人员作为一种新职业登上历史舞台。

3. 装配式建筑施工员。占地面积达3.39万平方米的火神山医院在10天之内拔地而起，除各方力量的迅速调配、集结以及劳动者不分昼夜地辛苦付出外，有一项技术也发挥着关键作用——装配式建筑。装配式建筑允许大量现场作业转移到工厂中进行，而现场工人只需对工厂生产出的构件和配件进行组装即可。而操作这一技术的劳动者，现在有了正式的名字——装配式建筑施工员。

4. 电气电子产品环保检测员。这一新职业有很强的时代感，与当前人们的需求紧密相关。工作人员能够科学检测你所使用的电视机、冰箱、手机、空调等电气电子产品是否含有有害物质，是真真正正的你身体健康和生态环境的守护者。

5. 无人机装调检修工。2015年是我国无人机民用化的元年。那年汪峰用无人机运送钻戒求婚，吸粉无数，随后关于"无人机"的相关报道频登热搜。随着新职业的发布，"无人机装调检修工"被正式提名，工作人员会使用设备、工装、工具和调试软件，对无人机进行配件选型、装配、调试、检修与维护。

6. 铁路综合维修工。在铁路建设快速发展的背景下，2019 年 8 月，中国铁路总公司提出设立高铁基础设施段，负责高铁基础设备设施日常巡视检查、检测监测、养护维修、故障应急、营业线施工管理、路外环境检查等工作，同时设置综合维修车间。"铁路综合维修工"这一职业应运而生。

二、现代服务业

1. 连锁经营管理师。疫情期间，人们即使居家隔离也能享受到各个连锁经营店的优质服务。食物的制作、包装、配送等一系列服务井然有序，这些工作的背后离不开连锁经营管理师的辛勤付出。

2. 供应链管理师。在信息大行其道的时代，供应链管理已经上升为国家战略，而企业如何精准定位下一个十年的"北斗星"，利用供应链寻求竞争博弈的"第二曲线"，或是管理者值得思考的问题。

3. 网约配送员。过去的"外卖小哥""快递小哥"终于有了自己的职业名称。从业者们在获得更优质和规范的利益保障的同时，也面临着更精细和更专业的要求，这对于从业者既是机遇也是挑战。

4. 人工智能训练师。据阿里巴巴预估，到 2022 年国内外 AI 从业人员有望达到 500 万。人工智能训练师是未来科技服务的中坚力量，他们的主要职责是使用智能训练软件，在人工智能产品实际使用过程中进行数据库管理、算法参数设置、人机交互设计、性能测试跟踪及其他辅助作业。

5. 虚拟现实工程技术人员。虚拟现实工程技术人员是指使用虚拟现实引擎及相关工具，进行虚拟现实产品的策划、设计、编码、测试、维护和服务的工程技术人员。影院里极具震撼力的星空就出自这一类从业者之手。

6. 全媒体运营师。全媒体运营师是综合利用各种媒介技术和渠道，采用数据分析、创意策划等方式，从事对信息进行加工、匹配、分发、传播、反馈等工作的人员。这一职业的正式发布象征中国从"新媒体"时代转型到"全媒体"时代。

三、健康照护服务

1. 健康照护师。健康照护师虽然首次正式被纳入国家职业体系，但其工作内容却是人们最为熟悉的，如医院陪护人员、月嫂、家庭护工等，他们服务于家庭、医院、社区，为人们减轻家庭负担提供了支持。

2. 呼吸治疗师。呼吸治疗师是使用呼吸机、肺功能仪、多导睡眠图仪、雾化装置等呼吸治疗设备，从事心肺和相关脏器功能的评估、诊治与康复，以及健康教育、咨询指导等工作的人员。据华西医院统计，参与此次抗疫的呼吸治疗师，由于人数较少，每个呼吸治疗师平均要负责11.5张床位，最多的地方甚至每人负责近17张床位，疫情突显了呼吸治疗师的人才缺口。

3. 出生缺陷防控咨询师。出生缺陷防控咨询师是从事出生缺陷防控宣传、教育、咨询、指导以及提供出生缺陷发生风险的循证信息、遗传咨询、解决方案建议、防控管理服务及康复咨询的人员。这一职业对提高出生人口素质、推进健康中国建设具有重要意义。

4. 康复辅助技术咨询师。康复辅助技术咨询师的出现满足了广大人民群众对于健康、审美的迫切需求，同时对我国应对人口老龄化也具有积极作用，是未来应用VR技术进行心理咨询、建立智慧养老系统等发展的必然。

以上16个新兴职业符合时代发展的特征，既满足经济社会发展需要和人民群众对美好生活的需求，也将为相关从业人员提供职业发展、实现梦想的机会。《意见》明确指出，应注重培养学生"增强诚实劳动意识，积累职业经验""树立正确择业观"。每一份职业都有它的使命，大学生在进行职业选择时应当充分认识自己、认识环境，树立目标意识和责任意识，形成正确的劳动观与择业观。

> **小实践**
>
> 每当毕业季来临，一系列大型招聘会纷纷展开。近年来，除传统热门职业继续吃香外，一些新兴的职业也倍受瞩目。以上这些新兴职业是不是给正在求职的你带来更多的选择呢？感兴趣的朋友可以去了解一下哦！

思考题

1. 谈谈你对劳动价值观、择业观以及职业选择行为间关系的理解。
2. 结合自身专业，谈谈你对自己未来职业的规划。在这个过程中又考虑到了哪些因素的影响？
3. 假设你是一名生涯咨询师，你对当代大学生职业选择有哪些忠告？

延伸阅读

1. 刘小平，杨淑薇，《高校毕业生核心职业能力研究》，社会科学文献出版社，2020 年
2. 苏文平，《大学生职业生涯规划与发展》，中国人民大学出版社，2019 年
3. 刘艳，彭正敏，《青年职业选择及发展：基于科学实证的建议》，北京大学出版社，2018 年

第六章

大学生与劳动权益

要让别人做到的事，首先自己要做到。
——包起帆

你有过这样的经历吗？

情境一：小琳（化名）是一名在读的大二学生。暑假将至，她计划假期拿出一部分时间来做兼职，后经朋友介绍到当地一家饭店工作。在正式开始工作之前，小琳要求与老板签订临时雇佣合同，老板很爽快地答应，并很快准备出合同文书。合同约定兼职期间工资以小时为单位计，15元/小时，每天工作8小时。同时老板表示，由于假期客流量与工作量都较大，等到兼职结束时实际工资以每小时25～30元的标准结算。小琳担心老板口头上的承诺不算数，于是提出要求让老板改一下合同再签，老板称重新打印合同比较麻烦并提出直接在合同上修改金额。签订合同后小琳第二天就正式到店开始工作。然而工作没几天，老板就经常以迟到为由克扣小琳工资，并且常常日工作时间超过8小时。到结算工资时，小琳只拿到1500元，其余的老板都以迟到、工作不积极为由扣掉了。当小琳拿出合同准备讨回公道时，老板却说合同上的修改内容无效。

情境二：王洋（化名）是一名大四学生，眼看着毕业在即，为了尽快找到工作，他从最开始对职位精挑细选转变为后来看到待遇合适的职位就会投简历去尝试，最终被一家制造业公司录用为实习生，负责数据录入的相关工作。公司承诺，实习期间每月支付王洋2500元的实习工资，若实习期间表现积极则在实习期满后转为公司正式员工,转正后月收入根据当月工作表现可达到 4000~6000 元不等。王洋暗自庆幸抓住了一个好机会,因此进入公司实习后表现十分积极。由于订单多、产品型号复杂,每日需要录入的数据量很大。实习期间王洋经常每日工作十多个小时,有时还会利用周末的时间加班工作。三个月后,王洋办理完毕业手续向公司提出转正申请,而公司却找各种理由告知他不能继续聘用,并要求王洋在一周内办理完离职手续。王洋理论无果,只要求公司把实习期间加班的费用一同结算,然而公司却对他的要求置之不理。无奈之下,王洋到当地劳动人事仲裁委员会申请仲裁,却被告知不属于受理范围[一]。

上述两种情境在大学生实习、兼职的过程中频繁出现。情境一复现了大学生兼职过程中遭遇克扣工资、合同诈骗的情形;情境二复现了大学生实习期间加班工资支付的问题。遇到类似情境时大学生应如何维护自身合法权益?情境一中,小琳希望通过签订合同保障自身利益的做法值得肯定,但在签订合同的过程中,小琳没有认识到对合同文本的直接修改没有法律效力,因此饭店老板对小琳承诺的实际实习工资不受法律保护。在这种情况下,小琳如果拿不出兼职期间证明自己实际工作时间的签到表,则只能按照合同约定获得兼职报酬。情境二中,王洋在实习期间确有加班行为,但实习不同于已建立劳动关系,实习过程中的加班工资支付问题取决于劳动双方对加班工资支付的约定,如无约定则无须支付。由于王洋与实习单位未对加班工资有过约定,因此实习期间的加班费实际无法结算。

如今,大学生在校期间兼职、实习的现象已非常普遍。对河南省部分高校在校大学生的调查数据显示,有过兼职或实习经历的学生占被调查对象的 85%,其中多达 77.6% 的学生在校期间有过两次以上的兼职经历[二]。

[一] 改编自"大学生校外实习骗局案例库"(https://sz.jnu.edu.cn/dxsxwsxpjalk/list.htm)
[二] 李亮辉. 大学生社会兼职劳动权益保护现状及其对策探究 [J]. 黑龙江畜牧兽医, 2016 (7).

一站式灵活用工平台"兼职猫"基于平台2600万用户数据发布的《2019暑假职场生存数据报告》显示，大学生兼职工作以"职业技能""餐饮服务""市场推广"等为主①。由于兼职工作的内容一般相对简单、工作时间比较灵活、工作周期较短，增加了雇主与兼职大学生之间权利与义务关系的不确定性。据调查，大学生兼职、实习的过程中自身权益常被侵犯，较常见的侵权形式包括拖欠或克扣工资（69%）、故意延长工作时间（58.4%）、泄露个人信息（39%）、敲诈（24%）、无故辞退（23%）等②。虽然大学生具有一定的维权意识，但维权能力还比较弱。对广东省数万名兼职大学生的调查显示，在兼职过程中有12.5%的大学生权益受到侵害，而受侵害的群体中只有12.1%的大学生选择通过法律途径来维护自身权益，近七成的大学生期望通过与雇主交涉来解决问题，更有7.5%的大学生认为多一事不如少一事，不会通过正确途径维护自身合法权益③。

第一节 / 劳动权益内涵

> 劳动教育，即人的劳动品质的培养，不仅是未来好的公民或不好的公民的教育，而且是公民将来生活水平及幸福的教育。
>
> ——安东·谢苗诺维奇·马卡连柯

维护劳动者合法权益既能够保护劳动者合法劳动行为，形成尊重

---

① 2019暑假职场生存数据报告：大学生兼职打工"不怕吃苦怕被骗". 搜狐网. 2019 - 08 - 30. https://www.sohu.com/a/337435655_119038?scm=0.0.0.0.

② 项阳，殷静然，伍娜. 自媒体时代大学生兼职维权状况调查研究［J］. 现代商贸工业，2017（7）.

③ 大学生兼职的被侵权现象. 道客巴巴. 2014 - 11 - 05. https://www.doc88.com/p-7724021009712.html.

劳动的文化氛围，也有助于企业人力资源的积累，保障企业可持续发展，是我国构建和谐社会、实现中华民族伟大复兴的中国梦不可或缺的重要组成部分。在党的十九大报告中，"更高质量和更充分就业""人人都有通过辛勤劳动实现自身发展的机会""构建和谐劳动关系""鼓励勤劳守法致富"等重要表述无不展现出国家保护劳动权益和着力改善民生的决心。

一、劳动权益基本内涵

劳动权益是劳动者享有的权利与利益的简称，指的是劳动者作为人力资源的所有者，在劳动关系中，凭借从事劳动或从事过劳动这一客观存在而获得的应享有的权益，包括平等就业和选择职业的权益、获得劳动报酬的权益、依法休息休假的权益、获得劳动安全卫生保护的权益、获得社会保险和福利的权益、接受职业技能培训的权益以及法律规定的其他劳动权益等。

（1）**平等就业和选择职业的权益**。凡是有劳动能力的公民，均应当获得参加社会劳动的权利，并能够不受歧视地自主选择相应的职业。

（2）**获得劳动报酬的权益**。劳动者在合法履行劳动义务之后，有权获得与其劳动力价值对等的报酬。

（3）**依法休息休假的权益**。过度劳动或透支式劳动都不利于劳动者身心健康，对于可持续劳动过程会带来负面影响，因而依照法律相关规定，劳动者享有休息的权利，包括法定节假日、病假、产假等。

（4）**获得劳动安全卫生保护的权益**。劳动者在劳动的过程中有权获得安全的工作环境以及必要的劳动保护用品，以保障本人的安全和健康的权利，对于一些特殊的公众还应当配备专门的保护设施设备。

（5）获得社会保险和福利的权益。 用人单位和劳动者必须依法参加社会保险并缴纳社会保险费，劳动者在满足对应条件时有获得社会福利的权利。

（6）接受职业技能培训的权益。 从事技术工种的劳动者在上岗前必须经过培训，这既是技能提升和工作效率改进的需要，也是保护劳动者身心健康的需要。

二、大学生劳动权益的特殊性

当前，大学生在校兼职及入职前实习的现象已非常普遍，在完成课业的同时他们主动且自愿地为他人或机构提供脑力劳动或体力劳动，既能够在一定程度上增加自身的收入，同时也有助于提升其综合素质、增强就业竞争力。然而，大学生兼职或实习毕竟不同于正规的劳动就业，这导致对大学生劳动者身份的不同认识，进而增加了大学生在兼职与实习过程中劳动权益界定的难度。

要客观考察大学生劳动权益的特殊内涵，需要从其兼职与实习过程中的"劳动者"身份说起。从就业年龄来看，我国法律规定的劳动者最低就业年龄为 16 周岁。除特殊情况外（如大学少年班学生），大学生群体一般在 18 周岁以上，均已达到法律对劳动者起始年龄的要求。从智力因素来看，大学生的智商水平不应作为衡量其是否具有劳动能力的因素，而技能水平方面，由于大学生兼职、实习阶段多从事低附加值的劳动，其所学的知识与技能足以支撑兼职或实习任务。

以上各方面表明，大学生的确从事了与普通劳动者类似的劳动过程，理应享有相应的劳动权益。但大学生劳动者身份的特殊性，又使得其在劳动方式、劳动时长、劳动合同签订等方面无法与一般劳动者完全等同，特别是兼职劳动在法律意义上很难确切界定，时常出现劳动报酬被压低、休息保障不充分、其他福利待遇难于兑现等合法权益被侵害现象，从而造成大学生劳动权益保护的困难。

三、大学生劳动权益保护

据国家统计局 2019 年末的统计数据显示，我国目前 16~59 周岁的劳动年龄人口占全国总人口的 64%。一般情况下，现实劳动关系中的主体地位是不平衡的，劳动者往往处于弱势，用人单位则处于相对强势。为保障广大劳动者的合法权益，各国劳动法律体系中对劳动者的就业年龄、劳动者应享有的权利、劳动者最低工资标准以及特殊群体的劳动权益保障都会作出明确规定。

1. 大学生劳动权益保护的特殊性

与一般意义上的劳动者相比，从事兼职或实习活动的大学生身兼"在校学生"与"劳动者"双重身份，很难与用人单位形成持久而稳固的劳动关系，这既成为一些用人单位逃避相关责任的借口，也是大学生自身维权意识不足的重要原因。

首先，大学生"特殊劳动者"的身份增加了将其充分纳入法律保护的难度。大多数情况下，大学生需要边完成学业边参加劳动，这就使得他们很难提供连续且稳定的劳动，这种非持续性或非全日制劳动的形式为劳动合同签订带来了困难，即使签订劳动合同，其条款往往也只是一些原则性说明，进而成为其劳动权益维护的重要障碍。

其次，用人单位对于大学生兼职劳动的预期不稳定，用对待普通劳动者的方式为大学生提供必要劳动培训或保障的动力不足。在校大学生能否顺利毕业、毕业后是否会继续留下来工作、正式录用后是否会安心上班等，都是用人单位雇佣大学生时所担心的问题。因而，大多数大学生在兼职或实习中只能从事一些可替代性强的简单劳动，用人单位出于节约成本考虑，不太可能对其进行必要的技能培训，在法律层面也较少为其缴纳相关劳动保险。

最后，大学生与用人单位双方合同缔约能力不对等。在兼职或实习劳动关系中，大学生明显处于弱势地位，使得他们在兼职与实习过程中不敢主张自己的合法权益，当自身合法权益受到侵害时也不会像普通劳动者那样主动寻求法律保护。此外，部分大学生法律意识淡薄，对自身劳动义务认知不到位，认为与用人单位签订的就业协议不具备法律效力而肆意违约。对自身权益、应尽法律义务的不明晰既不利于大学生维护自身合法权益，同时也损害了用人方的利益，不利于维护社会公共秩序。因此，培养大学生合法劳动意识，既要积极履行自身劳动义务，又要善于运用法治思维保护自身的合法权益。

2. 国外大学生劳动权益保护法条例○

大学生劳动权益保障是全球性问题，各国做法不一。美国立法认可大学生的劳动者身份，大学生可以在平时上学期间或寒暑假自由选择兼职。该国的《公平劳动标准法案》对"凡是受雇于他人、从事体力或脑力劳动并从中获取经济报酬的人"的工资规定了参考标准，全

○ 金劲彪，郭人菡. 毕业实习大学生劳动权益保护的法理反思：基于各层次利益衡量的视角 [J]. 教育发展研究，2020 (3).

日制学生群体也在该法案保护对象的范围内,这为兼职大学生的工资权提供了保护。

法国各地的高等学校及学校事务管理中心为大学生兼职提供条件,并重视保障大学生在兼职与实习过程中的权益。2014年2月该国颁布的《新实习生法案》,对大学生实习的周工作时间、期间享有的休假权以及获得实习补贴与报酬的最低标准都作了明确规定。

德国学术界普遍认为,当大学生能够独立完成实习或兼职要求的工作内容并符合用人单位的用工条件时,就应当从法律上认定双方的劳动法律关系。劳动法律关系一旦认定,全日制大学生与一般劳动者不存在差异,其劳动者身份受法律保护。该国规定,认定劳动关系的实习生与一般劳动者享有同等的工伤事故保险待遇,实习单位有责任为实习的大学生缴纳工伤保险费用。

日本更加注重不同身份劳动者劳动权益的平等保护,其《最低工资法》对大学生兼职的工资权益作出明确的规定,保障全日制大学生的劳动权益不受侵犯。

3. 大学生劳动权益的保护

目前,我国劳动权益保障体系中虽然尚未形成针对大学生群体的劳动权益保障条款,但在已有法律法规中已体现出对大学生群体合法劳动权益的重视。

《中华人民共和国劳动合同法实施条例(2008年9月颁布)》、2016年教育部等五部门联合印发的《职业学校学生实习管理规定》以及2019年教育部印发的《关于加强和规范普通本科高校实习管理工作的意见》对职业院校、普通高校学生实习期间工作时间和休息休假权、获得实习报酬权以及对实习过程中发生疾病、伤亡等情况的处理等都作了规定与说明,如"接收学生顶岗实习的实习单位,应参考本单位相同岗位的报酬标准和顶岗实习学生的工作量、工作强度、工作时间等因素,合理确定顶岗实习报酬,原则上不低于本单位相同岗位试用期工资标准的80%,并按照实习协议约定,以货币形式及时、足额支付给学生"。⊖

第二节 / 大学生劳动权益内容

> 当前,我们教育的最大错误是,它试图让孩子们知道所有远在天边的事情,而对近在咫尺的事物都一无所知。
>
> ——约翰·杜威

大学生具有"劳动者"身份,理应合法享有相应的劳动权益,但作为兼有"在校学生"与"劳动者"双重身份的大学生,其劳动权益主要体现在劳动过程中,兼职打工、实习见习、毕业择业等不同劳动参与方式下的劳动权益内容也会有所差别,"分门别类"予以了解有助于针对性地维护自身合法劳动权益。

一、兼职中的劳动权益

大学生兼职是指大学生利用业余时间自愿为企业等用人单位提供体力或脑力的劳动支出。大学生兼职活动形式多样,在时间上也有很

⊖ 出自《职业学校学生实习管理规定》第十七条(https://www.moe.gov.cn/jyb_xwfb/s271/201801/t20180112_324419.html)

强的自由性，大多发生在寒暑假或节假日期间。对北京市部分高校学生的调查结果显示，在兼职过程中仅有不到一半（48.6%）的学生未遇到过任何侵权行为，多数大学生在兼职过程中遭遇权益侵害，如被故意延长工作时长、故意拖欠或克扣工资、被安排高强度工作等，[一]甚至出现用人单位无视兼职大学生劳动期间受伤的情况，大学生兼职中的合法劳动权益保护不甚乐观。

根据大学生兼职的法律性质可将大学生兼职种类划分为非全日制用工与劳务关系用工两种。非全日制用工形式与企业正式员工的全日制工作形式相对应，一般为大学生到企业兼职；劳务关系用工相比于非全日制用工形式更加灵活，劳动具有短时性的特点，如发传单、促销或家教等兼职活动。在两种用工关系的兼职中，兼职大学生都享有自愿订立劳动合同、约定工时限制、获得工资保障以及享受特殊工伤赔偿的权益。

第一，大学生与用人单位双方在平等协商的基础上应自愿订立劳动合同。劳动合同是劳动者与用人单位之间确立劳动关系、明确双方权利和义务的协议，具有法律约束力。合同订立后，大学生本人应依照合同要求接受用人方的管理，根据相应工作安排付出劳动，同时享有合同规定内容的合法权益。

第二，大学生在兼职时有权与用人方约定兼职期间工时限制。按照相关法律规定，非全日制用工，劳动者在同一用人单位一般平均日工作时间不得超过 4 小时；劳务关系性质的用工，单次工作时间虽然较长但对于劳动双方的权利、义务关系有明确的规定，用人方也应依

[一] 麻雪松，孟婷玉，崔玉杰. 大学生兼职现状及相关问题的研究 [J]. 智库时代，2018 (24).

劳动合同的规定足额支付劳动报酬。

第三，大学生兼职有获得工资保障的权利。基于对劳动的尊重，同时为避免用人方将大学生作为廉价劳动力甚至免费劳动力使用，我国劳动合同法规定非全日制用工小时计酬标准不得低于用人单位所在地政府规定的最低小时工资标准。

第四，大学生兼职期间有权享有与工伤保险对等的工伤赔偿。由于兼职大学生身份的特殊性，兼职期间的社会保险不能简单套用一般劳动者社会保险管理规定，但大学生兼职仍有受工伤的风险，一旦发生，用人方应按照工伤事故处理并给予兼职大学生一定的赔偿，保证因劳动关系产生的利益得到落实。

二、实习中的劳动权益

大学生就业实习，是指已修完学校规定学分即将毕业但尚未拿到毕业证和学位证的大三或大四学生，以就业为目的提前进入工作岗位工作。与兼职的情况不同，大学生就业实习的特点在于利用学籍时间，着眼于提升自身的实践能力与就业能力，而不是单纯地利用课余时间赚取劳动报酬。一般而言，大学生就业实习是基于学校的实践安排，而兼职则属于个人行为。随着劳动力市场就业压力增大，"实习"已成为大学生择业就业的重要途径，通过实习既能够提升大学生的实践能力，帮助其提前适应职场，同时有助于促进产教融合。然而由于实习生身份与人事关系的特殊性，许多企业为降低用工成本，在规章制度、岗位职责等方面往往按照本单位正式员工的要求管理实习生，而在享有对等的劳动权益方面却尽显苛刻。

Chapter Six
第六章 大学生与劳动权益

大学生在就业实习过程中除享有基本的签订劳动合同、获得劳动报酬等权益外，还应享有职业伤害保障权。这里的职业伤害保障权与兼职活动中的"特殊工伤赔偿"有所不同，属于社会保险的范畴，它是实习生在遭受职业伤害或疾病风险后获得救助的重要保障。对江苏高校实习生的大范围调查结果显示，仅有16%的实习生在实习中购买了工伤保险，其中实习单位提供的职业伤害保护仅占有保险人数的44%。㊀大学生实习过程中因职业伤害诉讼用人方赔偿的情况时有发生。

为更好地理解实习期间的劳动权益，请看以下案例。

大四实习生王某毕业前夕与某用人单位签订了《实习协议书》，协议书对实习时间和实习期月薪作了明确规定。实习于6月15日完成，同时双方口头达成协议："实习期满后签订正式劳动合同，期间用人单位依法为王某购买工伤保险。"6月16日王某取得高校毕业证，6月20日王某因公事外出期间受伤，住院一个月，同时相关司法鉴定王某为八级伤残。就在王某住院治疗阶段，用人方单方面解除了劳动关系，期间发放的工资也未达到当地政府规定的最低工资标准。无奈，王某向当地法院提起诉讼。法院最终判定用人方侵害了实习生王某的权益，判决用人方：①足额支付王某实习期间的应得报酬；②支付王某解除劳动合同经济赔偿金三千元；③根据工伤鉴定结果予以赔偿；④案件受理费由用人方承担。最终双方自愿达成和解，用人方赔偿王某近八万元。㊁

㊀ 徐银香，张兄武."责任共担"视野下实习生权益保障问题的调查分析[J]. 高等工程教育研究，2017（6）.
㊁ 陈平，寻孝燕，余昭睿，候燕. 大学生"就业实习"劳动关系认定及权益保护[J]. 广西质量监督导报，2020（1）.

实习生在实习过程中通常发挥"顶岗"的作用，能够胜任一般工作的要求，但"实习工资"通常低于正式员工。鉴于实习生身份的特殊性，企业可以不为实习生缴纳养老保险、失业保险，但应强制、足额缴纳实习期间的工伤保险，切实保障实习生的劳动权益，在实习中免受职业伤害。

三、就业中的劳动权益

大学生在毕业求职过程中一般更加重视简历的设计或求职技巧的提升，而对就业过程中个人合法权益保护的关注明显不足。毕业生法律维权意识的缺乏致使其在就业过程中经常使自身权益受到不同程度的侵害。当前，毕业生招聘条款中侵权性质的内容普遍存在。中国人民大学社会保障学专家曾指出："我国就业市场中，超过90%的招聘信息含有歧视性条款，如年龄歧视、性别歧视、学历歧视、户籍歧视等。"针对北京某知名高校毕业生就业状况的调查结果显示，面对就业过程中的侵权现象，仅有13.9%的大学生会选择合理维权，更多的人（86.1%）则选择忍气吞声。[一]目前，大学生就业中的劳动权益保障问题已逐渐成为一个广受关注的社会性问题。

《劳动合同法》是保障大学生就业权益的基本法律条文，大学生就业中的劳动权益主要包括劳动合同的签订、依法明确试用期限以及订立清晰的合同条款。

第一，劳动合同的签订。为降低用工成本，逃避雇佣法律责任，一些不良企业规避与劳动者签订劳动合同，特别对于刚毕业步入职场的大学生，由于他们本身社会经验不足、法律意识淡薄，这一现象更

[一] 王克岩. 浅议大学生就业过程中的权益保护 [J]. 出国与就业, 2011 (10).

加普遍。《劳动合同法》明确规定"用人单位自用工之日起即与劳动者建立劳动关系",并且"建立劳动关系,应当订立书面劳动合同"。一旦毕业生在就业阶段发生侵权纠纷,除劳动合同纸质证明外,任何口头协议都不利于大学生维护自身的合法劳动权益。

第二,依法明确试用期限。试用期是大学生入职之初与用人单位相互了解的过渡期。《劳动合同法》依据劳动合同的期限对试用期的期限有明确规定:"劳动合同期限三个月以上不满一年的,试用期不得超过一个月;劳动合同期限一年以上不满三年的,试用期不得超过二个月;三年以上固定期限和无固定期限的劳动合同,试用期不得超过六个月。"○由于大学生对试用期相关法律条款了解不够,一些用人单位随意延长试用期限,或者为降低用人成本,试用期满后随意解除已签订的劳动合同,致使大学生劳动权益严重受损。

第三,订立清晰的合同条款。一般在签订劳动合同的过程中用人单位处于主导地位,即由用人单位提前依照相关法律规定拟好合同文本,双方在达成一致后签订。有些用人单位在拟定合同条款时倾向于过多规定"劳动者的义务"和"用人单位的权利",而很少在合同条款中涉及"劳动者的权利"和"用人单位的义务"。由于大学生初出校门,法律意识淡薄,他们对劳动合同中的不公平条款不够敏锐,甚至有些大学生即使意识到条款中的问题,为了"保住工作"也会选择被动签约。用人单位对合同条款的不平等规定及其在签约过程中与大学生地位的不平等为大学生就业后劳动权益的保障埋下隐患,一旦发生权益纠纷,很多大学生将处于被动状态。

○ 中华人民共和国劳动合同法. http://www.mohrss.gov.cn/SYrlzyhshbzb/zcfg/flfg/fl/201605/t20160509_239643.html.

第三节 / 合法劳动意识培养

> 人在用劳动创造物质财富和精神财富的同时也在创造自己。
>
> ——苏霍姆林斯基

党的十八大以来，以习近平同志为核心的党中央提出了全面依法治国的新理念新思想新战略，开辟了全面依法治国理论和实践的新境界，开启了中国特色社会主义法治的新时代。要实现"建设中国特色社会主义法治体系、建设社会主义法治国家"的总目标，就必须要对全体公民进行法治教育，最大限度增强公民法治意识。大学生作为社会主义建设中的公民主体，其合法劳动意识的培养对构建和谐劳动关系、维护社会稳定、促进经济持续健康发展都有无可替代的现实意义。《意见》中也明确提出要"充分认识新时代培养社会主义建设者和接班人对加强劳动教育的新要求"，坚持体现时代特征的原则，强化诚实合法劳动意识。

一、学好相关法律法规知识

《劳动法》《劳动合同法》规定了劳动者合法权益的基本内容，是大学生在兼职、实习活动中维护自身合法权益的重要法律保障，因此大学生应主动学习法律条文中劳动权益的有关内容。除了学习劳动相关法律法规，大学生应当充分利用学校课程资源，重视相关法律课程的学习。为培养大学生的法律意识，多数高校在大一年级都开设了必修课程"思想道德与法律修养"，然而由于该课程并非专业课程，学生的学习热情不高,个别学生甚至将考试不挂科作为该课程学习的目标。大学生在校期间应扭转自身认识,重视法律法规基础课程,明确课程的学习目标和培养方案,有的放矢进行学习,而不能只为获得学分应付学习。另外,除专业课和法律基础必修课外还应当有意识地多方位摄取其他相关知识,如选择法规类选修课程,主动参加学校组织的普法教育活动等,要从认识上重视法律法规对自身的实际意义,注重相关知识摄取的实效,掌握基本劳动相关法律法规知识。

学好劳动法规知识是前提,用好劳动法规知识才是目的。大学生在全面了解与兼职、实习、就业相关的法律条文,掌握基本的劳动法规知识后,当自身合法权益受到侵害时要主动寻求法律保护,而不能抱着"多一事不如少一事"的消极心态保持沉默,更不可在放弃使用法律武器的同时,选择采用"报复性"手段向用人单位"讨回公道",这样既无法保护自己的劳动权益,还有可能因违法而导致更大的损失。正确的做法是运用劳动法规相关知识,自主辨别自身权益受侵害的情况,并理智对待和处理常见的侵权问题,如怎样获得兼职与实习工资保障、兼职或实习期间遇到工伤情况应如何处理、就业试用期应该多长以及期间可以获得哪些待遇等。

二、规避兼职实习前的风险

兼职是大学生在校期间最早接触社会的活动之一。大学生在兼职、实习与就业的过程中与用人方形成劳动关系,并受到《劳动法》和《劳动合同法》的保护,包括兼职中的劳动权益保护、实习中的双方责权,以及和毕业就业直接相关、关乎毕业生切身利益的有关劳动合同签订、试用期的确定以及试用期结束后转正的相关规定。为最大程度规避风险，大学生在兼职前应首先对相关法律条文进行全面了解，掌握与自身相关的、常用的法律法规知识。此外，有必要多询问高年级同学或者通过网络了解"过来人"的兼职经历，这样一方面能够对兼职工作的种类有所了解，更重要的是可以通过他人的经历提前认识到兼职中可能存在的侵权行为，为个人实际兼职活动中的权益保护提前做好准备。确定兼职工作后，大学生应当主动要求与用人方签订包含兼职时间、工作内容、工作时长、兼职待遇、兼职期间意外情况处理等内容的书面协议。

与兼职有所不同，大学生在实习与就业的过程中应当对劳动合同的签订、试用期的确定以及转正手续办理的相关法律法规有更深刻的理解。要深刻地认识到实习或寻找工作是正式迈向劳动力市场的前奏，要用一个合格劳动者的标准要求自己，既要注重自身劳动权益的合法保护，也要清楚地认识自己在兼职与实习活动中应履行的义务，诚实劳动、辛勤劳动，用实际行动为自己争取更多权益。

三、维护合法权益

在兼职、实习与就业的过程中，当自身合法权益受到侵害后，大学生应勇于面对被侵权的情况，运用已有的法律法规知识主动尝试与用人方进行沟通，明确双方的权责，尝试协调解决问题。当个人努力协调无果，大学生还应积极寻求外在帮助。高校是大学生进入社会前法律意识形成和培养的重要场所，也是大学生合法权益受到侵害后的第一道保护阵地。高校大多设有法律指导援助机制，能及时为大学生提供就业指导与维权服务。当自身合法权益受到侵害后，大学生应积极求助于学校的法律援助中心，听取专业指导老师的意见，在学校的帮助下与用人方进行沟通协调。除学校外，社会媒体的报道、劳动权益部门的保护等都是大学生在遭受侵权伤害后寻求权益保护的有效途径。

总之，大学生在正式步入社会前可能会面临各种形式的劳动权益威胁，当自身合法权益受到侵害后，大学生作为"弱势方"要做到既不一味退让，也不鲁莽冲动，要发挥自身内在作用，同时积极寻求学校与社会的外在帮助，借助多方力量共同维护自身的合法权益。

典型案例

《民法典》里劳动者权益保护的"那些事"㊀

据封面新闻报道，某公司业务部门7名员工因业务不佳被罚吃"死神辣条"，后多人身体出现不同程度不适，其中两名女员工被送往医院，查出胃绞痛、胃炎。还有公司用同样的方法让员工吃"蚯蚓""芥末"等以惩罚业绩不佳的员工……近年来，"员工未完成业绩要打耳光""跪地爬""裸体跑"等类似新闻屡见不鲜㊁，这实际上已严重侵犯到个体的人格权。

2020年5月28日，十三届全国人大三次会议表决通过了《中华人民共和国民法典》（以下简称《民法典》），自2021年1月1日起施行。从劳动者权益保护的角度看，《民法典》为保护劳动者权益补充了包括人格权等在内的新内容。

㊀ 改编自《<民法典>里劳动者权益保护的"那些事"》（http://right.workercn.cn/158/202006/01/200601073813456.shtml）

㊁ 员工业绩未达标，被逼互扇耳光、吃死神辣条，算是垃圾公司吗。https://zhuanlan.zhihu.com/p/160183682。

第一，民事主体享有人格权。《民法典》第990条规定"除前款规定的人格权外，自然人还享有基于人身自由、人格尊严产生的其他人格权益"。这是对我国宪法规定的"加强劳动保护"和"改善劳动条件"精神的贯彻，也是对《劳动法》规定的劳动者劳动权利的细化。因此，该条款实施后，人格权将得到更全面、更到位的保护。

第二，扩大了用人单位的主体范围。《劳动合同法》规定中华人民共和国境内的企业、个体经济组织、民办非企业单位等组织作为用人单位，《劳动合同法实施条例》进一步明确会计师事务所、律师事务所等合伙组织和基金会属于劳动合同法规定的用人单位。而《民法典》中列明以下民事主体今后均可以作为劳动法上的用人单位，应当对其招用的劳动者承担相应的法律责任：公司及各类企业等营利法人，事业单位、社会团体、基金会、社会服务机构（依法设立的慈善机构、宗教场所）等非营利法人，机关、农村集体经济组织、城镇农村合作经济组织、居委会、村委会等特别法人，以及业主委员会、个人独资企业、合伙企业等非法人组织。

第三，误解协议撤销及合伙人报酬更明确。《民法典》第152条规定，"重大误解的当事人自知道或者应当知道撤销事由之日起90日内没有行使撤销权的，撤销权消灭。"根据条文规定，如果个人在职期间或离职时与单位签订了协议书，对内容存在重大误解的一定要在知悉该情形后90日内行使撤销权，否则过期将无法维权。另外，针对合伙人提供劳动有无报酬的问题，《民法典》第971条规定，"合伙人不得因执行合伙事务而请求支付报酬，但是合伙合同另有约定的除外。"也就是说，劳动者作为合伙人为合伙组织提供劳动，执行合伙事务，要特别注意在合伙合同中约定清楚是否支付报酬，否则事后不能依照《劳动法》的相关规定主张劳动报酬、缴纳社会保险等权益。

第四，用人单位有义务预防和制止性骚扰。《民法典》同时涉及了职场的性骚扰问题。根据第 1010 条规定，"违背他人意愿，以言语、文字、图像、肢体行为等方式对他人实施性骚扰的，受害人有权依法请求行为人承担民事责任。机关、企业、学校等单位应当采取合理的预防、受理投诉、调查处置等措施，防止和制止利用职权、从属关系等实施性骚扰。"然而，对于制止性骚扰行为，用人单位应该负什么责任、应建立怎样的防性骚扰机制，目前法律草案尚未明确，需要未来法规或司法解释作出进一步细化。

第五，劳动者履职造成的损害由单位先担责。此次《民法典》明确了"劳动者因履职造成的损害"的责任承担程序。条文第 1191 条规定，"用人单位的工作人员因执行工作任务造成他人损害的，由用人单位承担侵权责任。用人单位承担侵权责任后，可以向有故意或者重大过失的工作人员追偿。劳务派遣期间，被派遣的工作人员因执行工作任务造成他人损害的，由接受劳务派遣的用工单位承担侵权责任；劳务派遣单位有过错的，承担相应的责任。"现行规定下劳动者履职给单位造成经济损失的，只有双方劳动合同有特别约定时，单位才可以按照约定追偿，没有约定则缺乏维权依据。而《民法典》实施后，劳动者履职中因重大过失给单位造成损失的，单位在对外承担赔偿责任后可以直接依法向劳动者追偿。也就是说，对劳动者来说，工作中需要更加谨慎、用心，严格按照操作规程履职，否则赔偿风险增加。

> **○ 小实践**
>
> 2020 年 5 月 28 日，第十三届全国人民代表大会第三次会议表决通过了《中华人民共和国民法典》，相关条款对维护劳动者权益提供更有力的保障。让我们围绕身边的同学和朋友展开一次普法调研活动，从实践中了解群众对《民法典》的认识程度。

思考题

1. 谈谈你对大学生特殊劳动者身份的理解。
2. 大学生兼职应如何维护自身合法权益?
3. 大学生就业实习中可能会存在哪些侵权行为? 所涉及的劳动权益与兼职中的劳动权益有何差异? 应如何维护大学生就业实习中的合法劳动权益?
4. 从不同主体的角度,谈谈应如何培养大学生形成合法劳动意识?

延伸阅读

1. 《中华人民共和国劳动法 中华人民共和国劳动合同法》,法律出版社,2019 年
2. 柯新华,《就业与劳动权益保护:维权实例与实务指引》,法律出版社,2013 年
3. 张勇,《大学生实习及其权益保障的法律与政策》,上海人民出版社,2012 年
4. 杨志明,《和谐之基——中国劳动者权益保障之路》,中国劳动社会保障出版社,2011 年

第七章

大学生与劳动文化

引导学生树立正确的劳动观，崇尚劳动，尊重劳动，增强对劳动人民的感情，报效国家，奉献社会。

——《中共中央 国务院关于全面加强新时代大中小学劳动教育的意见》

"最美钳工"张文良：用双手践行"工匠精神" ⓐ

17岁异地求学，19岁参加第三届全国技工院校学生技能大赛获得全国第七名的好成绩，22岁成为沈阳造币厂最年轻的高级技师，获得"全国技术能手""全国青年岗位能手""全国向上向善好青年""总公司十佳杰出青年"等多项荣誉……"90后"小伙子张文良始终相信"只要有'真才实学'的'一技之长'，技术工人也照样可以成就一番事业！"一路走来，他用行动证明并做到了"技术改变人生"。

1991年，张文良出生于辽宁省鞍山市岫岩县的一个普通的农村家庭。年幼时父亲病重离世，母亲含辛茹苦将他抚养长大。张文良勤奋认真、不断钻研求索的精神来源于母亲要强的性格和潜移默化的影响。来自大山之中的张文良不甘于一辈子种田，向母亲提出外出求学的请求，母亲十分赞同，并让他不必费心顾家、专心学业。"母亲一直教育我不能被别人比下去。从那时起，我就坚信，别人能做到的事情我也能，并且要做得更好。"

ⓐ "最美钳工"张文良：用双手践行"工匠精神". https://www.sohu.com/a/80043882_119586.

2008年，年仅17岁的张文良独自背上行囊来到沈阳职业技术学院模具专业求学。在校学习期间，模具专业实习课以钳工为主，从操作站姿慢慢练起，逐渐将学到的技术应用到实践中去。张文良就这样由基础入门，背负着理想，执着于自己的选择。在这里，张文良认识了教会他赖以生存关键技能的恩师曲骊——首届"振兴杯"全国青年职业技能竞赛冠军。"曲老师不光教授我知识，更带领我寻找到了自己的目标和梦想，并鼓励我不断前行。"

2010年，一个偶然的机会，张文良在曲骊的办公室里看到了一个刻着"全国技术能手"字样的漂亮奖杯。这激发了他的新梦想。张文良兴奋又向往地问曲骊自己何时能参加这类比赛？曲骊表示等他技术成熟并学成毕业后，就会有机会站在赛场上展示自己的能力与风采。同年，张文良参加了第三届全国技工院校技能大赛。由于年龄尚小、经验不足，张文良在辽宁省选拔赛中并没有发挥出自己平时的水平。赛后等待成绩的时候，他显得焦躁不安。细心的曲骊很快注意到张文良的状态，及时耐心开导他，与他一同分析比赛时的表现，帮助他重塑信心。最终，张文良获得了辽宁省第三名、全国第七名的好成绩，成为同届钳工中最优异的学生。

2011年，张文良在曲骊的推荐下成为一家非公企业的临时工。每月1200元的工资更坚定了他提升技能的决心。学生时代的经历是他向着梦想迈出的第一步，也是他不变的初心。一天24小时中，除了必要的吃饭睡觉时间，张文良都在努力提升自己的技能，争取做到分毫不差。所有的付出和努力都会有所回报。2012年，张文良参加了第八届"振兴杯"全国青年职业技能竞赛并获得钳工组冠军。"这次比赛给了我站在国家级舞台的机会，圆了我期盼多年的冠军梦。"也正是这次比赛让他在行业中崭露头角，成为同行之中的佼佼者。

2013年5月，张文良终于如愿以偿，成为沈阳造币有限公司的一名维修钳工，主要从事造币设备的维修、装调等工作。他也由此成为公司里最年轻的高级技师。"走上全新的岗位，我的心里满是压力。在这里，我该怎样实现技能的再突破，怎样才能体现自己的专业价值？学习是唯一的途径。在转型发展的'新常态'下，公司对复合型人才的培养十分重视，这为我搭建了更广阔的平台，我开始向新的目标攀登。"入职当年，张文良参加了第九届"振兴杯"比赛，并挑战了机械设备安装工这一全新工种。从熟悉工具到培训技能、从备战比赛到实战操作，张文良得到了朋友、同事和单位的支持。"自身发展的渴望与来自企业的期待，都化作了我从零开始、苦学苦练机械设备安装技术的动力，最终我取得了全国第三名的成绩。"在设备维修的岗位上，张文良是一名虚心勤奋的"学徒工"。他踏踏实实地向有几十年工作经验的前辈和掌握丰富理论知识的技术人员学习造币技术。良好的专业基础优势让他更加大胆地参与到技术改造、攻关之中，以自己的才智为公司发展出谋献力。

2015年，张文良参加了沈阳市超级技工电视大赛，进入决赛的12人在四项比赛中经历连番挑战的淘汰赛，压力可想而知。最后一个项目要求是配钥匙。张文良上网查找了许多相关资料，并找到经验丰富的配钥匙老师傅详细询问、学习了需要注意的事项，还买了一把锁拆解后研究其内部构造。最终的比赛是现场直播，要求不能触碰眼前的钥匙，仅凭目测后用坯子现场制作出能够开锁的钥匙。凭借前期的充分准备和现场的稳定发挥，张文良用时7分多钟，完美还原了对应的钥匙，斩获了冠军。

张文良十分享受全身心投入比赛中的状态，渴望在一次次挑战中不断提升能力。而日常工作中的张文良也毫不放松，努力寻找实现个人与企业"双赢"的最佳契合点。"如今，我已经接触了大大小小各式设备十余种，参与完成"五小"成果十余项，其中纪念币包装盒打号器和人工检查机与包装机下料板的制作分别获得年度十佳'五小'项目和'五小'成果一等奖。这些成绩虽然没有竞赛冠军的光环那般耀眼，却切实帮助企业解决了许多实际问题，也得到了同事们的认可。"

业余时，张文良喜欢看书和运动，有时间还会去打台球。在他看来，台球运动中的每一次走位和预判都是一种乐趣，让人不由投入其中并静下心来思考。谈及"工匠精神"，张文良认为这是对一线技工的最大肯定和鼓励。在学习传统工匠技艺的过程中，张文良结识了很多踏实工作一辈子的钳工，那种纯手工技艺背后不断精益求精的精神深深感染着他。"我从2010年开始参加比赛，一路走过来经常是最年轻的选手。作为90后，我想将'工匠精神'发扬光大并传承下去，让更多年轻人认识、走进这个行业，一起为之不懈努力。"

2016年，张文良被评选为"全国向上向善好青年——爱岗敬业好青年"。面对荣誉，张文良这样说，"我觉得这不仅是对我个人的认可与激励，更是对爱岗敬业精神和实干兴国信念的肯定与发扬。"他认为青年人应该尽早树立梦想，"在这个世界只要有梦想，只要不断努力，不断学习，不管是不是有钱，都是有机会的。"

对于未来，张文良也有很多期待和规划。他希望自己能继续站在为国造币的舞台上，不仅要像老一辈技能人才那样刻苦钻研造币技术，也要最大化地发挥一个新时代青年的创新精神，更要把自己积累的经验和技能毫无保留地分享出来，让自己的"看家本事"变成企业的"技术资源"，与更多有志青年共同进步，用自己的双手去实现一个又一个青春梦。

改革开放以来，我国经济体制改革持续深入推进，文化领域也随之发生了翻天覆地的变化：科技文化、管理文化、资本文化占据了文化舞台的中心，社会对劳动文化的解读出现了严重的偏差，长期受到推崇的"劳动最光荣""劳动无贵贱"等思想似乎日渐淡出了人们的视野，甚至于体力劳动经常被视为低人一等。然而，一个提倡不劳而获的民族是没有前途的，正是无数人辛勤的劳动才支撑着人类社会走到今天，只有劳动文化的振兴才能避免一个民族陷入发展的泥淖之中。对于正处于价值观形成阶段的大学生来说，正确认识劳动文化的内涵、了解劳动文化的形式、领悟劳动文化的精髓，对个人和社会的发展都大有裨益。

第一节 / 劳动文化内涵

> 你不奉献，我不奉献，谁奉献？你也索取，我也索取，向谁索取？
> ——徐虎（全国劳动模范）

一、劳动文化的含义

"劳动文化"一词源于对习近平总书记劳动观的解读：文化源于劳动，普通劳动者的创造构成了文明之基、文化之重。劳动教育最重要的就是创造出一种真正属于劳动者自己的文化，即劳动文化。㊀

对劳动文化的理解可以从以下三个方面展开。第一，文化源于劳动。从劳动的本义来讲，面对自然，人类早先通过工具获取原料，创造生存所需要的生产与生活资料。在基于生存所需要的生产活动中逐步产生了语言、思维。最终，包含艺术、审美等要素的民族文化逐渐形成。历史唯物主义的观点也蕴含着"文化源于劳动"之意："人们首先必须吃、喝、住、穿，然后才能从事政治、科学、艺术、宗教

㊀ 柳夕浪. 创造灿烂的劳动文化 [J]. 基础教育课程，2019 (22).

等。"⊖第二，普通劳动构成文明的根基。在社会发展的进程中，很容易在"文化人"与"庄稼人"之间拉起一道屏障。相比于精英阶层的创造，普通劳动者付出的劳动容易被忽视。历史唯物主义强调，"历史归根结底是由劳动者创造的"，因此普通劳动者才是构成文明的根基。新时期的劳动教育从根本上来讲就是要打破这道屏障，凸显普通劳动的意义与价值，创造出一种没有高低贵贱之分、真正属于劳动者自己的文化。第三，劳动与文化合一。人类早期的劳动主要作为生存的手段，重在满足人们物质生活的需要，而新时期的劳动更强调精神需要的满足。文化是人类的精神活动及其产物，是一种包含精神价值和生活方式的生态共同体。⊖劳动与文化的合一要求在进行大学生劳动教育时应区别于其他学科的教育或一般的课程设计，用文化的眼光审视劳动教育的过程与方法，赋予劳动丰富的文化内涵。

劳动文化的含义充分体现了"劳动"与"文化"的互融，它是一种伸张劳动的价值和地位、伸张劳动者尊严和权利的文化，是一种弘扬劳动者主体地位的历史观与价值观，是一种属于劳动者、依靠劳动者、为了劳动者的文化。当文化全面融入时，劳动才会真正焕发出自己的光彩。在实现中华民族伟大复兴的道路上，重视劳动文化有助于建设劳动经济强国，最终全面建成小康社会。

二、劳动文化的特点

劳动文化的内核是一种弘扬积极劳动的精神展示，其特点主要表现为以下三个方面：一是劳动文化的主体性，即劳动文化与劳动者的

⊖ 中共中央马克思恩格斯列宁斯大林著作编译局. 马克思恩格斯全集：第25卷 [M]. 北京：人民出版社，2001 (136).
⊖ 余秋雨. 北大授课：中华文化四十七讲 [M]. 北京：北京联合出版公司，2013.

关系；二是劳动文化中的劳动关系，即劳动文化与劳动关系的关系；三是劳动文化的社会价值，即劳动文化与社会价值的关系。

1. 劳动文化与劳动者的关系

劳动者是劳动文化的主体，在高校人才培养过程中，劳动文化的主体性体现为劳动精神与大学生群体的关系。大学生在各类劳动中表现出来的精神状态本身就是构成社会劳动精神的重要组成部分，而劳动精神对大学生品德培养与人格形成更是发挥着不可替代的作用。

第一，积极的劳动文化有助于大学生形成崇高坚定的道德信念。大学生尚未真正步入社会，对社会和未来的认知往往比较理想化，对自身能力和条件的认识也不够清晰。劳动文化的培养有助于他们正确认识自身、客观了解现实，并在澄清认识的过程中逐渐形成正确的思维方式，对找到正确的自我定位、明确未来努力的方向都有积极意义。

第二，积极的劳动文化有助于大学生形成正确的价值观。大学阶段是大学生价值观形成的重要时期。劳动文化是社会主义核心价值观的重要组成内容，将劳动文化融入大学生劳动教育之中对于大学生树立正确的劳动观、自觉接受职业道德培训、提升职业道德品质都有重要意义。《意见》明确指出：劳动教育直接决定着社会主义建设者和接班人的劳动精神面貌、劳动价值取向和劳动技能水平。

第三，培养大学生的劳动文化有助于其深刻理解劳动的意义，锻炼意志品质。大学生毕业后将要经历从学生身份到社会人的重要过渡期，而劳动则是连接学校与社会的重要纽带。通过劳动，大学生群体能够更清晰地认识社会，同时增强对社会经济、社会阶层、社会文化等的感知，通过实际劳动受到教育和启发，以此增强自身的使命感和社会责任感、培养吃苦耐劳的精神、培育劳动情怀。

2. 劳动文化与劳动关系的关系

劳动关系是人们为了进行社会劳动而结成的相互关系,具体体现为组织中的管理者与员工及员工内部的权利安排,以及与此相关的个人行为方式、个体间关系、矛盾冲突机制等。从本质上讲,劳动关系是一种经济利益关系,然而,根据马斯洛的需要层次理论,除满足基本的生存需要外,每个个体都有获得情感的满足和实现自我价值的需要。因此,劳动关系并非单纯的利益交换关系,社会文化、劳动文化对劳动关系的形成和构建都会产生重要影响。如果说制度规定了劳动关系的基本框架,那么文化则对劳动关系的具体展开发挥着"软管理"的作用。[一]

劳动文化可以从宏观和微观两个层面理解:宏观层面的劳动文化主要是指社会意识形态,每个民族都有自己的意识形态和精神传承,不同意识形态下人们的思维方式、行为方式都存在差异;微观层面的劳动文化主要体现在企业中,同一社会文化背景下单个企业的劳动关系有其特异性。宏观层面和微观层面的劳动文化对劳动关系都有显著影响。例如,宏观的个人主义与集体主义文化对个体的认知方式和沟通方式都有直接的影响,并进一步影响劳动主体间的关系。日本是典型倡导集体主义文化的国家,其劳动关系调节机制强调"建立和谐的人际关系",企业对劳动争议的处理不作明确的条文规定,劳动争议多在企业内部协商解决。相反,美国是强调个人主义文化的典型代表,在法律允许的范围内,个人的利益应得到最大程度的保护,在处理企业劳动关系的问题上只能通过一系列契约来完成。因此,在处理

[一] 李培林. 劳资关系之文化调整初探[J]. 生产力研究,2006(12).

不同文化背景下的劳动关系问题时应充分考虑宏观劳动文化对劳动关系的影响。

微观劳动文化以宏观劳动文化为基础，主要体现为企业文化。企业文化是企业成员奉行和遵守的价值观念，对激发个体的自觉行为发挥着重要作用。在企业文化的影响下，劳动关系双方形成"心理契约"，"心理契约"包含了员工与雇主双方对彼此的期待，是建立两者之间信任的桥梁。微观劳动文化对劳动关系的影响通过劳动关系双方建立的"心理契约"发挥作用。有调查表明，新员工在一年内离职的主要原因是他们认为未能与组织建立起"心理契约"。○

3. 劳动文化与社会价值的关系

2015 年 4 月 28 日，在全国劳动模范和先进工作者表彰大会上，习近平总书记强调"让劳动光荣、创造伟大成为铿锵的时代强音，让劳动最光荣、劳动最崇高、劳动最伟大、劳动最美丽蔚然成风"。○ 2018 年 9 月 10 日，在全国教育大会上，习近平总书记再一次提出"要在学生中弘扬劳动精神，教育引导学生崇尚劳动、尊重劳动，懂得劳动最光荣、劳动最崇高、劳动最伟大、劳动最美丽的道理，长大后能够辛勤劳动、诚实劳动、创造性劳动"。○ 对劳动者的肯定和对劳动精神的高度重视彰显的是劳动文化的价值。劳动精神与劳动文化的重要作用在于它们能引领社会价值取向、真正激发人的潜能。

○ 劳动关系文化因素分析. https://wenku.baidu.com/view/3c5a6e364bfe04a1b0717fd5360cba1aa8118ca0.html.
○ 让劳动光荣、创造伟大成为铿锵的时代强音. 新华网. http://www.xinhuanet.com/politics/2015-04/29/c_127746199.htm.
○ 习近平总书记在全国教育大会上的重要讲话引起热烈反响：全力推动新时代教育工作迈上新台阶. http://cpc.people.com.cn/n1/2018/0912/c419242-30287355.html?p_a2a254103332914567a784e7b484e0c31.

新时代是奋斗者的时代,而奋斗的过程就是劳动的过程。大学生是中国特色社会主义的建设者和接班人。加强对大学生劳动文化的培育,有助于其形成正确的社会价值观,对实现个人价值和促进社会发展都大有裨益。首先,大学生应当从理想信念上认识到劳动的价值。人类一切财富都是通过劳动创造的,劳动是助力全面建成小康社会的基础。只有充分调动大学生辛勤劳动的动力,锻炼诚实劳动、创造性劳动的素质,才能真正做到尊重劳动、热爱劳动,在劳动中以坚定的信念创造价值,托起中国梦。此外,一个人对劳动的认知与实践能够带动更多人对劳动的价值认识,大学生应当认识到劳动文化的社会辐射作用,深刻领悟劳动的本质,认清劳动的价值,自觉形成劳动创造幸福的价值观,以辛勤劳动为荣,以好逸恶劳为耻,切实理解"劳动最光荣、劳动最崇高、劳动最伟大、劳动最美丽"的内涵。

第二节 / 劳动文化形式

全社会都应该尊敬劳动模范、弘扬劳模精神,让诚实劳动、勤勉工作蔚然成风。

——习近平

劳动文化形式多样,根据不同的标准可划分为不同的类型。从文化特质的角度,可将劳动文化分为物质劳动文化和精神劳动文化;从主体的角度,可将劳动文化分为企业文化与职工文化;按照精神载体又可将劳动文化划分为劳动精神、劳模精神和工匠精神。不同形式的劳动文化之间彼此交叉。本节主要以精神载体为标准,分别详细介绍劳动精神、劳模精神和工匠精神三种劳动文化形式。

一、劳动精神

劳动精神是劳动者在劳动实践中形成的劳动认知、价值理念和实践智慧的总和,是推动社会进步的精神动力。认识"劳动"是理解"劳动精神"的前提。劳动有广义和狭义之分,广义的劳动是"人以自身的活动来引起、调整和控制人与自然之间的物质变换的过程"。既包括动物性本能的最初劳动形式,即"维持生存所需要的手段",同时也涵盖了狭义劳动的内涵,即一般情况下讨论的劳动。狭义的劳动具体指"将自己的生命活动本身变成自己的意志和意识的对象"。因此,劳动作为人类自由的自觉活动,既是人作为类存在物的应有之义,也是维持自己生存的必要手段。[一]马克思以劳动为起点构建剩余价值学说、奠定人的解放学说思想,形成了丰富的劳动思想。[二]劳动精神是建立在劳动基础上的精神信仰,概括了劳动的本质特征,新时期我国的劳动精神是马克思主义劳动观在我国的时代性表达,在《意见》中被概括为"勤俭、奋斗、创新、奉献"。

1. 勤俭精神

劳动精神首先强调的是勤俭,即勤劳、俭朴。勤劳是中华民族几千年来积淀的优良传统和美德,也是主张通过劳动改造社会、充分体现革命性与进步性的五四运动的基本要求与重要内核,更是新时代青年奋斗的立身之本和成功保证。特别是在百年未有之大变局的时代背景下,广大劳动者必须坚定不移地保持和弘扬勤劳的劳动精神,这样

[一] 李璠. 发展和弘扬新时代劳动精神 以马克思主义引领青年成长 [J]. 新经济,2020 (8).

[二] 吴学东. 马克思的劳动思想研究 [M]. 北京:中国社会科学出版社,2018.

才能实现新时期我国全面脱贫攻坚的目标以及经济发展由量变到质变的飞跃。俭朴是中华民族优秀的道德基因,崇俭戒奢的民族文化包含着独具特色的道德规范和思想观念,并以其强大的感染力约束着人们日常的一言一行。特别是在民主革命时期,军匪横行,民生凋敝,军阀混战极大地增加了人民的生活负担,俭朴成为爱国与进步的必然选择。新时代的青年成长于经济迅猛发展的时代,物质财富的爆发式增长为他们提供了优渥的生活条件。由于没有切身经历过困难时期,他们很容易从思想上受到享乐主义、拜金主义的腐蚀。因此,勤俭更应成为当代青年砥砺品德的保证。新时代的青年只有清醒地认识到我国的现实国情,继续保持勤劳的工作作风和俭朴的生活作风才能托起新时代的中国梦。

2. 奋斗精神

新时代的劳动精神强调"劳动者通过奋斗创造价值"。习近平总书记指出:"民族复兴的使命要靠奋斗来实现,人生理想的风帆要靠奋斗来扬起。"实现中华民族伟大复兴的中国梦,离不开前赴后继、艰苦卓绝的持续奋斗。奋斗体现了劳动者的伟大,体现了以人民为中心的价值取向。根据马克思主义的观点,劳动者是第一生产要素,这就要求我们把人民群众的根本利益放在首位,解决好"人民日益增长的美好生活需要和不平衡不充分的发展之间的矛盾"[一],实现劳动成果人民创造与人民共享的统一。各行各业的劳动者将奋斗的劳动精神具体化为"铁人精神""红旗渠精神""载人航天精神"等,中华儿女通过不懈奋斗,用劳动创造历史、铸就辉煌。习近平总书记强调:"要在学生中弘扬劳动精神,教育引导学生崇尚劳动、尊重劳动,懂

[一] 中共中央宣传部. 习近平新时代中国特色社会主义思想三十讲[M]. 北京:学习出版社,2018.

得劳动最光荣、劳动最崇高、劳动最伟大、劳动最美丽的道理，长大后能够辛勤劳动、诚实劳动、创造性劳动。"㊀大学生步入社会后将肩负起建设社会主义现代化强国、实现民族复兴伟业的重任，要以辛勤劳动为荣、以好逸恶劳为耻，爱劳动、会劳动，在做好每一件小事中培育和践行艰苦奋斗的精神。㊁

3. 创新精神

发扬劳动精神就是要提高劳动者的创造性劳动能力。科技化、智能化成为时代的鲜明特征，面对日新月异的科技进步和繁重复杂的发展任务，劳动形态也发生了巨大变化。新时代劳动者不仅要爱劳动、会劳动，还要懂技术、会创新，要摒弃简单模仿的惯性思维，主动适应科技发展与产业变革带来的新挑战，抓住新机遇。当前，在新技术革命和国际复杂形势的冲击下，只有不断提高劳动者的创造性劳动能力，才能为完成新时代历史任务提供强有力的保障。劳动者应在不同形态的劳动中培养创新精神，实现创造性劳动及劳动成果的创造性转化，通过创新科技、创新方法、创新思路等实现高效、节能、环保、利民的价值目标，通过创新劳动创造财富，引领新时代飞速前进的步伐，从而实现自我价值。《意见》明确提出："强化诚实合法劳动意识，培养科学精神，提高创造性劳动能力。"大学生作为新时代的劳动者更应正确理解新时代劳动教育的内涵，适应劳动教育的特点，有意识地培养自身的创新意识，积极主动尝试，勇于打破陈规，不断增强自身的创新创造能力。

㊀ 人民时评：在学生中弘扬劳动精神. http://theory.people.com.cn/n1/2020/0402/c40531-31658340.html.

㊁ 刘向兵. 教育引导青少年培养劳动精神[M]. 人民日报－理论版, 2020－06－16.

4. 奉献精神

奉献是具有鲜明社会主义特征的劳动精神。在实现中华民族伟大复兴的征途上，事不避难、义不逃责的决心和以身许国、无私奉献的精神，支撑着中华儿女为夺取一个又一个胜利而奋勇前行。近百岁高龄的老党员张富清，战争年代九死一生，和平年代深藏功名。70 多年前，他是西北野战军的突击队员，战功卓著，是董存瑞式的战斗英雄。退役转业后，他主动选择到湖北省最偏远的来凤县工作，为贫穷山区奉献一生。江苏省黄海前哨的守岛卫士王继才同志，用无怨无悔的坚守和付出在条件恶劣的荒岛上与妻子默默无闻地守岛卫国 32 年，在平凡的岗位上书写了不平凡的人生华章，诠释了祖国忠诚卫士爱国奉献的伟大精神，为国人树立了忠诚的榜样和标杆。习近平总书记指出，"青年的人生目标会有不同，职业选择也有差异，但只有把自己的小我融入祖国的大我、人民的大我之中，与时代同步伐、与人民共命运，才能更好实现人生价值、升华人生境界。"每一位劳动者都要始终牢记革命传统，弘扬革命精神，警惕和防止价值观念扭曲、利益取舍失衡，在劳动中乐于付出、甘于奉献。

热爱劳动是中华民族的传统美德。在实现中华民族伟大复兴的关键历史时期，我们更需要各行各业的劳动者弘扬劳动精神、付出辛勤的劳动。特别是对于大学生群体而言，他们是我国未来经济建设的中坚力量，应有意识地引领其形成正确的劳动认知和价值理念，崇尚劳动、热爱劳动，并结合自身专业或技能特长自觉参与劳动实践，自觉树立和弘扬勤俭、奋斗、创新、奉献的劳动精神，为新时代实现中华民族复兴伟业贡献自己的一份力量。

二、劳模精神

2015 年,习近平总书记在庆祝"五一"国际劳动节大会上的讲话中指出:"劳动模范和先进工作者是坚持中国道路、弘扬中国精神、凝聚中国力量的楷模,他们以高度的主人翁责任感、卓越的劳动创造、忘我的拼搏奉献,为全国各族人民树立了学习的榜样。"[一]2019 年中共中央、国务院印发《新时代公民道德建设实施纲要》,将"弘扬劳模精神"作为新时期公民道德建设的重要内容。劳模,即劳动模范,其重点在"劳动"。劳模精神的本质是劳动模范这一群体优秀品格的集中外现。[二]劳模精神作为一种文化精神并非一成不变,它具有鲜明的时代特征,是时代精神的生动体现。新中国成立以来,不同时期的劳模虽然具有不同的特点,但每个时期的劳动模范都展现出了他们共有的劳模精神。

劳模精神以劳动精神为基础,诠释了我国社会主义核心价值观,"爱岗敬业、争创一流,艰苦奋斗、勇于创新,淡泊名利、甘于奉献"构成了劳模精神的丰富内涵。[三]其中"爱岗敬业、争创一流"作为劳模精神的基本目标,是广大劳动者的一致追求。"爱岗敬业"既是从狭义上要求劳动者热爱自己的职业,更是从广义上提出了尊重劳动、热爱劳动的要求,只有从心里真正热爱劳动才能做到勤勤恳恳、爱岗敬业;"争创一流"要求劳动者鼓足干劲、勇于克服工作中的种种困难,只有披荆斩棘、一往无前才能铆劲把工作做精、做好。"爱

[一] 庆祝"五一"国际劳动节暨表彰全国劳动模范和先进工作者大会隆重举行. 人民日报. 2015 - 04 - 29.

[二] 杜人杰. 高校开展劳模精神教育的时代价值及路径分析 [J]. 山东工会论坛,2020.

[三] 习近平. 在知识分子、劳动模范、青年代表座谈会上的讲话 [N]. 人民日报,2016 - 04 - 30.

岗敬业、争创一流"是劳模精神的本质特征。劳动模范是中国梦的领跑人，他们用自身的模范行为带动广大群众立足本职、尽职尽责、精益求精，在平凡的工作岗位上做出不平凡的业绩。"艰苦奋斗、勇于创新"是实现"爱岗敬业、争创一流"奋斗目标的基础，是劳模精神永葆时代本色的关键。中华民族自古就有艰苦奋斗的优良品质，这是我国民族精神的重要内核，劳动者应传承、发扬艰苦奋斗的民族精神；"勇于创新"是推动我国科技创新、经济发展、社会进步的关键，劳动者应有意识地培养自身的创新意识、提升自身创新能力以满足时代发展的需求。"淡泊名利、甘于奉献"是劳模精神的更高境界，又是展现"艰苦奋斗、勇于创新"精神风貌的必要条件。"淡泊名利"是一种为集体无私奉献、不计个人得失的高尚品质，在劳模精神的引领下，劳动者始终把工作、责任放于首位；"甘于奉献"是当代劳动者遵循的崇高价值标准，"甘于奉献"要求劳动者全心全意为人民服务，具有时时刻刻服务大局的意识。总之，新时期的劳模精神应具有敬业、创新和奉献三方面的特质。敬业是劳模精神的核心，所有劳模都应具备脚踏实地、求真务实的敬业精神；创新是时代赋予劳模精神的新内涵，新时期劳模不仅是敬业、奉献的"老黄牛"，更应当是知识型、技能型、创新型人才的典范；奉献则是劳模精神的主旋律，任何时代的劳模都要有默默奉献、勇于付出、不计回报的精神特质。○

每一位劳模都是一面旗帜，劳动模范的精神与品质对大学生群体以及企业文化建设和企业劳动者都有很强的引领、带动与辐射作用。新时期在高校中开展劳模精神教育意义重大。大学阶段是个体价值观塑造的关键时期，在新时代高校中开展劳模精神教育，对激发大学生的劳动意识、培养和增强劳动情感、引领形成正确的价值观至关重

○ 李珂. 劳模精神 [M]. 北京：中共党史出版社，2020.

要。大学生只有切身体会到"劳动创造美好生活",才能自发地树立正确的劳动价值观与择业观,深化爱国情感、明确时代责任,在劳模精神的引领下自觉追求自身目标与价值的实现,同时为实现中华民族伟大复兴的中国梦不断奋斗。新时期在企业中弘扬劳模精神对企业文化的建设与落地、对广大劳动者的引领都有重要意义。劳模身上体现的"一心为公、无私奉献"的主人翁精神、"勇于创新、争创一流"的进取精神、"艰苦奋斗、攻坚克难"的拼搏精神引领着企业文化的发展方向,能够引导广大劳动者见贤思齐,在无形中推动企业文化建设。另外,劳模精神中的"敬业、勤业、求实、求精"蕴含着企业的管理理念,使广大劳动者在劳模和先进人物的带领下,在各自的岗位上刻苦钻研,用实际行动为企业发展贡献自己的力量。劳模精神从更高层面孕育着企业和谐的环境。劳动模范的榜样力量有助于激发员工的工作热情,使每一位员工都充分发挥自身潜能,从而营造整体的良好工作氛围,实现员工与企业共同成长。

三、工匠精神

"工匠精神"已连续四年被写入政府工作报告并在党的十九大报告中上升到了治国理政的高度。比如,2016 年的《政府工作报告》中提出:"鼓励企业开展个性化定制、柔性化生产,培育精益求精的工匠精神,增品种、提品质、创品牌。"[一]习近平总书记在十九大报告上强调:"建设知识型、技能型、创新型劳动者大军,弘扬劳模精神和工匠精神,营造劳动光荣的社会风尚和精益求精的敬业风气。"[二]

[一] 李克强. 政府工作报告:2016 年 3 月 5 日在第十二届全国人民代表大会第四次会议上 [M]. 北京:人民出版社,2016:24.

[二] 习近平. 决胜全面建成小康社会 夺取新时代中国特色社会主义伟大胜利:在中国共产党第十九次全国代表大会上的报告 [M]. 北京:人民出版社,2017.

工匠，即有工艺专长的匠人。自手工业生产以来，工匠们以自己的独具匠心和真诚劳作，创造出一件件经典的作品，赋予了中华民族灿烂文明以实体形态。由此，"工匠精神"最早用来指代手工业劳动者精益求精的一种精神追求。自春秋时期孔子就曾教导弟子"事思敬、执事敬"，至今在我国已发展延续数千年。新时代的劳动者所处的行业、从事的工种不同，但他们都具有共同的特点和职业精神——工匠精神。因此，工匠精神已延伸到各行各业，是不同行业的劳动者在劳动过程中形成的行为习惯、价值信念和精神表达，蕴含着爱国敬业、专注求精与传承创新等丰富的精神内涵，是当代职业人孜孜追求的精神品质。

爱国敬业体现了工匠精神的情感内涵。无论是大国重器的打造者，还是普通岗位的劳作者，爱国敬业是每一位工匠最根本、最深层、最强劲的动力来源。为了更好地满足人民群众的生产生活需要，工匠们在各自的岗位上勇挑重担、兢兢业业。"职业"在他们眼中不只是一个赖以谋生的手段，更是一个承载着人生价值与社会价值的重要使命和值得坚守的价值目标。怀着爱国的热忱，工匠们为促进人民生活水平的提升和国家经济、社会的发展作出了不可磨灭的贡献。

"执着专注、精益求精"是工匠精神的灵魂。俗语说"冰冻三尺非一日之寒""艺痴者，技必良"，工匠们精湛的技艺不是经过短期训练就可以轻松练就的，而是需要一遍遍不厌其烦地反复磨炼，需要吃常人难以忍受的训练之苦，只有这样，才能使手上的每一根神经都形成匠作记忆，从而通过改良技术的方式来获得质量更佳的成品，使已有的工艺、技术实现从"有"到"优"的飞跃。特别是在我国制造业转型升级、经济高质量发展的时代背景下，专注求精的工匠精神与创新精神不断融合，创新产品生产的技术、工艺流程，不断满足消费者个性化和对高质量的需求。"道技合一、传承创新"是工匠精神体现在发展层面的内涵，也是工匠精神得以传承、历久弥新的重要原因。工匠们练技修心、道技合一，其中，工匠的"技"是指其所掌握的技能手艺，而"道"则是高于"技"并已内化到工匠们精神世界中的对人生的领悟与透视。"技"是"道"的基础，"道"是"技"的升华。大国工匠都是穷其一生、持之以恒在自己的领域耕耘，不断改良技术、创新方法。工匠精神的传承不只是技术的继承，更是匠人们经日复一日磨炼所得的精神感悟的传承，更强调技术发扬过程中的突破常规、别出心裁、与时俱进和改革创新。因此"道技合一、传承创新"的精神内涵促使工匠精神能够经受住岁月的洗礼，不断焕发出新的魅力与光彩。

"中国制造"的崛起离不开大国工匠。工匠精神作为一种精神指引，对广大劳动者具有很强的引领和示范作用。大学生是支撑我国未来经济社会持续发展的中坚力量，在大学生中培养和树立工匠精神对于增强其劳动认同感、树立正确的劳动价值观、提升创造力水平都有积极意义。要让这些中坚力量成为"中国造""中国智造"的主力军，需要榜样领航，尤其需要劳模工匠来帮助他们认识到肩负的使命。

第三节 / 劳动文化涵养

> 大力宣传辛勤劳动、诚实劳动、创造性劳动的典型人物和事迹，弘扬劳动光荣、创造伟大的主旋律。
> ——《中共中央 国务院关于全面加强新时代大中小学劳动教育的意见》

习近平新时代中国特色社会主义劳动思想包含"辛勤劳动、诚实劳动、创造性劳动"三个关键部分，这一理念突显了我国当今知识型、技术型和创新型的劳动价值取向,体现了中华儿女辛勤、诚实和创造的特质禀赋,是对马克思主义劳动思想和中国优秀传统劳动观念的继承创新,更是对当今时代和当前中国发展实际作出的科学回应。㊀大学生是国家未来的劳动主力军,大学校园是孕育劳动精神的沃土,新时代劳动精神以及企业与职工文化的培育应当以辛勤劳动为根基、以诚实劳动为准则、以创造性劳动为方向。

一、以勤为基,辛勤劳动

辛勤劳动强调劳动之于个人生存和发展的意义,是诚实劳动与创造性劳动的前提。习近平总书记强调,"人生在勤,勤则不匮。幸福不会从天降,美好生活靠劳动创造"。辛勤劳动是习近平新时代中国特色社会主义劳动思想的首要理念,是每一个中华儿女应有的劳动态度和生存状态。辛勤劳动包含"勤学"与"勤劳"两个方面:"勤学"强调锐意进取,即个体要树立终身学习的理念。人才有高下,一个人想要有所成就应当与时俱进,向师父、向同事、从书本与实践中汲取养分,增强自身综合素质,增长新本领,积极应变,主动求变,不断学习新技术、掌握新方法;"勤劳"强调脚踏实地,即通过辛勤劳作、艰苦奋斗创造美好生活。我国自古就有"一分耕耘,一分收获"的谚语,劳动付出与劳动回报从来都是对等的,中华民族历史上每一点进步和每一次成功无不是通过人民的辛勤劳动和艰苦奋斗创造出来的。正所谓"艰难困苦,玉汝于成",习近平总书记强调,"40年来取得的成就不是天上掉下来的,更不是别人恩赐施舍的,而是全党全国各族人民用勤劳、智慧、勇气干出来的"。越是美好的未来,

---

㊀ 辛勤劳动、诚实劳动、创造性劳动的本质蕴涵探赜. 青年与社会. 2019(8). http://www.fx361.com/page/2019/0427/5072301.shtml.

越需要我们不畏艰辛、不辞辛苦。新时代面对各种新挑战，我们更需要付出辛勤劳动，苦干笃行，愈挫愈勇。

二、以诚为则，诚实劳动

诚实劳动是辛勤劳动的延伸，是习近平新时代中国特色社会主义劳动思想的重要理念，具体指劳动者以积极、实干、诚信的态度为他人和社会提供产品服务，其基本要求是合理合法，即劳动者在不违背法律法规的前提下进行诚信、道德劳作。诚实劳动与辛勤劳动有所不同。社会的发展倡导辛勤劳动，但勤劳的程度完全取决于个体自身，多劳多得，而诚实劳动以法律法规为基础，对劳动者有强制性的要求。一个人可以少劳作，但不能浮夸自己取得的成果；一个人可以不劳作，但绝不能窃取他人的劳动成果。诚实劳动具有至真性、共享性与至善性的特点，其中至真性表现为劳动认知的客观、劳动行为的务实和劳动成果的实事求是，包括对劳动知识与技能的正确认识、对自我的合理定位以及实事求是对待劳动成果；共享性表现为劳动过程中劳动资料、劳动技能的分享和劳动成果的共享；至善性则突出表现为劳动思想与劳动行为的"诚"，即诚实的品格。

诚实劳动是劳动实践活动中必须遵循的准则，"人世间的美好梦想，只有通过诚实劳动才能实现；发展中的各种难题，只有通过诚实劳动才能破解；生命里的一切辉煌，只有通过诚实劳动才能铸就。"用诚实劳动创造幸福人生和美好生活是中国人民共同的价值追求。[一]诚实劳动对尊重劳动者劳动过程与劳动成果、维护和谐劳动关系、促进

[一] 辛勤劳动、诚实劳动、创造性劳动的本质蕴涵探赜. 青年与社会. 2019（8）. http://www.fx361.com/page/2019/0427/5072301.shtml.

社会和谐都有重要的意义。"空谈误国，实干兴邦"，只有脚踏实地、诚实实干才能创造更多有分量的劳动成果，汇集振兴中华之力。

三、以新为求，创造性劳动

创造性劳动建立在辛勤劳动之上，以诚实劳动准则为基本要求，是劳动实践的崇高目标，是习近平新时代中国特色社会主义劳动思想的核心理念，也是理解未来社会发展的关键。创造性劳动要求每一位劳动者充分发挥个体的主观能动性，勇于探索、积极创新，既要寻求新技术"从无到有"的突破，也要着眼于工艺流程"从有到优"的改进。我国历史上的四大发明、新时代华为领先于世界的5G技术、每一位大国工匠淬炼的精湛工艺都是创造性劳动的成果。创造性劳动是劳动发展的必然方向，是我国新时期创新驱动发展战略的必然要求，关乎国家的未来和人民的福祉。

"以勤为基、以诚为则、以新为求"，辛勤劳动、诚实劳动和创造性劳动体现了我国人民勤劳、诚实和创造的禀赋，也突显了我国新时代的劳动价值取向。中华民族的奋起离不开每一位中华儿女的劳动，劳动不是蛮干，劳动价值观对于劳动行为发挥着方向性的引领作用。

除大众教育对个体劳动观的形成有重要影响外，企业文化、职工文化等具体文化形式对塑造个体价值、培养劳动精神的作用不容小觑。企业文化形成于企业的生产经营活动并被全体成员所认可。企业文化包含丰富的内容，如企业的宗旨、经营理念、员工的行为方式等，其核心内容是企业的精神与价值观。每个人都是组织中的个体，企业文化对个人的价值判断和行为方式都有很大的影响，它会把组织秉持的精神和价值观渗透到每一位员工日常的工作和活动之中。职工文化又称企业职工文化，是与企业文化相对应、以职工为主体的一种文化形态。更具体地说，职工文化是企业文化在职工文体活动中的具体体现，如企业组织员工开展技能水平竞赛、举办节假日联欢活动等。丰富的企业职工文化对于突显职工的主体地位有重要作用，能够从各方面提升职工的职业素养，如技能水平、劳动热情、创造活力等。由此可见，以企业文化、职工文化为依托是培育个体形成正确的劳动价值观、培育劳动文化内涵的重要途径。

典型案例

华为的企业文化⊖

华为于1987年创建于中国深圳，当时的注册资本为2.1万元。在没有技术和市场的背景下，华为只能在国内外通信巨头的联合围剿、压制下艰难起步。困难的时候，公司连续几个月卖不出一件产品，也经常发不出工资。当年的华为颇受质疑，很多人怀疑它活不过一两年。30多年时间过去了，华为依旧存在，并且从最初的交换机代理商一步步成长为全球最大的电信网络解决方案供应商、全球第一大通信设备供应商、全球第二大电信基站设备供应商、全球第三大智能手机厂商，更是全球领先的信息与通信解决方案供应商。经过几十年的发展，华为从当初一个连研发资金也无法筹集到的民营企业，发展成为如今一年研发投入超过几百亿元的跨国公

⊖ 节选自《华为的企业文化，值得每个人深思》以及《华为的企业文化概括下到底是什么？》（https://baijiahao.baidu.com/s?id=16256212869850163787&wfr=spider&for=pc 和 https://zhidao.baidu.com/question/144340864.html）

司，而且仅仅过去 10 年的研发费用投入就超过 2400 亿元。此外，华为也从一家营业额几乎为零的企业，成长为一个年营收超过阿里巴巴、腾讯、百度年营业收入总和的通信巨头。

华为的成长离不开企业文化的支撑：

像狼一样进攻

任正非明确提出狼性生存法则："企业要发展就要发展一群狼，狼有三大特征，一是敏锐的嗅觉，二是不屈不挠、奋不顾身的进攻精神，三是群体奋斗意识。"这三个品质正是华为狼性文化的精髓。华为以"狼性文化"为根基，并在此基础上提出具体、可践行的企业文化与企业精神指南，每一条都充分体现了劳动的意义与价值。

以奋斗者为本

华为始终强调"以奋斗者为本"。奋斗者首先能够为他所服务的企业、客户创造实实在在的价值；奋斗者会通过自己的努力和付出，提升个人的综合能力，实现个人成就；奋斗者能为整个社会前进发展作出一定贡献。

烧不死的鸟就是凤凰

任正非曾经在《致新员工书》中写道："您有时会感到公司没有您想象的公平。真正绝对的公平是没有的，您不能对这方面期待太高。但在努力者面前，机会总是均等的，只要您不懈努力，您的主管会了解您的。要承受得起做好事反而受委屈，烧不死的鸟就是凤凰，这是华为人对待委屈、挫折的态度和挑选干部的准则。没有一定的承受能力，今后如何能做大梁。"

做好自我批评的工作

实际上，无论是自我反省，还是自我批评，都和华为的危机意识有关。通过制度上的变革和约束，有效提升员工进行自我批评的积极性，也确保了华为公司内部形成良好的自我批评氛围。华为创造"心声社区",在这个开放的社区里,任何人都可以对他人提出中肯的批评,也可以在里面做自我检讨、自我分析。

奉献精神存在于每一个华为人的基因中

华为将员工的奉献精神从过去的"干了多少工作、吃了多少苦、为企业创造了多少价值"狭隘的观念中挣脱出来,让员工不仅要对自己的工作、对自己所在的工作岗位负责,还要对客户负责,更重要的是员工要将个人目标和企业目标相结合,要将个人的责任感与企业的社会责任感结合起来,通过自身的努力和奉献,来增强企业的社会地位以及社会影响力。

用诚信打造企业的品牌

多年来,任正非始终坚持诚信做人、诚信做生意的原则,从来不会对客户弄虚作假,不会刻意将一些残次品卖给客户。华为走到今天,就是靠着对客户需求的尊重和敬畏,坚持把对客户的诚信做到极致。

细节决定一切

很多用户在使用华为手机后,就会发现华为手机的技术未必是市场上最先进的,华为手机的价格也未必是市场上最低廉的,华为手机的各种性能也未必是最全面的。可是经过对比,用户就会发现华为手机用起来很舒适,也很方便,而且性价比也很高。实际上,用户之所以产生华为手机很好用的想法,就在于华为手机对于细节的把握非常到位。作为一个以市场为导向的品牌,华为手机并未盲目追求技术上的先进,而是主张以用户的实际体验为设计需求。在华为人看来,任何一个企业的工作都是由一个个细节拼凑而成的。没有对细节的关注,企业的整体工作就会显得粗放和不够精细。而精细化一直以来都是华为追求的目标,一直都是华为在重点打造的模式。

以上企业文化可总结为三种劳动精神：吃苦耐劳精神、敬业精神和艰苦奋斗精神。华为的企业精神体现在每一位华为人的日常之中。

吃苦耐劳精神

几乎每个华为人都备有一张床垫，卷放在各自储存铁柜的底层或办公桌、计算机台之下。外人从整齐的办公环境中很难发现这个细节。午休的时候，席地而卧，方便实用。晚上加班，夜深人静，灯火阑珊，很多人却不回宿舍，就这一张床垫，累了睡，醒了爬起来再干，黑白相继，没日没夜。可以说，一张床垫半个家，华为人是携着这样一张张床垫走过8年创业的艰辛与卓越。颜色各异、新旧杂陈的一张张床垫，载着华为人共同的梦想。床垫文化的意味也从早期华为人身体上的艰苦奋斗发展到现在思想上的艰苦奋斗，构成华为文化一道独特的风景。

敬业精神

什么人能做好工作？就是那些有强烈敬业精神、有献身精神的人，华为努力去发现这样的人。不具备华为文化，又不努力去学习华为文化，就不会成为这样的人。

艰苦奋斗精神

华为公司提倡在思想上艰苦奋斗。如何去艰苦奋斗呢？提高思想认识，不断学习，不断进步，这应该是艰苦奋斗吧？然而细想一下，这似乎还不够，还只是一般性的思想进步。怎样才算是艰苦奋斗呢？艰苦奋斗还应有一个目标——不断地超越自我。体育比赛中，冠军的获得不会是因为他跳得很高，跑得很快，而应是在所有人中跳得最高，跑得最快。然而这个纪录如果他自己不去创新，那么过不了多久，就会被别人刷新。思想上的艰苦奋斗除了横向比较外，还应该与自己纵向比较。你的思想不提高，别人的思想就会超过你，只有不断地超越自我，才算是思想上的艰苦奋斗。

> **小实践**
>
> 　　劳动模范、大国工匠用精湛的技艺回馈着社会。每一位大学生都应该积极行动起来，切身感受榜样的力量，自觉历练自己精益求精的精神。这个暑假/寒假，让我们开展一项小发明、小改造或者小设计，在创新实践中充分发挥自己的聪明才智。

思考题

1. 劳动文化的特点表现在哪几个方面？
2. 依据不同的标准，劳动文化有哪些具体形式的划分？
3. 如何理解"劳模精神"的内涵？
4. 简述辛勤劳动、诚实劳动、创造性劳动三者间的相互关系。

延伸阅读

1. 李珂，《劳模精神》，中共党史出版社，2020 年
2. 郑银凤，《"95 后"大学生劳动观教育研究》，中国社会科学出版社，2020 年
3. 陈必华，《劳模精神导论》，上海交大出版社，2020 年
4. 陈春花，《企业文化塑造》，机械工业出版社，2016 年
5. 亚力克·福奇，《工匠精神：缔造伟大传奇的重要力量》，浙江人民出版社，2014 年

新时代
大学生劳动
教育

第八章

大学生
与集体劳动

> 只有在集体中，个人才能获得全面发展其才能的手段，也就是说，只有在集体中才可能有个人自由。
>
> ——《马克思恩格斯全集》

那些"北斗"的故事,你知道吗?

1985年,在华盛顿举办的"GPS全球定位系统国际运用研讨会"上,美国的军方代表透露,在特殊情况下,为了保障美国国家安全,军方会采取措施限制国内外用户对GPS的使用。当时,我国的定位和授时几乎都依赖美国的GPS系统,这无论从国防还是民生角度来说都存在风险。1986年,陈芳允和王大珩、王淦昌、杨嘉墀等4位科学界泰斗联名致信中共中央,建议发展中国的高技术,受到邓小平的高度重视,并促成了我国发展高技术的"863"计划的实施。

此后,国防科工委开始全面参与北斗计划,着手研发应用工作。自20世纪90年代启动研制以来,突破百余项关键技术,于2020年,建成北斗三号系统,开启了中国导航的全球时代。多年来,共有400多家单位、30余万科技人员集智攻关,攻克星间链路、高精度原子钟等160余项关键核心技术,突破500余种器部件国产化研制,实现北斗三号卫星核心器部件100%国产化。北斗卫星导航系统是我国实施的自主发展、独立运行的全球卫星导航系统,与美国GPS、俄罗斯格洛纳斯、欧盟伽利略系统并称全球四大卫星导航系统。

北斗系统秉承"中国的北斗、世界的北斗、一流的北斗"发展理念，与世界各国共享北斗系统建设发展成果，促进全球卫星导航事业蓬勃发展，为服务全球、造福人类贡献中国智慧和力量。北斗系统为经济社会发展提供重要时空信息保障，是中国实施改革开放40余年来取得的重要成就之一，是新中国成立71年来重大科技成就之一，是中国贡献给世界的全球公共服务产品。今天，你在家里看护老人，出门打上滴滴快车，在天猫上互联网购物，出差旅游预订酒店，都有北斗导航在默默地为你服务。以北京为例，截至2017年年底，有33500辆出租车、21000辆公交车安装北斗，实现北斗定位全覆盖；1500辆物流货车及19000名配送员，使用北斗终端和手环接入物流云平台，实现实时调度。北斗卫星导航系统可以说是大国重器、航天巨制。

但是，人们很难想象，它是出自一支年轻团队之手。北斗导航系统的两家承办单位之一——中科院微小卫星创新研究院（简称"卫星创新院"）的导航团队，2015年平均年龄为28岁。为实现2020年北斗卫星全球组网的目标，2018年，中科院北斗导航卫星研制团队高密度研制发射了8颗MEO组网卫星。仅一颗卫星，就有90余台套单机、近90000件元器件，按照正常进度，一颗星的研制加综合测试时间，至少需要39个月，需要判读遥测参数6000余条、执行遥控指令1700余条，整理多达150根电缆。每天，这些年轻人要对40000多参数进行判读，要分析比对约10G的数据。如果把这些数据打印出来，摞起来的厚度高达400多米，相当于东方明珠的高度，而这仅仅是一天的工作量。

时间紧、任务重，这群年轻人是怎样拼过来的？"我们的成功很大一部分得益于一支非常团结、肯吃苦、孜孜不倦的队伍。在发射场更是工作生活在一起，如同一家人一样亲密。"团队成员陈智超说，"每一次累极了的时候，我都会鼓励自己，虽然只是一颗渺小的螺丝钉，但也要发挥最大的价值，绝不能让自己成为薄弱环节，绝不能辜负我们如此优秀的团队。"作为科研单位，卫星创新院有很浓厚的传帮带传统。平时，对入职的新员工，老师傅们不仅会手把手耐心传授经验，更会以包容鼓励的心态去允许年轻人大胆创新。此外，院里在管理上也对年轻人委以重任。团队成员涂珍贞从2013年入职到2017年成为副主任设计师，只用了4年。过去要干到这个岗位，可能要20年。

北斗导航卫星事业所肩负的艰巨责任和光荣使命，在每一个团队成员身上打上了鲜明的烙印。"超人""完美控""低调帝""靠谱哥"比比皆是。任何一项政策、一个任务布置到该团队，就会被迅速、清楚、细致地分解下去，并准确、到位地执行起来。可以说，他们每个人都是"自主创新，团结协作，攻坚克难，追求卓越"北斗精神的代言人。"把北斗航天当作一个毕生奋斗的事业和目标，而不是一个普通的事务或者工作。"北斗导航总设计师林宝军用这句话鼓励着年轻人。团队成员王亚宾的微信个人签名是李大钊的一句名言："吾愿吾亲爱之青年，生于青春，死于青春。"

伴随着消费和审美需求的升级，"非主流""品位""小清新"等个性化标签成为左右生产价值的重要指标，人们的劳动价值观也受到"私人定制"等生产方式的影响。一方面，个体劳动被人们抬升至一个前所未有的高度，个人的意志、话语和知识在社会生产当中变得愈发重要；另一方面，人类劳动的性质愈加复杂，个人又必须借助集体支撑起的庞大关系链条来获取其所需的生产与生活资料，并在集体交往中满足其心理需要，个人的发展更加依赖集体力量。

苏霍姆林斯基指出，"为集体而劳动，为集体创造物质财富，为集体服务——这些都是集体在劳动中的相互关系极重要的因素，缺少这些因素就不可能进行热爱劳动的教育。"㊀正确处理集体劳动与个体劳动的关系也成为劳动教育应有之义。

第一节 / 集体劳动内涵

> 集体工作的技巧，同时也可以培养一般的组织技巧和一定的自我克制的习惯。这些对于组织集体生活都具有重大的意义。
> ——娜杰日达·克鲁普斯卡雅

个体为了生存必须谋求与其他个体进行合作。通过理性合作、集体劳动的方式，人类可以创造所需要的生产资料和生活资料，来解决生存问题和让生活更美好。牛肉拉面是甘肃省兰州市著名的传统风味小吃，在明代洪武年间，已享誉大西北。"一清二白三红四绿五黄"是牛肉拉面的特色，即汤汁清澈，萝卜洁白，辣油红艳，芫荽(香菜)翠绿，面条细长微黄。选料对拉面制作极为重要，上等原料来自不同的地方：甘南的牦牛永登的面，皋兰的蓬灰甘谷的线（辣椒）。一碗美味的牛肉拉面的制作需要多方的协同配合。人类社会许多事都存在分工与合作，个体劳动通过分工实现劳动合作，进而实现集体劳动。

一、个体劳动与集体劳动

在简单商品经济条件下，生产者占有生产资料，依靠个体劳动进

㊀ 苏霍姆林斯基. 论劳动教育 [M]. 萧勇，杜殿坤，译. 长沙：湖南教育出版社，1987.

行生产，仅仅为了换取自己需要的物质资料而卖出商品。由于这种劳动建立在生产资料个体私有制基础上，生产什么，生产多少，全由生产者个人决定，劳动产品也归其个人所有。进入流通领域，他们独立从事交换活动和消费行为。在简单商品经济条件下，商品的生产、交换、消费的整个过程都是由每个生产者独立完成的，这就是个体劳动方式，在个体劳动方式下进行的劳动就叫个体劳动。个体劳动是简单商品经济的基本劳动组织方式，它的根本特征在于劳动者的独立性和个体性。

从简单商品经济发展到发达的商品经济过程中，劳动节奏加快，生产效率成倍提高，生产场地迅速扩大，整个劳动过程日益复杂，个体劳动者已无法驾驭社会生产力。美国从1961年到1972年组织实施阿波罗工程——载人登月飞行计划。在工程高峰时期，参加工程的有2万家企业、200多所大学和80多个科研机构，总人数超过30万人。不难看出，仅靠个体劳动是根本无法完成"阿波罗登月计划"的。当个体劳动不能或很难高效地完成工作时，个体劳动方式逐渐地也是必然地过渡到集体劳动方式。此时，个体劳动者丧失了商品生产、交换、分配和消费过程中的独立地位，只能参与其中的某一部分，必须同其他劳动者协同起来完成整个经济过程，这就是集体的劳动方式。

在集体劳动方式下进行的劳动就是集体劳动。集体劳动是较个体劳动更高层次的制造商品和提供劳务的劳动，其特征在于每个劳动者的独立性和个性化的丧失，并由此形成了生产商品的劳动者的集体性，形成了集体劳动。[一]它创造的生产效率更高，生产规模更大，同时，作为集体劳动外壳的企业应运而生。由上可知，随着社会生产力的发展，社会经济由小商品生产方式转化为大商品生产方式，社会生

[一] 祁亚辉. 论集体劳动的性质及其原因 [J]. 海南师范学院学报，1990 (3)：58–63.

产的组织形式由个体劳动方式转化为集体劳动方式,从而劳动者制造商品和提供劳务的个体劳动转化为劳动者集体制造商品和提供劳务的集体劳动。

二、集体劳动的特点

个体劳动者不存在劳动管理问题。个体劳动者需要安排的只是自己的活动、自己的时间和资源的分配。但是,在集体劳动中,组织需要通过管理来安排和指导每个成员的工作,确定集体中每个人的工作任务和相互关系,为集体劳动的正常进行创造良好的条件和环境,促进组织目标的实现。集体劳动具有以下特点:

1. 目标一致

目标一致指的是在一个集体中大家都有意愿按照同样的价值体系来行事,每个个体方向与集体方向保持一致。"上下同欲者胜",保持目标一致,个体的能力才会得到充分发挥,集体的整体功能水平也才有望实现最大化。

集体劳动中既有人的因素,也有资源的因素,但能够把个体劳动联结在一个系统中的关键因素却是目标。有些人认为人们之所以集合在一起是因为利益,也有些人认为人们集合在一起是因为共同的理念,这两种看法在特定环境下都有可能成立,但利益和理念都无法成为真正且持久集合人群的因素。一群人在一起叫团伙,只有当他们拥有了共同的目标才能称之为团队。不同的目标设计会导致不同的人群聚集在一起,并导致人们不同的行为选择和价值判断,也决定着集体劳动的价值和意义。

那么，如何才算是目标一致呢？这一问题可从两方面解读。一方面，目标要明确。如果团队的目标模棱两可，个体就会无所适从，各行其是，目标一致就无从谈起。如"提高客户的满意度"这句话描述得就不明确。因为它未能明确组织成员的行动方向。提高客户的满意度有许多具体做法，如减少客户投诉、使用规范礼貌的用语、采用规范的服务流程等。一个模糊的目标无法成为集体的行动指南，个体也就缺少了行动的指导。另一方面，目标可接受。集体目标若无法得到个体认可，成员各有所图，集体的力量将会被打散，从而无法把大家的努力凝聚起来。组织应该群策群力，集合集体中每个人的力量，共创目标。只有大家一起共创出来的目标，才能让每一个人心悦诚服地接受。目标制定好后，组织还需要通过宣传不断传递目标，直到集体中的每个人都能够明确目标、达成共识，从而降低目标执行的阻力。明确目标后，集体目标还要分解为个体目标。分解目标需要全员的参与，组织根据成员的经验、能力以及以往的表现，对其目标进行调整。

2. 职责明确

职责明确指的是每个个体劳动者都有明确的要承担的工作任务。个体身在集体之中，作为群体当中的成员，虽然各自发挥的职能不同，但个体之间是相互影响、相互联系的，共同构成一个有机整体。如果职责不规范清晰，则个体担当的责任与权力也不清晰，就会出现执行不力、计划滞后等问题。

集体劳动针对的是个体劳动不能或很难高效完成的工作。此时，个体劳动者必须同其他劳动者协同起来完成整个劳动过程。在此前提下，组织需要通过管理来安排和指导每个成员的工作，确定集体中每个人的工作任务和相互关系。组织必须明确个体的工作职责是什么内容，如该承担什么样的工作、担当什么样的责任、如何更好地去做、什么是不该做的等。职责明确是分工合作的基础，也只有分工明确，才能通过劳动体系的有序运行和个体劳动者的优势互补来提高整体工作效率。

在实际工作中，如何根据组织目标建立明确的职责体系，给集体中的每个个体劳动者分配明确的工作任务，是集体劳动有序进行的基本前提。职责明确需要注意四方面问题：一是专业化。专业化要明确个体完成工作任务所需要的技能要求，并通过完成工作任务的标准化流程进行技能塑造。工作流程和操作方式的合理与否，关系到完成任务的效果和效率，是提高劳动生产率的关键条件之一。二是标准化。标准化的目的是对工作内容、方式与结果进行规范性界定。通过建立这种规范，不仅便于个体掌握工作技能，还可以使不同成员间的工作具有可比性，从而提高工作效率。三是稳定化。把不同的工作内容分割开来并且稳定下来，才有可能建立个体之间的分工与协作。稳定化要完成的任务是目标分解、任务界定以及明确劳动者完成任务的内容。四是结构化。结构化是稳定化的结果，结构化涉及工作任务本身内容的组成形式，以及完成任务过程中所发生的人与人之间的协作关系。

3. 分工合作

分工是指明确组织中个体的工作范围和职责，分工内的工作热情和用心程度能反映出个体的工作效能。而合作是指整体范围内相互帮助、相互支持来完成工作。在某项事情上做到相互帮助、相互支持，显示出集体劳动的效能。合作的目的是明确的、单一性的，体现的是整体力量、相互的团结性。

集体劳动不同于个体劳动,其涉及团队内不同成员之间工作任务的分配与协调,分工合作在其中发挥着至关重要的作用。分工可以发挥团队中每个个体劳动者的特长,并在此基础上最大程度提升整体工作效率。合作要在"和"的条件下才能产生。当一个组织分成若干个部门、环节、岗位后,由于主客观原因,在部门、环节、岗位间难免出现摩擦、冲突,如不能及时地妥善解决,就会使协作受阻,力量内耗。这时,分工离开了合作,其积极作用就荡然无存了。

表面上看,"分工"与"合作"似乎是矛盾的,但实际上却是一对相辅相成的孪生兄弟,相互不能完全分开。有了分工必须有合作,有了合作才能体现集体的团结互助、相互支持的精神。分工可以使每个人专注于自己领域内的工作,有利于提高工作和创新效率,同时也有助于人才个体经验的积累和知识的完善。集体的合作又可以达成个体之间的优势互补,产生一种集群生产力和创造力,这是个体单独、离散的能力无法比拟的。

分工就好像人体各个器官的运作,各司其职,互不干扰。合作也如同人体各个器官的运作,无缝衔接,高度配合。分工需指明个体行为的规则和框架,让团队成员能够认清自己的任务,清楚团队的规则。在这个范围内,团队成员可以大胆完成自己的工作。所以,在分工的部分,规则和框架是核心。在分工的时候,个体的责任不能有交叉,否则团队只会是一盘散沙,不知所措。有时候甚至会出现各自为政的独立王国。

合作中,团队成员相互信任、相互帮助、共同提高的精神力量在发挥作用。集体劳动中,分工明晰,但务必相互支持,相互配合,做到齐头并进。集体要通过合作增加合力,同时坚持先分力后合力的顺序,谋求最大合力。

第二节 / 集体劳动与团队精神

> 劳动的发展必然促使社会成员更紧密地互相结合起来,因为它使互相帮助和共同协作的场合增多了,并且使每个人都清楚地意识到这种共同协作的好处。
>
> ——《马克思恩格斯全集》

随着商品经济的发展,社会分工进一步细化,对工厂手工业内部劳动分工提出了更高的要求,集体劳动应运而生。集体劳动为实现一致性的目标,需要在明确个体劳动者职责的前提下提升内部协作效率,集体主义在其中起到重要作用。团队精神是集体主义最重要的价值内核,只有以集体主义为基础形成的团队精神才能真正保障团队和个人两方面的利益。因此,培养团队精神对集体劳动目标的实现至关重要。

一、集体劳动与社会分工

社会分工是人类社会生产力发展到一定程度的产物,集体劳动是构建社会分工体系的需要。可以说,任何一个依赖分工的组织都需要集体劳动,企业、机关、事业单位、社会团体均是如此。在出现社会分工之前的自然分工时期,人们依据自然因素进行分工,如男女分工、地域分工。在自然分工的过程中,劳动者能够集中精力于少数几种劳动事务中，从而在一定程度上提高了劳动技能，增加了劳动剩余。随着自然分工的发展和社会生产力的进步，剩余产品逐渐增多，以商品交换为基础的社会分工应运而生。此时的社会分工指的是不同的生产部门生产不同的商品，不同的商品所有者之间进行交换，互通有无。

现代社会分工以商品交换为基础。为了提升商品生产的效率，生产过程内部分工开始出现并日益细化。可见，社会分工是生产过程内部分工的基础，若没有社会分工，个人便不会生产商品，而是直接生产供自身使用的产品，生产过程的内部分工也就不会出现。在生产商品的劳动过程中，作为生产者的个体劳动者之间通过相互协作才能生产出完整的商品，此时个体完成的劳动只是整体劳动的一部分。正如亚当·斯密在《国富论》开篇中对扣针生产过程的描述，"一个人抽铁线，一个人拉直，一个人切截，一个人削尖线的一端……"，其将扣针的生产过程分为了 18 个步骤。可见，社会分工对生产过程内部分工提出了要求，生产过程内部分工存在的基础是商品整体的生产过程，而作为生产者的个体劳动者不能离开整个生产过程而存在。个体劳动者之间通过相互协作形成的劳动体系本质上正是集体劳动。社会分工因商品交换而诞生，为提升商品生产效率出现了生产过程内部分工，而生产过程内部分工的出现使个体劳动过渡到了集体劳动方式。○

二、集体劳动与集体主义

商品经济的快速发展加速了社会分工的进程，社会分工的细化进

○ 徐丹. 马克思分工理论的演变逻辑及其学术意义 [J]. 江苏社会科学，2015 (5)：108 – 113.

一步加强了对集体劳动的需求。而随着生产力的不断发展，复杂的工艺流程和系统化的工作安排，同样要求集体劳动中的不同个体劳动者加强彼此之间的协作以提升整体劳动的效率。其中，集体主义对集体劳动效率的提升起着至关重要的作用。

集体劳动是由参与集体劳动的不同个体共同完成的，这就不可避免地涉及集体与个体之间的关系，而如何看待两者之间的关系会直接影响集体劳动的产出效率。集体是与个人相对应的关系存在物，集体是由个人组成的集体，而个人总是集体中的个人。集体主义与个体主义是一组相对立的概念，其反映了两种不同的对待集体与个体的价值观念。

集体主义在内容上包含三个不可分割的方面：一是强调集体利益优先于个人利益，一切其他的道德规范以及与此相关的各种道德准则，都应当而且必须以这一原则为导向；二是强调集体利益和个人利益的辩证统一，国家利益、社会利益体现个人根本的、长远的利益，每个人的正当利益又都是集体利益不可分割的组成部分；三是强调个人的正当利益，集体主义就是促进和保障个人正当利益的实现，这不但与集体主义不相矛盾而且正是集体主义的应有之义。

个人主义的价值体系同样可以表述为以下三种与集体主义相对立的主张：一是一切价值均以个人为中心；二是个人本身就是目的，具有最高价值，社会只是达到个人目的的手段；三是一切个人在某种意义上说在道义上是平等的。个人主义作为一种价值目标，是一种从主观出发的个人中心论。

与个体劳动单纯追求个体目标不同，在集体劳动中有集体目标与个人目标的区别。因此，集体劳动首先需要确定一致的目标，在此基础上通过明确每个个体劳动者的职责来促进集体劳动内部的分工协作，进而实现集体目标。其中，集体目标的实现是每个个体劳动者实现自身目标的前提，而每个个体劳动者目标的实现则是集体目标实现的一部分。因此，为实现集体目标而贡献自身力量的集体主义在集体劳动中是不可或缺的，每个个体劳动者只有为了集体目标付出自身努力，才能在实现集体劳动目标的基础上实现自身目标。相反，如果集体劳动中的每个个人都以自身利益为中心，那么集体劳动的目标便无法保证，以集体利益为基础的个人利益同样无法保障。因此，集体主义是集体劳动必不可少的价值导向，是保证集体利益的根本途径。

三、集体劳动与团队精神

团队精神是集体主义的重要内容，是团队在集体劳动过程中所分享的共同价值观。团队精神是以集体主义或者以个人主义为基础而衍生出来的第二层面的精神现象，只有基于集体主义的团队精神才是真正的团队精神。个人主义以个体为本位，它主张社会要为每个人创造均等的机会，它强调个人的权益和自由，并且认为个人高于集体。集体主义则是以人民为本位的，集体一旦形成就成为高于一切个体的存在，并拥有神圣不可侵犯的权威与地位。我国社会自古就崇尚集体意识，这种以宗族邻里为本源形式的集体关系更具有持久性和强大的生命力。只有基于集体主义的团队精神才是既有利于组织又有利于个人全面发展的现代意义上的真正的团队精神。

团队与个人是两个不可分割的部分，在团队与个人的相互关系中既有团队对个人的影响，也有个人对团队的贡献。有观点认为集体主义强调集体利益高于个人利益，个人利益必须服从集体利益，因而在一定程度上抹杀和扭曲了人的个性和特长。而团队精神的培养则认为要充分发挥人的个性和创造性,所以团队精神和集体主义是相互矛盾的。事实上,这是对集体主义的歪曲和误解。 人只有在集体中才能充分展示出自己的个性和才华。集体给予个人与他人相互合作、共同进步的机会,人只有在集体中才得以生存和发展。个人是集体的有机组成部分,集体离不开个人。集体主义并不是展示个人自由天性的障碍,相反,它在一定程度上不自觉地担任了人特有个性全面发展的条件和树立良好交往关系必不可少的前提,是推动个性自由和全面发展的手段。由此可以看到,集体主义不但不会抹杀个体个性和创造才能,还积极鼓励个人利益与集体利益保持一致,其实质就是要确立一种协调群体关系的利益原则,实现个人与集体利益的和谐相处。这种协调关系的内核就是团队精神,它既强调团队为个人提供发展条件,也强调个人对团队整体发展作出贡献,个人与团队构建起了相辅相成、共同发展的关系。

第三节 / 团队精神培育

> 道不可坐论,德不能空谈。于实处用力,从知行合一上下功夫。
> ——习近平

随着社会生产力的快速发展,社会分工协作日益紧密,团队精神显得越来越重要,具备良好的团队精神甚至已经成为现代人步入社会的基本素质要求。作为肩负历史重任的大学生,能否充分而有效地融入团队对于个人成长会产生显著的影响。而大学生群体的团队意识和团队精神也是衡量整个社会运行状态的一个突出指标,在很大程度上决定了大学生适应组织发展需要的素质和能力、为社会做贡献的奉献精神，乃至于一个国家的国际竞争力。为了更快更好地融入社会，大学生群体首先应当通过积极的学习把握团队的内涵，增强对团队精神的认知，并在正确劳动价值观的指引下积极践行团队精神，培养自己对工作尽职尽责、与同事相互协作、凡事为大局着想的思想意识和行为习惯。

一、正确认知团队精神

团队精神产生于团队之中，是团队中的个体基于共同的价值观念，为了实现集体的目标而采取共同行动，并在行动中展现出来的积极沟通、团结合作、相互支持、彼此负责、顾全大局的共同意愿和精神风貌。

1. 团队精神的内涵

团队精神表现为个体对团队的认同感、归属感和荣誉感，具体内涵主要体现在以下几点：

第一，团队精神的基础是发展个性。团队的发展需要每一位成员的共同努力。因此，真正的团队精神应该鼓励团队成员在不损害团队整体利益的前提下展现特长、发展个性，从而实现团队成员间优势互补。这样，既维护了团队整体的利益，也保障了成员个人价值的实现。

第二，团队精神的前提是有效沟通。团队成员的多样性意味着团队内部分歧的存在。只有沟通才能解决分歧，收获信任，实现合作，从而实现团队目标。一个优秀的团队一定是一个沟通良好、相互理解和信任、团结一致的团队。

第三,团队精神的实质是共同价值观。共同价值观是团队成员判断个体行为的价值准则。当群体成员在目标和利益的追求上一致且力求协同行动时,该群体才称得上正式团队,并具有坚实可靠的团队精神。[1]在共同价值观的引导下,团队成员向同一方向产生巨大的合力,加速团队目标的实现。

第四,团队精神的核心是团结协作。团队成员在工作中会积极合作,荣辱与共;在生活上相互关心,彼此关照;在情感上相互尊重,彼此信任。与此同时,团队成员之间又能相互学习,取长补短,共同进步,彼此之间相互批评指正,其最终目的都是为了促成彼此间更好地协作,实现团队整体利益的最大化。[2]

第五,团队精神的最高境界是奉献精神。奉献精神是在与人共事时从大局出发,在处理个体利益与集体利益的关系时,坚持集体利益优先,甚至牺牲个人利益以维护集体利益。这也是我国一直倡导的集体主义价值观的道德判断标准。[3]

2. 团队精神的功能

团队精神具有目标导向功能、凝聚功能、激励功能和控制功能,团队精神的功能对团队成员的言行产生潜移默化的影响,并为团队整体的发展提供强大的精神动力。

第一,目标导向功能。团队目标指明了团队集体行动的方向,而目标的实现需要全体成员的合作与努力,实现过程需循序渐进。团队

---

[1] Katzenbach J R and Smith D K. The Discipline of Teams [J]. Harvard Business Review, 1993, 71: 111-120.
[2] 贾砚林,颜寒松. 团队精神 [M]. 上海:上海财经大学出版社,1999.
[3] 张玉娟. 大学生团队精神培育策略研究 [D]. 长春:东北师范大学,2019.

整体的目标会被分解成各个小目标或阶段目标,并将其具体分配到每一个成员身上,引导个体的行动与集体行动的一致性。

第二,凝聚功能。团队精神通过培养团队成员的团队意识,实现团队价值观念的内化,从而让每位成员产生强烈的团队向心力和凝聚力。同时,这种强大的凝聚力又会反过来进一步强化团队精神,周而复始,不断推动团队向前发展。

第三,激励功能。团队的发展,需要不断提高团队成员间合作的效率,激励成员不断地丰富知识、提高能力,从而得到其他成员的认可和尊重。团队精神要求团队成员之间相互合作,积极向上,彼此之间相互学习,取长补短,成员之间相互激励,良性竞争,不断进步。团队精神的激励功能,推动成员不断完善自己,提升成员在团队中的角色胜任力。

第四,控制功能。一个团队的健康成长,不仅需要一定的制度去约束成员及整个团队的行为和发展方向,也需要团队精神的无形约束和引导。团队精神所产生的控制功能,主要是通过团队中所形成的核心观念、工作氛围等去规范团队成员的思想和行为。团队精神能够形成个体的自我约束,是一种基于内省的自我约束。成员在团队精神的熏陶下形成相互监督、自我约束、自我控制,有时比组织制度的控制更加深入有效。团队精神作为团队文化的重要组成部分,对团队成员具有深远持久的影响和深入人心的意义。

二、积极践行团队精神

目标一致性是集体劳动的基本特征,也是团队精神最重要的体现,如何实现团队目标的一致性成为团队和谐运转的关键。通常而言，构建信任关系、提升公平性、加强有效沟通等都是构建团队一致目标的重要途径。那么，大学生应如何培养并践行团队精神呢？

1. 军训与班级活动

军训是步入大学生活的第一课，一般以班级为单位进行。在新生正式进入大学生活之前开展军训活动，不但能给新生提供相互认识的机会，而且可以增进新组班级的凝聚力。队列训练是军训的重头戏，要想做好队列训练不仅要求班级中的每个同学认真做好每一个动作，而且只有全班同学相互配合才能实现共同目标，这就体现了团队精神。班级是进入大学生活后的第一个集体，班级建设对学生团队精神的培养有着重要影响。因此，为培养大学生团队精神，班级要根据实际情况组织更多有自身特色的活动，营造积极向上的班集体氛围，吸引班级成员参与班集体活动，使他们在此过程中彼此关心，互相爱护。除此之外，班级建设还能使班级成员产生较强归属感，形成有特色的班级文化，培养和提高大学生的团体意识。

2. 宿舍文化与社团活动

除了正式的班级组织，宿舍是大学生日常生活最久的地方。建设好学生宿舍、发挥朋辈效应是培养学生团队精神的有效途径。通过抓好宿舍文化建设活动，使宿舍内成员形成相互关心、相互帮助的习惯，使得学生们意识到集体和团队对个人成长的重要性，并最终达到培养学生团队精神的目的。除此之外，学生会、团委、各类社团等同样是培养团队精神的重要场所，校园整体的文化氛围在其中起到重要作用。校园文化不仅能够规范大学生的行为，还能使大学生对学校产生认同感、使命感和归属感，形成强烈的团队意识。鼓励大学生积极参与学校的社团活动，不仅能开阔眼界，提高个人能力和素质，更重要的是能够培养大学生的合作意识和团队精神。

3. 社会实践与文体活动

理论只有与实践相结合才能发挥它的力量。大学生应积极参与实践锻炼，在实践中逐渐领悟团队精神的真谛。大学生可以通过形式多样的团队社会实践培养团队精神，如社区义务劳动、敬老院和孤儿院的爱心活动、大学生志愿活动、社会调查实践等。在开展团队社会实践活动的过程中，用自己的实际行动服务他人，明确分工，相互配合，相互帮助，增强团队意识和团队合作能力，培养甘于奉献精神。大学生团队精神还可以通过丰富多彩的团队校园文体活动加以培养，如球类比赛、校运动会、拔河比赛，师生共同参与完成的群体性文艺活动、就业创业计划活动等。这些活动的顺利完成需要每位参与者分工合作、相互协调、为大局着想，让每位参与者都深刻体验到团队合作的重要性，增强团结协作意识。

4. 毕业实习

院校文化的核心是勇于批判、追求真理、崇尚自由等，更多体现的是一种做人的文化；企业文化注重的是规则，讲求服从、鼓励竞争、关注细节等，更多体现的是一种做事的文化。如果大学生仅仅在前一种文化环境下学习，未来却要到后一种文化环境下工作，文化冲突会导致大学生强烈的"水土不服"。企业作为一个正式的团队，有自己的制度以约束员工的行为，保持员工团结一致。每个企业都有自己的核心理念和奋斗目标，员工身处企业团队中，要认同企业的共同价值观，彼此之间相互依赖，把自己当作"大家庭"的一员，为共同的目标努力奋斗。企业内部都有一定的组织结构，每位员工的角色定位明确，依据角色承担一定责任，履行一定义务，但也享有一定权力和利益。企业团队的这些特性是企业提高竞争力的重要资源，也是培育团队精神的沃土。大学生在毕业实习过程中培育团队精神，有利于提高大学毕业生的就业竞争力，也为大学毕业生尽快适应工作环境创造了条件。进入企业实习，在具体的团队项目中，大学生能够切身体验到团队的运作、团队成员之间的沟通与协作，以及团队成员所展现的团队意识、协作意识、责任意识和奉献精神。

三、倡导奉献精神

团队与个人之间具有辩证统一的关系。团队为个人发展提供了必要的环境，个人的努力为团队整体发展打开了更广阔的空间。集体主义站在互惠互利的角度看待两者之间的关系，以集体主义为基础形成的团队精神自然也倡导团队中的个人为团队整体的目标而奋斗。在成功践行团队精神的基础上，团队内部成员形成了共享的团队精神，这种精神促使团队成员形成共享的价值观念，即实现组织利益是保障自身利益的基础。在这种共享观念的影响下，他们会将组织利益放在第一位，而将个人利益放在第二位，其中包含着不计个人得失的奉献精神，这种精神会在最大程度上促进组织的快速发展。

奉献精神是中华民族的传统美德。古人云"先天下之忧而忧，后天下之乐而乐"，讲的正是这种牺牲小我、成全大我的奉献精神。在"共同分享"团队精神的指引下，团队成员对个人与团队间的关系会形成更加清楚的认识，更加深刻地意识到组织是大家的组织，只有保证了组织的利益才能保证组织中每个人的利益，奉献精神正是在共享团队精神基础上形成的更高层次的价值观念。奉献精神涉及组织利益与个人利益之间的权衡，当个人利益与组织利益发生冲突时，以组织利益为重,这不仅有利于组织整体的发展,而且有利于社会整体的发展。除此之外,奉献精神还涉及短期利益与长期利益之间的权衡,当个人利益与组织利益发生冲突时,若以组织利益为重,虽然在短期内会有损个人利益,但在长期内由于个人利益与组织利益是统一的,所以个人利益会得到更好的保障。另外,这种舍弃短期利益而追求长期利益的做法,有利于培养大学生脚踏实地的做事理念和行为习惯,戒除急功近利的心态,进一步促进组织的发展。

奉献关系在组织中所产生的基本现象是:每个处于流程上的人更关心他能够为下一个工序作出什么样的贡献;每个部门都关心自己如何调整才能够与其他部门有和谐的接口;下级会关注自己怎样配合才能够为上级提供支持,而上级会要求自己为下级解决问题并提供帮助。每位即将进入职场的大学生都要清醒地认识到,奉献的前提是做好本职工作,在本职岗位上恪尽职守、爱岗敬业、持之以恒、埋头苦干正是奉献的前提。奉献同时也是处理好本职之外力所能及的事情,可以说,奉献无所不在,无时不有。每个人不论职位高低,不论在什么岗位,都能够尽自己的所能作出奉献。一名优秀的员工在做好自己本职工作的基础上,仍然会做一些力所能及的事情,不会因为是"他人瓦上霜"而袖手旁观,这才是我们所倡导的奉献精神。

当然,大力倡导奉献精神,讲求无私奉献,并不是不尊重个人合法权益,否定和漠视个人利益,也不是要求大家完全放弃和无谓地牺牲个人利益,更不是把两者对立起来,一说奉献就不要个人利益,一提个人利益就不讲奉献。提倡奉献精神,就是要强调个人利益服从组织整体利益,要求员工自觉地把组织利益放在首位,把个人利益融于集体利益之中,努力为集体利益多作奉献,保障集体利益的同时创造个人利益。

总而言之，奉献精神与组织发展之间存在一种良性循环的关系，劳动者的奉献精神能够推动组织持续健康发展，而组织的长期发展通过保障个体的利益进一步增强了成员的奉献精神，组织也将在这种良性循环下得到发展壮大。

典型案例

德国企业如何培育团队精神

德国排在世界高度发达工业国家前列，拥有一批世界级的公司。这些公司除了有驰名世界的品牌外，还有自己独特的企业文化。德国企业文化明显区别于以自由、个性、追求多样性、勇于冒险为特征的企业文化，团队精神是其文化的一个重要特征。

德国企业选拔员工注重人职匹配，通过分工协作保证组织的高效率运转。西门子公司是世界知名的跨国公司，在190个国家和地区都有企业，员工接近40万人。企业最高管理委员会按照位于不同国家的企业、不同的社会文化背景、不同的市场环境、不同的价值取向等制定出不同的人员选拔标准。各级人力资源管理委员会根据这些评价资料，在全球范围内选拔人才，形成了西门子公司的人才管理库。选拔人才最理想的是个体能够找到与其任职能力契合的职业环境。这样员工能够得到工作乐趣和内在满足，最有可能在团队中充分发挥自己的才能，获得团队的认可。

在德国企业，上司给下属布置工作，通常是首先问"你现在有时间吗？如果有时间可不可以帮我一个忙？"然后再交代工作。德国的企业家们认为，在和谐的气氛中，能激发人的潜能，从而最大限度地发挥员工的创造性。反之，如果气氛不和谐，员工不会乐于作贡献，生产将受到影响。因此，德国企业十分注重人际关系，努力创造和谐、合作的文化氛围。在大众汽车公司，如果员工在一个岗位上工作不好，管理者首先考虑的是这个岗位可能不适合他，他在别的岗位可能会有用武之地。因此，通常是找他谈一次话，征求他的意见后，给他换一个工作岗位。在大众汽车公司的辅导学院设有专门的心理咨询部门，及时解决管理者心理上的问题，以保证人际关系的和谐。

德国企业培训工作有一个十分重要的任务，就是让员工认同企业的价值观。不管是什么项目的培训，都要向参训的员工宣传企业的价值观。Haindl 纸业公司是一家有着 150 多年历史的家族企业，公司将"持续、可靠、公开、诚实"作为企业的理念，不间断对员工进行价值观教育，如怎样对待失败，怎样与同事友好相处，甚至是工作与生活环境的清洁、秩序以及个人的外貌举止，都不当作小事处理。

构建团队精神不是一劳永逸的，需要不断检视、不断调整。作为公司的管理人员，必须深入到员工之中，了解每个环节的具体情况，通过沟通、协调，让团队精神焕然一新。①德国最大的航空公司——汉莎航空公司自 1996 年开始采用新的经营理念来改进服务工作，通过强化"团队精神"把每个人的潜质发挥出来，取得了明显效果，公司也得到了长足的发展。不少公司领导深入到第一线为乘客服务，亲自做一些诸如检票、预订机票和为机上乘客送饮料等具体工作，以此来更加全面了解自己本职工作以外的其他工作情况，从而能够更好地理解员工，更加顺畅地与员工合作。汉莎航空公司各个环节紧密衔接、各个部门密切配合，使得公司的服务得到了长足的改进和提升。每一个员工也都认识到，只要团队和谐稳定，公司就能够稳步发展，不断提高效益。"没有完美的个人，只有完美的团队"，这一观点正被越来越多的人认可。

---

① 杨佩昌. 德国企业如何构架团队精神[J]. 企业管理，2016 (9)：38-39.

小实践

占阵地游戏。全班分成若干队，每队六人。游戏开始后先共同站在一张同等面积的报纸上，各人身体的任何部位不得碰地，成功后再撕去一半报纸站，接着再撕去一半……直至失败。最后能站进最小面积报纸的队获胜。游戏后总结成功或失败的原因，谈谈对团队合作的感悟。

思考题

1. 如何理解个人在集体中的劳动与自我克制成就了集体的荣耀？
2. "在网红直播带货热度爆表的今日，镜头背后与直播间外许多彻夜不眠、辛苦耕耘的工作人员都是这个集体成功的必备要素。"针对此，谈谈你的感悟。
3. 想想自己在某次集体活动中是如何处理与其他成员的关系的。经过本章学习后，是否有更好的处理办法？
4. 你如何看待团队精神与团队发展之间的关系？

延伸阅读

1. 张新越，《团队情商》，国家行政学院出版社，2014年
2. 王伟立，《华为的团队精神》，海天出版社，2013年
3. 陈一星，《团队建设研究（以大学生为例）》，中央编译出版社，2007年
4. 苏霍姆林斯基，《怎样培养真正的人》，教育科学出版社，2001年

第九章

大学生与未来劳动

当今世界，信息技术创新日新月异，数字化、网络化、智能化深入发展，在推动经济社会发展、促进国家治理体系和治理能力现代化、满足人民日益增长的美好生活需要方面发挥着越来越重要的作用。

——习近平

人与机器,谁主沉浮?

- 2017年的夏天,一辆红色汽车以每小时40~60公里的速度行驶在北京五环路上。对那些漫不经心的观察者来说,这辆车的驾驶方式并没有什么异常,但车内的景象却让人称奇。这辆车的司机是百度智能汽车事业部总经理顾维灏先生。在汽车行驶时,他并没有碰过方向盘,但方向盘却在来回转动。副驾驶的座位上则是百度公司的创始人、董事长兼首席执行官李彦宏先生,他正在进行视频直播,宣传自己正在乘坐一台由百度和博世基于Apollo技术共同开发的自动驾驶汽车前往百度AI开发者大会的路上。

- 在位于德国丁格芬市的宝马汽车装配厂的一个角落里,一名工人正在与机器人合作组装一个变速器。工人预先装好齿轮套管,同时一只能够灵敏地感知环境的轻型机器人手臂正在抓起一个12磅重的齿轮。当这名工人继续做下一项工作时,机器人手臂会精准地将齿轮嵌入套管,然后转向一旁抓取另外一个齿轮。智能机械手臂的问世,大大提高了企业的生产效率。在工人与机器人的配合下,这个场景仿佛是一段精心编排的人机共舞⊖。

• 2020年年初新冠肺炎疫情爆发后,国内的医疗卫生体系受到了巨大考验。短期内暴增的病人数量是对医疗体系的最大考验,尤其在一些疫情严重地区与人口密集的一二线大城市,大量的检测与治疗需求之下医院的检验科室、临床诊断与医院管理都必须更加安全与高效地运转。随着患者人数急剧增加,要求影像科医生更快速、准确处理海量肺部CT影像,但医生仅靠肉眼看片难以快速、准确进行定量分析,传统方法手动测量评估相当耗时。

AI智能软件能够自动筛查病灶,分析、生成报告,医生在其整体筛查的基础上,可进行快速判断。AI智能软件提高了病变的检出率和工作效率,减少了漏诊的可能,尤其是对于类似新冠肺炎的小病变的小片造影、结节影,都可以做到标记和给出结论。在结合AI后,CT检查可做到在两三分钟内快速提供可视化评估参考,满足定点医院快速、精准诊断的需求,这就可以在最终核酸结果出来前,尽早对疑似新冠肺炎的就诊人员进行隔离,防止疫情进一步扩散,同时有效节省超负荷医生工作的时间,为患者抢夺更宝贵的诊疗时间。

无论是在文学作品还是在影视作品中,我们早已对机器人司空见惯。以上几个场景让我们真切地感受到,人工智能正在悄悄地融入我们的生产生活。

展望未来,人工智能和机器人对世界带来的影响将远远超过个人计算机和互联网在过去30年间所引发的人类变革,究竟该如何处理人与机器的关系成为当下不得不慎重考虑的重大问题。人工智能的发展

⊖ 保罗·多尔蒂,詹姆斯·威尔逊. 机器与人——埃森哲论新人工智能[M]. 赵亚男,译. 北京:中信出版社,2018.

将会走向何方？机器是会取代人类还是增强人类的能力？人工智能对未来工作有何影响？人工智能时代，大学生要掌握哪些劳动技能？在本章中，我们将对这些问题进行深入探讨。

第一节 / 人工智能的前世今生

> 当前，我们教育的最大错误是，它试图让孩子们知道所有远在天边的事情，而对近在咫尺的事物都一无所知。
>
> ——约翰·杜威

目前全世界正在进行一场科技革命。人工智能、机器人、虚拟现实（VR）、增强现实（AR）、宇宙开发等各种爆发性的科技发展正在不断地改变我们的生活。库兹韦尔在《奇点临近》一书中预测，到2045年，电脑就可以超过人类智慧的总和，达到技术奇点（Singularity）。以人工智能为代表的新技术革命将给整个社会带来翻天覆地的改变，这种影响几乎等同于20世纪初机械设备将农耕经济带向工业经济时，社会所经历的根本性变革。

一、人工智能的发展历史

人工智能的思想萌芽可以追溯到17世纪中期，莱布尼茨、托马斯·霍布斯和笛卡尔提出形式符号系统假设，为人工智能研究打开了理论探讨之门。19世纪20年代，英国科学家巴贝奇设计了第一台"计算机器"，被认为是计算机硬件亦即人工智能硬件的前身。英国数学家、逻辑学家艾伦·麦席森·图灵在1950年发表了一篇划时代的论文《计算机器和智能》（Computing Machinery and Intelligence），提出了"机器会思考吗"经典一问。图灵在文中指出，如果一台机器能够与人类对话而不被辨别出其机器的身份，那么这台机器便具有智能的特征。论文预言了创造出具有真正智能机器的可能性，提出了一种用于判定机器是否具有智能的试验方法——图灵测试[一]，为人工智能的产生奠定了理论基础。

1956年8月，约翰·麦卡锡、马文·明斯基、克劳德·香农、艾伦·纽维尔、赫伯特·西蒙等不同领域科学家在美国达特茅斯学院发起并组织夏季研讨会，探讨"如何用机器模仿人类智能"，并在会议上首次提出人工智能（Artificial Intelligence，AI）概念，"达特茅斯会议"也被称为"人工智能的起点"。此后60余年，人工智能的发展曲折起伏，先后经历了5个盛衰交替的经典阶段。

1. 人工智能黄金时代（1956年—20世纪70年代初）

人工智能概念在达特茅斯会议上提出后，相继取得了一批令人瞩目的研究成果。1958年，约翰·麦卡锡发明Lisp计算机分时编程语言，该语言至今仍在人工智能领域广泛应用。1966年到1972年间，美国斯坦福国际研究所（Stanford Research Institute，SRI）研制了世界第一个移动式机器人Shakey，引发了人工智能早期工作的快速推进。随着机器定理证明、自然语言识别、计算机音乐、跳棋程序等陆续出现，这一时期也成为人工智能发展的首个黄金时期，掀起人工智能发展的第一个高潮。

[一] 图灵测试是将一个人安排在一台计算机终端前，让他通过书面问答与几个未知对象交互。如果在一段合理的时间内，提问者无法判断自己正在与计算机还是人类交流，那么这台机器就可以被认为是"智能的"。

2. 人工智能第一次低谷（20世纪70年代—80年代初）

人工智能发展初期的突破性进展大大提升了人们对人工智能的期望，人们开始尝试更具挑战性的任务，但在20世纪70年代却遭遇了发展瓶颈。由于早期的人工智能大多是通过固定指令来执行特定任务，并不具备真正的学习和思考能力，问题一旦变复杂，当时计算机有限的内存和处理速度就变得不堪重负。约翰·希尔勒在1980年提出"中文房间"（Chinese Room）实验[①]，试图证明如果无法让计算机程序"理解"它所使用的符号，那么就不能认为机器是在"思考"，这一"意向性"问题也使人工智能的发展走入低谷。

3. 人工智能大繁荣（20世纪80年代初—1987年）

人工智能在20世纪70年代遇到的低谷并没有阻止研究者们前进的脚步。在1980年，卡内基梅隆大学设计出了第一套专家系统——XCON。该专家系统具有一套强大的知识库和推理能力，可以模拟人类专家来解决特定领域问题，实现了人工智能从理论研究走向实际应用、从一般推理策略探讨转向运用专门知识的重大突破。专家系统在医疗、化学、地质等领域取得成功，推动人工智能迈向应用发展的新高潮。

4. 人工智能寒冬（1987年—1993年）

随着人工智能的应用规模不断扩大，专家系统存在的应用领域狭窄、缺乏常识性知识、知识获取困难、推理方法单一、缺乏分布式功

[①] "中文房间"实验指的是：假设在一个房间里，所有的人都只会说英语，但却不得不和房间外面的人用中文进行交流。房间里的人虽然不懂中文，但是房间里有一本说明书，看了这本书就可以用中文回答外面的问题。这样一来，即使只懂英语，房间里的人也可以通过说明书用中文回答问题。该实验试图说明目前的人工智能还无法以人类的方式进行交流。

能、难以与现有数据库兼容等问题逐渐暴露出来，人工智能再次陷入短暂的发展低潮期。

5. 人工智能之春（1993 年至今）

由于网络技术特别是互联网技术的发展，加速了人工智能的创新研究，促使人工智能技术进一步走向实用化。1997 年国际商业机器公司（IBM）深蓝超级计算机战胜了国际象棋世界冠军卡斯帕罗夫，成为人工智能史上一个重要里程碑。2016 年，谷歌公司人工智能程序"AlphaGo"战胜韩国棋手李世石，计算机第一次击败了人类围棋冠军，引发巨大关注。近年来，随着大数据、云计算、互联网、物联网等信息技术的快速崛起，泛在感知数据和图形处理器等计算平台推动以深度神经网络为代表的人工智能技术飞速发展，诸如图像分类、语音识别、知识问答、人机对弈、无人驾驶等技术实现了重要突破，人工智能迎来爆发式增长的新高潮，我们的工作和生活也正因此发生着深刻改变。

二、人工智能的发展类型

人工智能是研究开发能够模拟、延伸和扩展人类智能的理论、方法、技术及应用系统的一门新的技术科学，研究目的是促使智能机器会听（语音识别、机器翻译等）、会看（图像识别、文字识别等）、会说（语音合成、人机对话等）、会思考（人机对弈、定理证明等）、会学习（机器学习、知识表示等）、会行动（机器人、自动驾驶汽车等）。按照智能化水平的高低，人工智能可以分成三大类：弱人工智能、强人工智能和超人工智能。弱人工智能就是利用现有智能化技术，来改善人类经济社会发展所需要的一些技术条件和发展功能；强人工智能非常接近于人的智能，这需要脑科学的突破，国际上普遍认为这个阶段要到 2050 年前后才能实现；超人工智能是脑科学和类脑智能有极大发展后，人工智能成为一个超强的智能系统。

1. 弱人工智能

弱人工智能（Artificial Narrow Intelligence，ANI）只专注于完成某个特定的任务，如语音识别、图像识别和翻译，是擅长于单个方面的人工智能。它们只是用于解决特定的具体问题，大都是依据相关统计数据归纳出模型，实现一定的智能化处理。由于弱人工智能处理的问题较为单一，且发展程度并没有达到模拟人脑思维的程度，所以弱人工智能仍然属于"工具"的范畴，与传统的"产品"在本质上并无区别。例如，能战胜围棋世界冠军的人工智能 AlphaGo，它只会下围棋，如果问它怎样更好地在硬盘上储存数据，它就无法回答。

2. 强人工智能

强人工智能（Artificial General Intelligence，AGI）属于人类级别的人工智能，在各方面都能和人类比肩，人类能完成的脑力工作它都能胜任。它能够进行思考、计划、解决问题、抽象思维、理解复杂理念、快速学习和从经验中学习等操作，并且和人类一样得心应手。强人工智能系统包括了学习、语言、认知、推理、创造和计划，目标是使人工智能在非监督学习的情况下处理前所未见的细节，并同时与人类开展交互式学习。由于强人工智能的智能化程度已经可以比肩人类，同时也获得了具有"人格"的基本条件，机器可以像人类一样独立思考和决策。

3. 超人工智能

牛津大学哲学家、著名人工智能思想家尼克·波斯托姆（Nick

Bostrom)把超人工智能(Artificial Super Intelligence,ASI)定义为"在几乎所有领域都比最聪明的人类大脑都聪明很多,包括科学创新、通识和社交技能"。在超人工智能阶段,人工智能已经跨过"奇点",其计算和思维能力已经远超人脑,甚至已经超越了人类可以想象的范畴。人工智能将打破人脑受到的维度限制,其所观察和思考的内容人脑已经很难理解,人工智能将形成一个新的社会。在电影中我们或许可以找到超人工智能的影子。《复仇者联盟》中的奥创、《神盾局特工》中的艾达,或许可以理解为超人工智能。

三、人工智能的发展趋势

以人工智能、大数据、量子信息、生物技术等为代表的新一轮科技革命和产业变革正在催生大量新产业、新业态、新模式,将给世界发展和人类生产生活带来翻天覆地的变化。

1. 加速与其他学科领域交叉渗透

人工智能本身是一门综合性的前沿学科和高度交叉的复合型学科,研究范畴广泛而又异常复杂,其发展需要与计算机科学、数学、认知科学、神经科学和社会科学等学科深度融合。随着超分辨率光学成像、光遗传学调控、透明脑、体细胞克隆等技术的突破,脑与认知科学的发展开启了新时代,能够大规模、更精细解析智力的神经环路基础和机制,人工智能将进入生物启发的智能阶段,依赖于生物学、脑科学、生命科学和心理学等学科的发现,将机理变为可计算的模型。同时人工智能也会促进脑科学、认知科学、生命科学甚至化学、物理、天文学等传统科学的发展。

2. 成为经济发展的新引擎

人工智能作为新一轮产业变革的核心驱动力,将进一步释放历次科技革命和产业变革积蓄的巨大能量,并创造新的强大引擎,重构生产、分配、交换、消费等经济活动各环节,形成从宏观到微观各领域的智能化新需求,催生新技术、新产品、新产业、新业态、新模式,引发经济结构重大变革,深刻改变人类生产生活方式和思维模式,实现社会生产力的整体跃升。2016年9月,咨询公司埃森哲发布报告指出,人工智能技术的应用将为经济发展注入新动力,可在现有基础上将劳动生产率提高40%;到2035年,美、日、英、德、法等12个发达国家的年均经济增长率有望翻一番。我国经济发展进入新常态,深化供给侧结构性改革任务非常艰巨,必须加快人工智能深度应用,培育壮大人工智能产业,为我国经济发展注入新动能。

3. 成为国际竞争的新焦点

人工智能是引领未来的战略性技术,世界主要发达国家均把发展人工智能作为提升国家竞争力、维护国家安全的重大战略,加紧出台规划和政策,围绕核心技术、顶尖人才、标准规范等强化部署,力图在新一轮国际科技竞争中掌握主导权。2018年4月,欧盟委员会计划2018—2020年在人工智能领域投资240亿美元;法国总统在2018年5月宣布《法国人工智能战略》,目的是迎接人工智能发展的新时代,使法国成为人工智能强国;2018年6月,日本《未来投资战略2018》重点推动物联网建设和人工智能的应用。我国也对人工智能的发展与应用高度重视。2017年7月,国务院发布《新一代人工智能发展规划》,将新一代人工智能放在国家战略层面进行部署,描绘了面向2030年的我国人工智能发展路线图,旨在构筑人工智能先发优势,把握新一轮科技革命战略主动权。

4. 带来社会建设的新机遇

我国正处于全面建成小康社会的决胜阶段，人口老龄化、资源环境约束等挑战依然严峻。人工智能在教育、医疗、养老、环境保护、城市运行、司法服务等领域的广泛应用，将极大提高公共服务精准化水平，全面提升人民生活品质。人工智能技术可准确感知、预测、预警基础设施和社会安全运行的重大态势，及时把握群体认知及心理变化，主动决策、反应将显著提高社会治理的能力和水平，对有效维护社会稳定具有不可替代的作用。

5. 不确定性带来新挑战

人工智能是影响面十分广泛的颠覆性技术，可能带来改变就业结构、冲击法律与社会伦理、侵犯个人隐私、挑战国际关系准则等问题，也将对政府管理、经济安全和社会稳定乃至全球治理产生深远影响。在大力发展人工智能的同时，必须从国家层面高度重视其可能带来的安全挑战，加强前瞻预防与约束引导，最大限度降低风险，确保人工智能安全、可靠、可控发展。

第二节 / 人工智能与未来劳动

> 在第三次企业转型浪潮中，机器和人类的活动之间会产生一个"缺失的中间地带"。人类和机器需要在这一关键领域中密切协作，才能实现业务的跨越式增长。
> ——保罗·多尔蒂，詹姆斯·威尔逊

未来社会的清晰全景图是无法预知的，但互联网、移动互联网、物联网、云计算、大数据等技术推动人工智能在各个领域加速应用的趋势却是可以肯定的，由此带来的劳动方式变革也是难以避免的。人工智能凭借机器学习和大数据处理能够高效完成重复性劳动，通过海量大数据不断训练和自我学习，提出全新解决方案，大幅提升工作效率，进而对生产、管理、研发、营销等诸多方面产生深刻的影响。在生产环节，大量工业机器人将在很多岗位和领域代替人类劳动者，实现网络化制造和柔性化生产；在管理环节，人工智能技术可以帮助过滤和分析各种来源的信息流，使单调乏味的重复性任务实现自动化操作；在研发环节，基于人工智能技术可以实现行业需求发掘、用户画像，不断提高研发效率；在营销环节，人工智能技术可以对用户的行为习惯、年龄、教育程度、消费习惯、社交特征等进行数据分析后作出精准判断，为营销人员提供个性化、定制化的客户数据，以创新的方式与客户联系。

一、人工智能与未来生产

人工智能在生产制造领域的应用，意味着传统生产方式的革新和智能装备广泛应用于制造流程，推动制造业向智能化转型，产品个性化、定制批量化、流程虚拟化、工厂智能化、物流智慧化等都将成为未来的趋势。智能制造赋予产品制造在线学习和知识进化的能力，使制造体系中的各个企业、各个生产单元高效协同，在减少对传统劳动力需求的同时，能极大地提高生产效率。智能制造不仅仅是单一技术和装备的突破与应用，还依靠装备智能化、设计数字化、生产自动化、管理现代化、营销服务网格化等制造技术与信息技术的深度融合与集成，创造新的附加值。借助传感器、物联网、大数据、云计算等的运用，智能制造能够实现设备与设备、设备与工厂、各工厂之间以及供应链上下游企业间、企业与用户间的无缝对接，企业可以更加精准地预测用户需求，根据用户多样化、个性化的需求进行柔性生产，并实时监控整个生产过程，实现低成本的定制化服务。具体来看，智能制造将给生产工作带来以下三个方面的影响：

1. 生产过程

福特制生产方式实现了生产线的流程化，使生产过程中的每个步骤都可以进行测量、优化和标准化，极大地提升了生产效率。20 世纪 90 年代，信息技术的快速发展推动生产方式从标准化向自动化转变。人工智能技术的运用则进一步推动企业生产方式从自动化流程向自适应流程转型。自动化设备只能执行事先预设的任务，完成固定不变的工作。智能化设备由于安装各类传感器和机器学习软件，拥有感知、理解、行动和学习的能力，可实现工作流程的自适应操作，能够自主调整、优化和修正工作流程，排除大多数故障，减少设备停机时间，这是自动化设备不具有的功能。

2. 产品质量

企业的现场管理能力提升、质量检测级别提高能在一定程度上减少产品质量波动，但人的情绪、状态始终是无法被完全控制的，人类劳动的精细化程度和耐力水平也是有上限的。相比较而言，机器设备不存在情绪和疲劳等问题，且能够在极高精度水平下保持每次动作的一致性。大量研究发现，智能机器人密度与产品的质量和性能成正比，通过提高具有人工智能功能的工业机器人密度，可以有效提高产品生产品质和产业发展水平。

3. 人机协作

相比于传统流水线生产模式和自动化生产模式下笨重且带有危险

性的非智能工业机器和设置，应用了嵌入式传感器和复杂人工智能算法的智能机器更加小巧灵活，更加有利于实现人机协同工作。以机器人手臂为例，机器人的动作快速有力，可以标准化地完成工作任务，提高工作效率，但也有可能对工人造成危险，因此经常被围在防护屏障中。机器人智能和传感器融合技术的使用，可以让机器人识别各类物体并避免伤害到旁边的工人，同时通过随时学习任务操作，真正成为工厂中的工人助手，实现机器人与人类协同工作。

二、人工智能与未来管理

人工智能系统在生产环节的应用将会催生出更加安全高效的自适应流程和人机协同工作的全新模式，并会明显改变生产中的人际关系和人机关系，衍射出新的更具挑战性的管理需求，进而加速人工智能在企业管理工作中的广泛应用，推动管理理念和管理模式创新，显著提升管理效率。

1. 提高管理效率

几乎没有人喜欢一成不变地从事重复性或机械性任务，人工智能则可以代替人类完成一些机械性的管理工作，提高工作效率。例如在传统投资过程中，基金经理需实时关注大量的行业新闻、公司公告、财务数据，依此进行研究与决策。引入大数据、深度学习等技术，发挥计算机快速处理海量信息的优势后，基金经理在信息收集、压缩、提取以及风险预警等方面的工作效率将会大大提升。又例如在传统的会计工作中，会计手工处理业务信息非常烦琐，往往要花很多时间对票据进行审核和确认，鉴别真实性、人工输入等，不仅工作效率低，而且受会计人员业务能力的影响，导致会计数据收集结果多变。将人工智能技术引入到会计工作中,可以快速准确地完成票据识别、凭证报表自动生成等任务,大大提高会计工作的效率,同时促进管理会计工作效率的提高,加强信息沟通,提高整个管理工作的效率和水平。

2. 管理工作更加人性化

人工智能技术的运用可以让机器人承担起沉闷乏味的办公任务,给人类工作者带来更大的满意度。一些机械性的管理工作,如货品计价、会计、投诉、形式处理和调度等工作都可以由机器来完成。例如,客户投诉的分类工作过去大都由人工来完成,这种琐碎的操作将会降低人们的工作满意度,影响劳动者的工作热情。英国的维珍铁路公司通过使用一种名为 inSTREAM 的机器学习平台,在收到投诉时人工智能系统可以自动对投诉进行读取、分类,并打包成一个可供员工快速查看和备案的文件。系统还会自动对一些最常见的投诉给予恰当回复。如果无法处理,则将其标记为例外项交给人工审核,工作人员的回复反过来又可以使软件模型得到有效更新。这一新技术使维珍铁路公司的投诉受理部门减少了 85% 的人工工作量,客户通信量则增加了 20%。⊖

3. 管理者更加重要

按照美国著名管理学家赫伯特·西蒙(Herbert Simon)的说法,管理就是决策,企业管理的关键是决策与执行,但在实际工作中很多管理者处理的大多工作不是决策问题,而是按部就班的执行流程。随着人工智能的发展,大量流程化的工作都可以被取代。但是在这一过程中,计算机可以代替的是数据处理的过程和流程化之后的工作,提出

⊖ 保罗·多尔蒂,詹姆斯·威尔逊. 机器与人——埃森哲论新人工智能 [M]. 赵亚男,译. 北京:中信出版社,2018.

问题分析方法并且找出解决办法这一过程却是必须要人类才能完成的。尽管人工智能能够进行决策支持，从而使管理者更加高效，并减少失误，但在企业的管理工作中，真正侧重于非结构化决策的管理者将显得更加重要，这也对管理者提出了更高的要求，这些管理者的能力也是人工智能完全不具备的。

三、人工智能与未来科研

人工智能技术的发展同样给科学研究工作带来重大影响。人工智能改变了数据的搜集与获取方式，利用深度神经网络及其他机器学习技术，科研工作者可从海量的结构化数据中高效获得隐藏的相关性和因果关系，大幅提升科研工作效率。

1. 加速科学研究工作模式转变

2007 年，图灵奖得主吉姆·格雷在 NRC-CSTB 大会上提出了科学研究的四类范式：经验科学（实验科学）是第一范式，在研究方法上以归纳为主，带有较多盲目性的观测和实验；理论科学是第二范式，偏重理论总结和理性概括，在研究方法上以演绎法为主；计算科学是第三范式，主要根据现有理论的模拟仿真计算，再进行少量的实验验证；数据密集型科学即第四范式，它以大量数据为前提，运用机器学习、数据挖掘技术，可从大量已知数据中得到未知理论。这四种模式在时间上随人类科学水平的发展存在递进关系，但并不会互相排斥，可以同时存在，而且后一模式总是建立在前几种模式的基础之上。人工智能技术的发展既得益于科学研究，也必将促进科学研究工作的进步，推动人类科学研究工作模式加速向第四范式迈进。

2. 缩短科学研究的工作周期

传统的科研工作模式存在很多问题：一是重复性劳动过多，研发环节中变量多，"试错法型"的实验量繁杂；二是"失败实验"的数据遭抛弃，海量数据沉默，无法被人有效利用；三是耗时太长，以航空涡轮发动机为例，单晶高温合金叶片的研制周期往往长达 10 年以上。人工智能技术在不同的研发阶段（观察、假设生成、实验设计等）都显著地提升了科学研究人员和产品开发人员的能力。很多过去要花 10 年才能完成的研究过程，在人工智能技术的支持下，可以在几个月内获得结果，并且无须任何指导，极大地缩短了科学研究工作的周期并节约了成本。例如，2018 年美国斯坦福大学的物理学家开发了一种新型的非监督人工智能程序"Atom2Vec"，该程序只用几个小时，就"重新发现"了元素周期表。李彦宏在 2020 年 7 月举办的第三届世界人工智能大会上表示，百度发明的 LinearFold 算法可将此次新冠病毒的全基因组二级结构预测从 55 分钟缩短至 27 秒，提速 120 倍，这意味着我们能更快地预测病毒变化趋势，从而制定有效的防控措施并提高疫苗研发效率。

四、人工智能与未来营销

机器通过对用户的行为习惯、年龄、教育程度、消费习惯、社交特征等进行数据分析后作出精准而个性化的判断，人工智能在营销方面可以更深入地洞察客户需求，精确地捕捉用户的需求场景，有效地与客户沟通，实现更精确、更及时的营销。

1. 更好地实现个性化营销

人工智能通过分析消费者行为，可以为顾客提供个性化、定制化的产品与服务。通过人工智能技术，企业能够更加及时便捷地对顾客进行实时统计分析，综合考虑他们的性别、年龄、行为习惯甚至情绪和精神状态，提供相应的服务和产品。利用人工智能的强大搜索引擎，市场营销和销售人员可以更好地"观察"客户行为，更全面地了解客户需求，快速制定出个性化的营销方案。例如，今日头条、微博、抖音这些资讯类的企业通过选择一种智能、推荐性的呈现方式，基于用户的习惯和偏好进行相应的内容推送，这使得用户花更多的时间在浏览内容上，也获得了更多客户停留时长。

2. 提供更好的用户体验

人工智能在用户体验方面的优势正在改变着产品销售的模式。以全球时装公司拉夫劳伦（Ralph Lauren）为例，该公司曾与位于旧金山的初创公司橡木实验室（Oak Labs）合作，开发了一项能够完善客户购物体验的技术。在拉夫劳伦的专卖店中，相连的每个试衣间中都配备了一面智能穿衣镜，可以通过射频识别技术来自动识别购物者带进试衣间的衣物。智能穿衣镜可以翻译 6 种语言，并能够在识别衣物后显示出该衣物的详细信息。它还可以改变照明（明亮的自然光线、日落、聚会场景等），使购物者能够在变换的场景中观察衣物的效果。镜子还可以显示出这件衣物还有哪些可供选择的颜色或尺寸，并由销售人员送到试衣间里，大大改善了用户体验效果。

3. 使品牌更人格化

米其林轮胎由汽车轮胎组成的人形吉祥物很好地利用了"品牌拟人化"的营销技巧。通过赋予品牌个性、标语或其他酷似人类的特征，可以更好地吸引并留住客户。品牌拟人化的设计也延伸到了对话式的人工智能机器人。尽管智能机器人并不是人类，但它们又足够人性，能够吸引并保持我们的注意力，甚至是情感。目前一些公司利用先进的人工智能技术，将品牌拟人化提升到一个全新的水平。例如，苹果公司的 Siri、微软公司的 Cortana、亚马逊公司的 Alexa、谷歌的 Google Now 和三星的语音助手 S Voice。由于对话界面简单，很可能客户会花更多的时间和公司的人工智能机器人打交道，而不是其他任何界面，甚至公司的员工。随着时间推移，Siri、Cortana 以及它们自带的"个性"可能会比它们的母公司更加出名，成为企业的前台品牌大使。

第三节 / 人工智能与未来劳动者

> 光是和聪明人交往还不够，还应该习惯于在劳动中度过一生；青年人应该坚持在实践活动中锻炼；只要他们掌握了适当的技能，他们就能成为未来的大师。
> ——扬·阿姆斯·夸美纽斯

随着人工智能技术日趋成熟和应用领域快速扩展，人类社会的深刻变革势必会持续推开，人们的生产方式和生活方式也将进入一种全新的状态，未来劳动者角色恐将被重新界定。在人机协同的未来社会，繁重的体力劳动一去不返，伤神的烦琐工作多被替代，从传统劳动模式中解脱出来的人们除了拥有更多的休闲时光，在工作中则可以把更多精力用于延展兴趣和聚焦创新。在这样的时代，从种植加工到教育医疗再到公共服务的职业界限将被悄然擦拭，从装配工人到维护专家再到运营经理的身份可能会交错呈现，从思想道德到专业技能再到身体与心理的素质要求将被另行解释，知识、心理、协作、创新等劳动素养的地位将不断提高，大学生施展才华的舞台也会大幅拓展。

一、从人机对立到人机协作

  1811年3月，在英国莱斯特郡的夜色下，大量工人在城镇的郊区聚集，潜入工厂，用锤子捣毁机器。当时正处于工业革命时期，机器生产的兴起使大量工人失业，收入下跌。工人们普遍认为机器是导致他们贫困的根源，因此发起了捣毁机器、以争取改善劳动条件的运动。这场破坏机器的运动先是爆发在莱斯特郡，然后是诺丁汉郡、约克郡、兰开夏郡，最后蔓延到了整个英国。正如著名经济学家约翰·梅纳德·凯恩斯（John Maynard Keynes）所认为的，当发现节约劳动力使用方法的速度远远超过我们为劳动力开辟新用途的速度时，技术进步就会导致大范围失业。但历史经验表明，技术的变革尽管使机器取代了人工，但同时也会催生新行业、新领域、新岗位。历次"卢德运动"⊖期间，人们一度认为自己会被机器彻底取代，但这样的"恐怖场景"并未真实出现，与之相对的则是新产业和新劳动岗位在不断地涌现。

  可见，技术进步会对就业产生两种相反的影响：一方面是破坏效应，因为技术进步会使机器取代部分人类劳动，导致劳动力失业或被迫调岗；另一方面则是创造效应，技术进步引发对新商品和新服务需求的增加，从而催生全新的职业和岗位，甚至造就出全新的部门和行业。传统人机对立的二元视角将人与机器的关系视为相互争抢工作的对手，忽视了人与机器合作的巨大潜力。

⊖ 相传在英国领导捣毁机器运动的是一个名叫卢德的工人，因此这次运动也被称为"卢德运动"，那些捣毁机器的工人则被称为"卢德分子"。

机器的优势在于速度、准确性、重复性、预测能力和可扩展性等，但机器只能执行预先编好的程序代码，只能实施具有规律性的行为动作，导致其流程具有标准化的特质。即便由不同行为系统集成的人工智能或许可以模拟部分人的行为特质，但是机器缺乏人类随机应变能力的劣势也非可预见的未来能够完全解决，因而不时出现对复杂多变的实际情况无能为力的现象也就在所难免。

与机器相比，人类的优势在于创造力、灵活性、评判力、即兴创作以及社交和领导能力。因此，人工智能带来的"机器换人"不是机器替代人类本身，而是充分发挥机器与人各自的优势，用机器运行时间替代人类的劳动时间——尤其是重复性、机械式的劳动时间，让人们从繁重的生产工作中解放出来，大幅增加个体可支配的闲暇时间，并助力人们自由发展创造力、想象力和控制力，让人更像"人"，而不是像机器一样工作。以制造工厂的生产车间为例，由于配置了学习功能的智能软件和能够适应当前情况并对人类活动作出反应的传感器，可以使工人与机器人一起协同完成任务，机器人承担着重复、精密和繁重的工作，工人则运用自己的智慧与灵活度进行作业，并可以针对不同客户的产品需求作出多样化的适应性选择。

二、人工智能对未来劳动者的技能需求

随着人工智能在生产生活中的应用不断深化，部分工作岗位被替代的趋势无法阻挡，但智能教育、智能物流、智能交通、智能旅游、智能医疗、智慧城市建设等新事物的不断涌现同样无法回避，这也将为大学生提供更多就业机遇和平台。牛津大学的两位研究人员测算了人工智能发展对不同类型职业的潜在影响，他们计算了美国702个职

业可能出现机器替代人类的概率。表 9-1 中给出了这些职业中自动化风险最低和最高的 10 个职业（0 分表示自动化风险最低，1 分表示自动化风险最高）①。

表 9-1　自动化风险最高和最低的部分职业

自动化风险最高的行业		自动化风险最低的职业	
概率	职业	概率	职业
0.99	电话销售员	0.0031	与精神健康和药物滥用相关的社会工作者
0.99	报税代理人	0.0040	编舞人员
0.98	保险鉴定、车辆定损人员	0.0042	内外科医生
0.98	裁判和其他赛事官员	0.0043	心理学家
0.98	法律秘书	0.0055	人力资源管理者
0.97	餐馆、休息室和咖啡店工作人员	0.0065	计算机系统分析师
0.97	房产经纪人	0.0077	人类学家和考古学家
0.97	农场劳务承包商	0.0100	海洋工程师和造船工程师
0.96	秘书和行政助手	0.0130	销售管理者
0.94	快递员、邮递员	0.0150	首席执行官

可以看出，被机器替代风险最低的工作是那些突显人的主观能动性的职业，是那些更需要社交技能和创造力的工作。因此为了适应和满足未来工作的需要，大学生在社交、创新、学习等方面的能力提升诉求也会越来越高。

1. 社交能力

人类社会是一个群体性社会，每一个人在生产生活中都离不开与他人的互动，这种互动是创造新价值的重要源泉。通过与他人的沟通

---

① 克劳斯·施瓦布. 第四次工业革命：转型的力量 [M]. 北京：中信出版社，2016.

交流，彼此受到启发，更容易产生新想法、新思路，创造新事物。人工智能虽然可以代替我们完成很多事情，但在人际交流和互动方面，还是人类自己要比电脑更擅长，我们在生活与工作中的社交能力是计算机难以替代的。

需要注意的是，随着互联网的快速普及，大学生的社交能力却出现了逐渐退化趋势，很多大学生线下的社交恐惧越来越严重，而把更多的时间和精力花费在电脑和手机屏幕中，甚至沉迷网络游戏，在虚幻世界中追求自我。很多人能够在社交媒体上侃侃而谈，但在现实生活中却不能有效沟通，个别人甚至像得了自闭症一样，严重缺乏社交技巧。大学生身处人生的黄金时代，在心理、生理和社会化方面正逐步走向成熟，人际交往在社会化及个性完善方面的意义非同寻常。因此，良好的社交能力是大学生综合素质中的重要一环，不仅会影响大学生人格全面发展，还会对未来就业产生重要影响，学会与他人良性互动与有效合作是人工智能时代必备的能力之一。

2. 独立思考能力

1936年10月15日，爱因斯坦在纽约州立大学举行的"美国高等教育300周年纪念会"上发表了"培养独立工作和独立思考的人"的著名演讲，这是对高等教育人才培养中能力塑造目标的精彩阐释。

令人担忧的是，在这个信息爆炸的时代，很多大学生在获取知识时对各类搜索引擎越来越依赖，独立思考的能力则越来越差。在人工智能时代，知识是开放的，随时随地可查找、可检索。与检索信息和记忆知识相比，大学生更需要学习如何从已有的知识中挖掘出新应用、新知识，通过已有知识学习新知识，培养独立思考的能力，这样才能成为真正有价值、不可或缺的人。

3. 创新能力

人工智能可以通过深度学习正确地完成很多事情。通过接收数据，人工智能可以模仿人类在工作和生活中的行为，形成必要的判断并给出相应结果。就像 AlphaGo 一样，它可以在搜索并记住成千上万围棋大师的棋局之后，通过分析程序作出最佳判断。事实证明，人类的记忆、信息搜索和加工能力很难达到经过深度学习而产生的人工智能水平。然而，当我们采取前所未有的新方法和行动时，人工智能就会感到困惑。掌握无定式的复杂思维方式与工作方式，这是计算机无法从根本上进行替代的。正因为如此，能够对当前事物进行重新构想的创新能力将成为人工智能时代最重要的资本，创造力变得越来越珍贵，与此相关的质疑、批判、想象、假设等思维能力将比历史上任何时候都显得更为重要，那些具有创造性思维方式和批判性独立思考能力的人，那些总能够把新想法带到工作中去的人，将在未来的职场中展现出更强的竞争力。

4. 知识融合能力

人工智能时代为学科之间的交叉、渗透、融合与共生提供了新的可能，也为新的学术发现、学术探索不断开拓新的领域。事实上，人工智能本身就是将生活之中无数的知识与技能相互整合而后提升的产物，不仅有传统技术与数据科学的融合，还有从数据采集到数据存储、分析、应用、自动控制等过程的融合。这种融合要求毕业后走向职场的大学生具有更强的知识融合能力，除了会编程、会写代码的程序员，人工智能时代更需要通晓多个行业的跨界专家，他们不仅要掌握相应的专业知识与技能，同时还必须了解人工智能的工作特性和技术趋势，这样才能知道如何将人的工作一步一步地交由人工智能来完成。因此，人工智能时代需要的是一专多能的跨学科的复合型人才。例如，美国为了让教育模式尽快适应即将到来的人工智能时代，提出了 STEAM[①]教育理念，旨在打造集科学、技术、工程、艺术、数学为一体的跨学科融合教育体系。

5. 终身学习能力

学习是人类进步的重要途径。人工智能时代实现了知识的无障碍共享与实时更新，所有的知识跨越国界、民族、历史、时代的隔绝平行地呈现，学习者与研究者可以借助人机交互的学习方式，同步了解专业领域最新的科研发现、科研成果，不断地探索未知。随着科技的进步与社会的发展，总会有新知识、新技术产生，面对许多不确定的新事物，单凭已有知识与技能很难获得清晰的认知，大学生要树立终身学习的理念，永远处于学习的状态，否则将难以适应快速变化的时代，更难言大有作为。

三、人工智能时代劳动者的技能培育

劳动作为人类能动的实践活动，不仅通过生活资料的生产从物质上保证了人类的生存与发展，而且在劳动的实践过程中推动了人类智力的发展，增强了人类从事物质生产活动的能力。更为重要的是，人类通过劳动还增加了彼此之间的联系与协作，促进了人们的交往，形成了人们之间的社会关系。大学生是青年群体中的中坚力量，肩负着实现国家富强、民族复兴、人民幸福的时代重任。面对人工智能工作与生活带来的颠覆性变革，大学生只有摒弃观望的心态，通过专业学

---

① STEAM 分别代表科学（Science）、技术（Technology）、工程（Engineering）、艺术（Arts）和数学（Mathematics）。

习掌握相应的知识与技能，通过接受劳动教育树立正确的劳动价值观，形成辛勤劳动、诚实劳动、创造性劳动的品格，提高完成相关专业工作的劳动能力以及在实践过程中分析问题、解决问题的能力，更加主动地拥抱技术创新，才能追赶上时代的脚步，为将来走向工作岗位奠定坚实基础。正如李开复在《人工智能》一书中所指出的，未来的工作将是那些需要和他人建立情感联系、展现同理心、制造美的物品、启发年轻人的活动。如果不想在人工智能时代失去人生的价值与意义，如果不想成为"无用"的人，就要努力成为在情感、性格、素养上都更加全面的人⊖。

1. 树立积极向上的劳动价值观

一方面，在人工智能时代，大学生要通过不断学习正确认识马克思主义劳动价值理论，理解和形成马克思主义劳动观，认识到人工智能时代劳动者依然是价值创造的主角，在社会生产过程中依然发挥主导作用。尽管人工智能的快速发展使机器代替人类完成许多工作，科技进步使生产力各要素发生很多新变化，但是并没有改变劳动创造价值的本质，创造价值的社会生产过程仍然是劳动者、劳动资料、劳动对象三要素结合并发生作用的过程。其中劳动者是社会生产力的主观因素，在社会生产中起着主导作用，是生产力发展的原动力。人工智能时代机器人的自动化和智能化程度越来越高，归根结底是因为人工智能体现了人类智慧对自然规律的把握和利用能力的提高。机器人所掌握的各项劳动技能，是由人对其所设计并输入的程序而显示出来的，是人类智慧和能力不断进步的作用和体现，人工智能的发展始终没有脱离"人"这一最关键因素。

⊖ 李开复，王咏刚. 人工智能 [M]. 北京：文化发展出版社，2017.

另一方面，大学生还应通过积极参加志愿服务、公益活动和勤工助学等社会实践活动，在出力流汗中体会到劳动的艰辛，在劳动过程中感受劳动的意义和快乐，发现和感悟关于生命、人生、价值等层面的道理，形成尊重劳动、热爱劳动、珍惜劳动成果的真挚情感。通过劳动实践锻炼深刻认识劳动的重要价值，理解劳动与人类社会发展、与中华民族伟大复兴、与劳动者个人幸福之间相互统一的辩证关系，懂得空谈误国、实干兴邦的深刻道理，让"劳动最光荣、劳动最崇高、劳动最伟大、劳动最美丽"的价值引领内化于心、外化于行。

2. 构建交叉融合的知识体系

2018 年 4 月，教育部印发《高等学校人工智能创新行动计划》，明确提出要"引导高校瞄准世界科技前沿，强化基础研究，实现前瞻性基础研究和引领性原创成果的重大突破，进一步提升高校人工智能领域科技创新、人才培养和服务国家需求的能力。"高等教育将通过前沿、专业的精细化教育，为人工智能时代的人才培养提供开放、包容的发展空间和成长条件。在人工智能时代，学科与专业之间的界限不再像过去那么明显，单一的学科知识体系将无法满足智能时代对超学科知识链的需求。

首先，大学生在校学习期间要加强本专业基础知识的学习，系统掌握学科知识体系、知识结构和话语体系，不断提升专业素养。利用多媒体和网络信息技术打造的"慕课"等智能化学习环境，通过开放、高效、共建、共享的新型智能交互式学习体系，借助大数据智能在线学习平台，有效打破不同专业学习的界限和壁垒，努力使自己成为一专多能的复合型人才。

其次，在实践教学中强化专业知识和技能训练，提高动手能力、学以致用能力。实验、实习、实训等实践教学环节是深化课堂教学的重点,可以加深对课堂上所学专业知识的理解。大学生在学习期间应通过积极参与实践教学,熟悉专业设备和掌握操作技能,了解本专业所对应的工作岗位、所从事工作的内容和对工作人员能力与素质的要求,更全面、更深入地了解人工智能时代对高素质劳动者的职业能力、专业认知、劳动精神等方面的需求。在实践中加强劳动行为规范,培养和塑造劳动纪律、时间观念和团队合作精神,积累职业经验,为日后走向职场奠定基础。

最后,加强通用劳动科学知识学习。人工智能的发展在改变劳动方式和劳动过程的同时,还创造了新的就业岗位、就业领域和就业方式,同时也引发了传统劳动关系的变化。为了更好地了解劳动力市场的发展态势,在未来就业中有效保护自身合法权益,大学生在进行专业学习的同时还应加强劳动关系、劳动法、劳动者权利保障、职业安全与卫生、工会的作用与职能等通用劳动科学知识的学习,知晓与未来职业发展相关的劳动法律法规,熟悉劳动关系的政策和运行机制,了解与社会保障相关的法律法规和相关政策,逐步树立诚实劳动、合法劳动、体面劳动的意识。

3. 提高与时俱进的数字素养

数字经济是人类社会发展至今出现的一种新经济形态,正在快速成为全球经济发展的新动能,在世界经济大格局中的位置日益显著。不同于工农业经济以土地、劳动力和资本作为主要生产要素,数字经济最鲜明的特点就是以数据作为关键生产要素,以有效运用网络信息技术作为提升全要素生产率和优化经济结构的核心驱动力。《中国互联网发展报告2019》显示,2019年中国数字经济规模为31.3万亿元，占 GDP 比重达 34.8%，数字经济已成为中国经济增长的新引擎。数字经济的快速崛起对大学生的数字素养提出更高要求，意味着良好的数字素养将成为大学生走向职场的核心竞争力。数字素养并不是简单的技术应用能力，而是更为综合的一种技能，即人们在管理、学习、工作、休闲、娱乐和社交等过程中使用数字通信技术参与社会活动的能力。数字素养不仅是大学生参与数字经济、数字社会和数字文化的前提，也是未来工作对大学生的基本能力要求。

大学生应从以下三个方面培养和提升自身的数字素养：

一是熟练使用数字工具高效完成任务的能力。既包括利用数字技术、通信工具或网络查找、评估、使用与创造信息的能力，也包括借助数字技术在数字环境中获得新知识的能力。

二是通过数字媒体工具进行有效沟通与交流的能力。包括根据不同情景和对象使用不同工具进行适应性交流的能力、在社交媒体上自由表达并有效传递正确信息的能力、参与社交和分享资源的能力等。

三是正确地认识和理解数字媒体工具和内容的能力。进入数字时代，大学生不但要学会通过网络搜索所需的学习与生活信息，而且要能够在信息海洋中去伪存真，明辨是非，提高批判性思考的能力和辨别信息适用性的能力。充分享受数字时代之便利，有效规避数字生活带来的危害。

4. 涵养敢为人先的创新精神

人工智能的发展对大学生创新能力、解决问题能力、变化适应能力、交流协作能力和终身学习能力提出了更高的要求。青年大学生思维活跃，创造潜力巨大，面对人工智能时代的不断临近，有必要调整学习方式，做好提前准备。在大学学习过程中除了夯实专业理论基础，丰富专业实践技能，更要学会知识拓展和思维发散，用创新性思维来分析和解决现实中遇到的各类问题。

一是通过专业理论学习培养批判性和创新性思维方式。创新思维是创新能力的源泉，培养创新思维离不开坚实的知识基础和完整的知识结构。在人工智能时代，知识资源更加开放、共享，随时随地可以检索和查找各类知识。大学生学习的目的不再是简单地记忆知识，而是要学会如何从专业知识学习中研究新情况、解决新问题、总结新经验，在学习中学会独立思考，树立创新意识，培养创新性思维方式。

二是通过专业实践教学培养和锻炼创新意识和创新能力。创新意识就是不局限于某种固定的思维模式、程序和方法，提出开拓性的新观点，得到独创性的新发现。大学生要在实验、实训等实践教学活动中主动搜集并分析有关信息和资料，对相关问题作出假设并通过实验加以验证。通过观察和记录实验现象，分析实验结果，得出最后的结论并形成自己的观点。同时在实验过程中加强团队合作意识，充分地与教师和学习伙伴进行交流并融入到学习小组或团队中，积极开拓创新，不断提高分析问题和解决实际问题的能力。

三是通过创新创业活动提高创造性劳动能力。大学生应积极参与和申请政府、社会和学校提供的一切创新创业项目，通过创新创业项目的参与、策划、实践打破校园与社会的间隔，全方位提升自身的劳动实践能力，适应现代化科技发展和新时代产业变革，在实践中注重大数据、云计算、人工智能、区块链、物联网等新知识、新技术、新工艺、新方法的应用，创造性地解决就业创业中的实际问题，在实践中培养和提升创造性劳动的能力。

第九章 大学生与未来劳动

以人为中心的工作流程——智能工厂中的劳动者角色

1. 机器改变世界

当你走入德国西南部的梅赛德斯-奔驰制造工厂中,所见之处仿佛皆是机器在跳舞的画面。拉施塔特工厂目前拥有900个永久生产岗位,但车间的大部分工位上毫无怨言、尽职尽责、埋头苦干的都是机器人。以总装车间为例,这里的1300多个机器人都是科技含量最高的产品,它们是一辆车从钢板到成品之间最重要的"雇员"。当然,它们并不便宜,每一个造价都是近百万欧元,但它们物有所值,因为它们极大提升了工厂的生产效率:生产一辆汽车的周期只有24小时。更重要的是,它们几乎从不犯错,即便每10万辆里只有两辆完全一样的订单,这些机器人也会配合它们的操作者以及其他工友们分毫不差地执行操作。

人工智能、物联网、大数据和云计算等技术的发展让现代化的工厂变得更加"智能",最大限度地提升了生产效率和节省成本。国际机器人联合会的统计数据显示,目前全球制造企业在生产制造中使用的机器人总数已经超过百万台。互联网技术的支撑使机器人从过去的单台设备应用进入现在"机器人+互联网"的数字化工厂。机器人不仅可以提高生产效率,还可以有效改善产品质量,降低生产成本。"机器换人"将成为传统制造向智能制造转变的必然趋势。

2. 以人为中心的工作流程

一提到智能工厂,我们可能会认为在这样的工厂中机器将代替人力完成大多数工作,不再需要工人参与生产,从而实现向"无人工厂"的转变。事实上,人工智能正在重新定义工业环境中的工作,尽管机器人可以完成那些高度重复的任务和繁重的任务，但是无论在哪个工厂中，总会有一部分工作无法交给机器人来完成。由于人工智能的引入，工作人员可以摆脱机械性的任务，去从事更加精细化和更具创意的工作，从而获得更高的效率，并实现向以人为中心的工作流程转变。"我们不再试图最大限度地提高自动化水平，而是让人再次在工业流程中占据更大的比重，"梅赛德斯-奔驰负责生产与供应链管理的董事马库斯·谢弗这样说道，"当我们让人与机器协同工作时，比如有人来引导一部分的自动化机器人，我们就有了更大的灵活性，可以在一条生产线上生产更加多样化的产品，而这样的操作单靠机器是无法完成的。"⊖

在梅赛德斯-奔驰的制造工厂，一名工人利用一个带按钮的控制台和一个视觉显示器来指导机器人手臂抓起一块用作固定汽车后备箱置物板的厚重钢楔。配备了传感器的机器人可以感知周围环境。当有人挡在前面或汽车位置不佳时，机器人内置的软件系统会迅速向机器人驱动器发送指令，做出相应调整。这样人机交互以及机器之间的对话在智能工作中将会越来越普遍，劳动者在从繁重的体力劳动中解放出来的同时，在人机协同工作中实现角色转换。

3. 劳动者角色的转变

第一，从机器操作者向问题解决者转变。随着机器人、自动化生产线等智能装备的蓬勃发展，智能装备在制造业中将得到广泛应用。制造机械、机器人、输送机和仓储系统及生产设施等制造资源装备传感器和感应器，在不同情况下能自我管理、自我配置、自我优化，形成具有感知、决策、执行等功能特征的智能生产系统，实现机器之间、人机之间、机器和产品之间的信息交互。在人机合作背景下，机器人

⊖ 保罗·多尔蒂，詹姆斯·威尔逊. 机器与人——埃森哲论新人工智能 [M]. 赵亚男，译. 北京：中信出版社，2018.

主要完成重复性、规律性任务，劳动者的主要任务是弥补机器的不足，执行认知与操作任务，尤其是当机器设备出现问题时，要具有识别问题和解决问题的能力。以汽车生产制造为例，高度自动化的工厂会因设备故障造成巨大的经济损失。如果一条自动化生产线每分钟能制造一辆价值50000美元的汽车，那么一场突发的6小时故障就会造成约1800万美元的损失。

第二，从产品制造者向服务提供者转变。新一代信息技术在生产过程中的应用也不断推动制造业与服务业的融合。物联网的使用可以实现商品状态的实时监测，帮助企业挖掘消费者在产品使用过程中的衍生需求并有针对性地提供相应服务，通过产品与服务的创新性结合跨越"微笑曲线底部"，实现产业价值链攀升，表现为"硬件＋软件＋服务"的新型制造模式。企业的核心价值不再是组装、生产、制造，而是体现在产品价值的产生和实现的全过程。在这一过程中，劳动者的工作内容也要从过去单纯的设备生产发展至信息化服务、第三方检测服务等。

第三，从"机器人"向"人"的转变。工业革命以来极度细化的流水线工作让工人变得更像机器人。生产智能化则在很大程度上减轻了劳动者的劳动强度，改善大批劳动者工作环境。在传统的劳动力密集行业，很多岗位具有简单重复、劳动强度大、安全风险高、作业环境差等特点。而智能机器的应用，使劳动者从苦、脏、累、险的工作环境中解放出来，获得更多自由时间，提升了幸福感，也让体面劳动具备了现实基础。人工智能的发展将生产过程拉回到"以人为本"的组织模式，让机器和人分别从事自己更擅长的事，机器承担更多重复、枯燥和危险的工作，人类则有更多时间去做自己更擅长的事情（如人际交往、决策判断和创造性工作），回归人的本质，促进人的全面发展。

> **小实践**
>
> 　　人工智能技术的快速发展全方位改变了我们的生活。让我们以项目设计与制作为主要方式，将课堂中学习的知识应用于生活中，如设计制作人工智能垃圾桶、智能声控电扇、智能光敏台灯等，在实践中体会智能设计与智能制作的奥秘，感受人工智能带来的乐趣。

思考题

1. 什么是人工智能？如何正确处理人与机器的关系？
2. 人工智能对未来工作将会产生什么影响？
3. 为了更好地满足人工智能时代工作的要求，大学生应掌握哪些劳动技能？如何培育这些劳动技能？

延伸阅读

1. 约瑟夫 E. 奥恩，《教育的未来：人工智能时代的教育变革》，机械工业出版社，2019 年
2. 史蒂芬·卢奇，丹尼·科佩克，《人工智能》，第 2 版，人民邮电出版社，2018 年
3. 保罗·多尔蒂，詹姆斯·威尔逊，《机器与人——埃森哲论新人工智能》，中信出版社，2018 年
4. 李开复，王咏刚，《人工智能》，文化发展出版社，2017 年
5. 库兹韦尔，《奇点临近》，机械工业出版社，2011 年

后记

秋意渐浓，总算可以掩卷搁笔，俯首中不觉感怀岁月之匆匆！

劳动是崇高美丽的，教育是神圣光辉的，一本关于劳动教育的教材是否也可以严肃下充满活泼，理性中自带热情？——这是在本书写作过程中，编写组一直追寻探索的话题。

其一，我们始终心怀对劳动人民的深深敬意。共和国已经走过了整整71个年头，辉煌的发展成就有目共睹，人民的生活水平今非昔比，背后是千千万万劳动者日复一日的挥汗劳作！作为本教材的总策划人，笔者几乎在组织每一次讨论时都要强调写作立场，叮嘱大家务必要站在劳动者的一边，满怀对劳动人民的尊重和感激去整理素材；王珊娜老师为了"大学生与劳动情怀"一章的写作，搜集了大量大国工匠和劳动模范的案例，专门找不同领域的劳动者促膝谈心。

其二，我们始终竭尽全力把目光投向新时代。本教材以"新时代"入题，依靠程序式内容编撰自然无法达到目的，在很多方面都需要科学地展望和预测。赵明霏老师为创造性劳动和人工智能相关章节写作特意申请了研究课题，部分研究成果还在学术刊物上发表；高雪原老师重点负责大学生职业选择相关章节的撰写，这需要对未来劳动力市场需求趋势作出必要的判断，有关大学期间劳动权益的保护问题甚至涉及法律条文的争议。

其三，我们始终劝诫自己面对着大学生说话。李珂主审不仅参与了本教材的架构设计，为每一章的写作思路严谨把脉，还带着编写组成员一遍又一遍研讨中央文件，特别是对《中共中央 国务院关于全面加强新时代大中小学劳动教育的意见》和《大中小学劳动教育指导纲要（试行）》几乎做了逐字逐句的解读，以便更好地贴近大学生学习成长的实际需求；张勇老师负责整个教材的统稿，在文字风格的方面下足了功夫，尽量避免机械枯燥的说教，用通俗生动的语言力争能让大学生读得懂、愿意读。

也许从形式到内容都还有诸多不尽如人意之处，但以上努力让我们对这本教材在大学课堂上的使用效果充满信心！感谢刘向兵书记对本教材的大力推介，感谢机械工业出版社几位编辑老师不厌其烦地出谋划策，感谢身边同事朋友哪怕是随口的几句建议，也感谢家人在背后默默地支持。

当然，一枝独秀不是春，百花齐放春满园！我们全力以赴，不仅想要在构建新时代中国特色劳动教育体系中尽自己一份心，还要试图唤起更多人对劳动教育的关注，期待更多更好的劳动教育研究成果破土而出。

对于愿意提出修改建议帮助本教材不断完善的读者，我们自然是心怀感激的，并会尽量在再版时予以认真考虑。

编者

2020 年 10 月